LA VIE QUOTIDIENNE
DE
LOUIS-PHILIPPE
ET DE SA FAMILLE
1830-1848

DU MÊME AUTEUR

La Place des bonnes, la domesticité féminine à Paris en 1900, Grasset, 1979, Biblio-Essais, 1985.

La Bourgeoise, femme au temps de Paul Bourget, Grasset, 1983, Biblio-Essais, 1988.

Le Visage de ma mère, roman, Grasset, 1984 (en collaboration avec Jean-Paul Martin-Fugier).

Les Indépendantes, essai, Grasset, 1985.

La Vie élégante ou la formation du Tout-Paris, 1815-1848, Fayard, 1990, Points-Seuil, 1993. Prix d'Histoire de la Vallée-aux-loups-Maison de Chateaubriand 1990.

Réédition :

Les Lettres parisiennes du Vicomte de Launay, par Delphine de Girardin, Mercure de France, 1986, coll. « Le Temps retrouvé », 2 volumes, préface et notes.

Participations à des ouvrages collectifs :

« La bonne » et « La maîtresse de maison », dans *Misérable et glorieuse la femme du XIXe siècle*, Fayard, 1980, éditions Complexe, 1984.

« Les rites de la vie privée dans la famille bourgeoise au XIXe siècle », dans *Histoire de la vie privée,* tome IV, Seuil, 1987.

« Les lettres célibataires », dans *La correspondance, les usages de la lettre au XIXe siècle,* Fayard, 1991.

LA VIE QUOTIDIENNE
DE
LOUIS-PHILIPPE
ET DE SA FAMILLE
1830-1848

ANNE MARTIN-FUGIER

LE GRAND LIVRE DU MOIS

INTRODUCTION

Après trois journées d'émeutes dans Paris, le 31 juillet 1830, le duc d'Orléans apparut au balcon de l'Hôtel de Ville en compagnie de La Fayette. Ils s'étreignirent dans les plis du drapeau tricolore et la foule, qui jusque-là criait « Plus de Bourbons ! », acclama les deux hommes [1]. Le baiser de La Fayette équivalait à une investiture populaire.

Le 2 août, Charles X abdiquait en faveur de son petit-fils, le duc de Bordeaux, et partait le lendemain, dans la nuit, pour l'exil [2]. Du 3 au 7 août, les Chambres réunies révisèrent la Charte puis les députés allèrent au Palais-Royal offrir à Louis-Philippe la couronne vacante.

Le lundi 9 août, le duc d'Orléans, en uniforme de général, se rendit au Palais-Bourbon à cheval, escorté par la Garde nationale. Entouré de ses deux fils aînés, il prit place sur un tabouret, en face du trône vide, pour écouter les déclarations des députés et des pairs. Il prêta ensuite serment à la Charte rénovée. Il avait choisi le titre de Louis-Philippe Ier de préférence à Louis XIX ou Philippe VII, afin de bien marquer qu'il inaugurait une dynastie nouvelle : s'il était roi, il ne le devait pas au fait d'être Bourbon et cousin du souverain déchu, mais à la volonté nationale. Quatre maréchaux de l'Empire lui présentèrent les insignes symboliques de la souveraineté : couronne, sceptre, épée, main de justice. Après quoi le nouveau monarque s'assit enfin sur son trône [3].

Louis-Philippe, duc d'Orléans

Lorsqu'il monte sur le trône, Louis-Philippe a cinquante-sept ans. S'étant exilé une première fois en 1793 après avoir combattu sous les ordres de Dumouriez à Valmy et à Jemmapes [4], il était rentré en France en 1814, après la chute de l'Empire. Reparti pour l'Angleterre au moment des Cent-Jours, il ne revint définitivement à Paris qu'en 1817.

Pendant ses vingt années d'exil, le duc d'Orléans avait connu des aventures diverses : d'abord professeur en Suisse, il voyagea ensuite beaucoup, en Norvège, en Laponie, aux États-Unis, à Cuba. A partir de 1800, installé en Angleterre, il se rapprocha de ses cousins Bourbons, le comte de Provence qui s'était proclamé Louis XVIII en 1795, et le comte d'Artois, futur Charles X. En 1804, il devint l'amant d'Elizabeth, l'une des filles du roi George III, et voulut l'épouser. Mais, soit qu'il se fût lassé des négociations avec la couronne anglaise qui n'aboutissaient jamais, soit que Louis XVIII lui-même l'eût détourné de ce projet (Elizabeth avait trente-huit ans et une réputation douteuse), il se décida, en 1809, à épouser Marie-Amélie de Bourbon-Sicile, âgée de vingt-sept ans, fille de Ferdinand IV, roi de Naples, et de Marie-Caroline, sœur de la reine Marie-Antoinette [5]. Jusqu'en 1814, le couple vécut à Palerme, où naquirent ses trois premiers enfants, qui devaient être suivis par sept autres. Deux d'entre eux moururent jeunes et, en 1830, la famille comptait cinq fils et trois filles.

Louis-Philippe avait vu mourir ses deux frères en 1807 et 1808. Dès son mariage, il fit venir sa sœur auprès de lui. Adélaïde d'Orléans, à la veille de la Révolution, avait été fiancée au fils aîné du comte d'Artois, le duc d'Angoulême; au cours de l'émigration, il avait été question qu'elle épouse le duc d'Enghien puis le duc de Berry, second fils du comte d'Artois. Elle resta finalement célibataire et, jusqu'à sa mort en 1847, se consacra à son frère et à sa famille.

De 1817 à 1830, le duc d'Orléans rétablit patiemment sa situation financière et restaura sa fortune. En 1817, il accepta, avec sa sœur, la succession de leur père, Philippe-Égalité, qui comportait trente millions de dettes. Au moment où il monta sur le trône, il avait tout juste fini de les payer. Plusieurs personnes l'y avaient aidé. Louis XVIII et Charles X les premiers, qui recomposèrent l'apanage d'Orléans malgré la loi du 23 octobre 1790 qui l'avait supprimé.

Louis XVIII, par les ordonnances des 18 mai, 17 septembre et 7 octobre 1814, restitua à la branche d'Orléans les biens provenant de l'apanage constitué à Monsieur, frère du roi Louis XIV. Charles X, à l'occasion du budget de 1826, fit passer une loi confirmant le chef de la maison d'Orléans dans la possession de cet apanage (qui comprenait le Palais-Royal, Dreux, Villers-Cotterêts et Eu, et rapportait trois à quatre millions par an, selon la vente des bois [6]).

Un avocat d'affaires, André Dupin, joua d'autre part un rôle déterminant dans la reconstitution de la fortune des Orléans. Il surveilla et liquida l'héritage de la mère de Louis-Philippe et d'Adélaïde, morte en 1821. Née Penthièvre, elle avait été la plus riche héritière de France. Par ailleurs, en 1825, Dupin réussit à faire attribuer au duc d'Orléans cinq millions grâce à la loi d'indemnisation des propriétaires dépossédés par l'effet des lois révolutionnaires (le « milliard des émigrés »); la sœur du duc, de son côté, reçut deux millions six cent mille francs.

Louis-Philippe se retrouva à la tête d'un Domaine privé formé par les biens non-vendus de Philippe-Égalité, ceux de sa mère et de sa tante, la duchesse de Bourbon, morte en 1822. Soit un grand nombre de propriétés, du Raincy aux canaux du Loing et d'Orléans, en passant par Bizy, La Ferté-Vidame, etc. En 1817, il conclut un échange avec Louis XVIII : il céda au roi les somptueuses écuries aménagées par son père rue Saint-Thomas du Louvre contre Neuilly, dont il fit sa résidence d'été. Ce Domaine privé rapportait deux millions par an.

A force de persévérance, le duc d'Orléans se constitua à Neuilly une très grande propriété, achetant les parcelles qui lui manquaient. Deux vieilles demoiselles refusaient de vendre, il fallut les payer à prix d'or. En 1821, Neuilly représentait un quadrilatère de deux cent vingt-deux hectares, que le prince de Joinville évoque avec émotion : « Que ceux qui n'ont pas connu le Neuilly dont je parle se figurent un vaste château sans prétention, sans architecture, composé presque exclusivement de rez-de-chaussée ajustés les uns au bout des autres, de plain-pied, avec de ravissants jardins. Autour, un parc immense s'étendant des fortifications à la Seine, là où passe aujourd'hui l'avenue Bineau. Dans ce parc, des bois, des vergers, des champs, des îles, dont la principale, l'île de la Grande-Jatte, enfermant un bras tout entier de la Seine, et tout cela à un quart d'heure de Paris [7]. » Louis-Philippe resta toute sa vie très attaché à Neuilly, comme à une œuvre personnelle.

Mais c'est du Palais-Royal qu'il fit une véritable cour en miniature. Il récupéra les parties aliénées, le théâtre en particulier, chassa les locataires des boutiques, construisit à la place des insalubres galeries de bois la galerie d'Orléans, et fit aménager une suite de salons d'apparat ayant vue sur le jardin, où il put recevoir une société nombreuse et variée [8].

Certes, le duc d'Orléans tenait à son rang et, depuis 1818, il avait, comme le voulait le protocole, une Maison, ainsi que sa femme et sa sœur [9]. Mais il avait en même temps compris que l'intérêt des princes était d'ouvrir leurs palais à toutes les élites et de pratiquer une sociabilité qui reconnaisse d'autres mérites que ceux de la naissance ou du rang. Il accueillait au Palais-Royal des aristocrates, des diplomates, des étrangers de marque – beaucoup d'Anglais –, de grands orateurs libéraux des deux Chambres, des avocats, des journalistes, des hommes de lettres, des artistes. Sans que Louis-Philippe l'eût forcément cherché, le Palais-Royal apparaissait comme le concurrent des Tuileries. L'étiquette y était moins rigide, les maîtres de maison plus aimables et plus ouverts, la société plus diversifiée et plus vivante [10].

Dès son arrivée à Paris en 1814, la situation du duc d'Orléans apparut dans toute son ambiguïté. Parce qu'il était prince du sang, Louis XVIII lui rendit son grade et son traitement de lieutenant-général, lui accorda l'ordre de Saint-Louis, le remit en possession du Palais-Royal et du parc Monceau, accepta d'être le parrain de son quatrième enfant, le duc de Nemours, qui naquit le 25 octobre. Mais il lui fit par ailleurs subir des vexations constantes : il lui refusa le titre d'Altesse Royale tout en le donnant à Marie-Amélie parce qu'elle était fille de roi ; pour la même raison, l'huissier ouvrait devant la duchesse les portes à deux battants puis en refermait un au nez du duc. En 1818, à l'occasion de la venue à Paris du tsar, Louis XVIII invita les Orléans à la soirée théatrale mais pas au dîner qui précédait, de sorte qu'ils n'auraient pas été assis dans la loge royale – ils déclinèrent donc l'invitation [11]; le 2 décembre 1823, il ne les convia pas à paraître au balcon des Tuileries pour accueillir le duc d'Angoulême qui ramenait d'Espagne son armée victorieuse.

Les cérémonies étaient souvent prétexte à humiliation. Un jour, à Notre-Dame, le souverain fit enlever les carreaux [coussins] sur lesquels étaient agenouillés Louis-Philippe et sa sœur : on les posa hors du tapis où, selon le roi, ses cousins n'avaient pas le droit de se placer [12]. Au baptême de la fille du duc de Berry, en 1819, le cardinal grand aumônier présentait la plume à chacun pour la signature de l'acte; quand fut venu le tour du duc d'Orléans, Louis XVIII cria : « Laissez la plume et faites-la présenter par un clerc de la chapelle [13]. » Les rapports tendus avec le monarque firent que l'exil des Orléans en Angleterre après Waterloo se prolongea jusqu'en avril 1817.

Louis-Philippe contestait les tracasseries qui semblaient orchestrées pour l'humilier mais nullement l'étiquette. Il était fondamentalement un homme d'Ancien Régime, très attaché aux titres et aux prérogatives. Aussi eut-il à cœur, pendant la Restauration, de se faire accorder ce à quoi il avait droit. Le 31 août 1824, Louis XVIII ne peut plus soutenir sa tête – il allait mourir le 16 septembre. Villèle, le chef du gouvernement, insiste pourtant pour régler avec lui un point important : le duc d'Orléans demande le cordon bleu pour son fils aîné, le duc de Chartres, qui aura quatorze ans le lendemain. A l'appui de sa demande, il rappelle que les princes du sang ont été décorés à cet âge, le duc d'Enghien par exemple. Le duc d'Orléans fait erreur, répond le vieux roi, c'est à quinze ans que le duc d'Enghien a reçu le cordon bleu, et il précise la date de naissance du duc d'Enghien et la date exacte, y compris le jour de la semaine, à laquelle la décoration lui a été octroyée. Il faudra donc attendre un an pour que le jeune duc de Chartres, comme tout prince du sang, reçoive le cordon bleu [14]. Ainsi Louis XVIII et Louis-Philippe faisaient-ils assaut d'étiquette et se montraient-ils l'un et l'autre particulièrement vétilleux.

Charles X, plus accommodant que son frère, accorda dès son avènement le titre d'Altesse Royale à tous les membres de la famille d'Orléans [15]. Très satisfait, Louis-Philippe plaida sa cause auprès du nouveau souverain pour que lui soient rendues toutes les prérogatives attachées à sa condition de prince du sang. Par exemple que les corps constitués viennent lui porter leurs vœux au Palais-Royal « dans *la même forme* et dans le *même costume* dans lesquels ils avaient été chez le roi », comme cela se faisait avant la Révolution : il avait, dès 1819, refusé de recevoir la Cour de cassation qui s'était présentée en *petite députation* et en *petit manteau* [16].

Charles X ayant accédé aux revendications de son cousin, les relations des Orléans avec la famille royale s'améliorèrent. Mais, de toute façon, en tant que cousins du roi, sous Louis XVIII comme sous Charles X, ils étaient les premiers invités de la cour, les premiers aussi auxquels la famille royale rendait visite. Ils étaient, en principe, les premiers à présenter leurs hommages au monarque, à l'occasion du 1er janvier, ou chaque dimanche à midi et demi, au sortir de la messe. Début janvier, ils venaient traditionnellement « tirer les Rois » en famille. Joinville se souvient qu'en 1824 – il avait six ans –, il eut la fève et choisit comme reine la duchesse d'Angoulême. Le *Journal des débats* du 7 janvier 1829 annonce que, la veille, la fève est échue à Marie d'Orléans, qui prit pour roi... Charles X. A peu de temps de là, le souverain manifesta d'ailleurs publiquement sa bonne entente avec ses cousins. Le 25 janvier, à un bal d'enfants chez la duchesse de Berry, charmé par Clémentine d'Orléans en costume Louis XV, Charles X dit à Louis-Philippe : « J'aurais quarante ans de moins que je vous demanderais votre fille en mariage pour en faire la reine de France [17]. » Marie-Amélie, de son côté, avait pour la duchesse d'Angoulême (devenue Dauphine à l'avènement de Charles X) une affection toute particulière que celle-ci lui rendait bien ; la presse signalait souvent : « La duchesse d'Orléans est venue faire une visite à Madame. »

Le duc d'Orléans et son fils aîné tenaient leur rôle de princes du sang dans les cérémonies officielles. Louis-Philippe parut à son rang au sacre de Charles X à Reims, en 1825, couronne en tête, revêtu de la robe d'or et d'hermine. Le duc de

Chartres, promu colonel des hussards à quatorze ans, en 1824, reçut l'année suivante le cordon bleu du Saint-Esprit; son frère le duc de Nemours fut nommé à douze ans, en 1826, colonel du premier régiment de chasseurs.

1830

Si Louis XVIII tenait à marquer par une étiquette pointilleuse la place exacte du duc d'Orléans, c'est qu'il n'était pas homme à oublier non seulement que son cousin était fils de Philippe-Égalité, qui avait voté la mort de Louis XVI, mais aussi qu'il descendait de Gaston d'Orléans, de la Grande Mademoiselle et de la Fronde. Louis-Philippe n'était pourtant guère frondeur, et le chemin du trône lui fut ouvert moins par son ambition que par les excès de la politique ultra de Charles X : « Vingt fois depuis un an, écrit la comtesse de Boigne en juillet 1830, j'avais entendu dire, en parlant du roi et de ses ministres, *Ils travaillent à faire le lit des Orléans* [18]. »

Dès février 1827, Stendhal écrivait, en écho à une opinion répandue : « Personne ne sait si nous ne subirons pas l'an prochain le joug de l'Inquisition ou si le duc d'Orléans, jouant le rôle du roi Guillaume d'Angleterre en 1688, n'occupera pas le trône de France [19]. » Les jeunes rédacteurs du *National*, journal d'opposition créé en janvier 1830, avançaient que la France, sur le modèle de l'Angleterre du XVIIe siècle, devait trouver l'accomplissement ultime de sa révolution dans un régime monarchique représentatif. Le 12 février, Thiers suggère que la France devrait imiter l'Angleterre qui, en 1688, avait choisi, pour « régner sur une société nouvellement constituée », Guillaume et Marie, « la famille la plus proche du prince déchu » : les Orléans ne représentaient-ils pas une dynastie mieux adaptée que les Bourbons à l'époque contemporaine ?

La crise politique éclata au printemps 1830. En mars, deux cent vingt et un députés contre cent quatre-vingt-un votèrent une adresse au roi qui désavouait les orientations politiques du gouvernement. Mais Charles X, plutôt que de renvoyer ses ministres, choisit de dissoudre la Chambre le 16 mai et de convoquer les électeurs pour le mois suivant. Les élections de juin renforcèrent l'opposition qui remporta deux cent soixante-quatorze sièges. Le souverain en vint alors au coup de force : il prépara avec le prince de Polignac, chef du gouvernement, des ordonnances qui suspendaient la liberté de la presse, rétablissaient la censure, dissolvaient la nouvelle Chambre, modifiaient le système électoral, réduisaient le nombre des députés, fixaient les élections au mois de septembre [20].

Dès la parution de ces ordonnances, le 26 juillet, quarante-quatre journalistes rédigèrent une protestation, refusant de reconnaître la dissolution de la Chambre et conseillant de ne plus obéir à une autorité qui agissait illégalement. Le 27 apparurent les premières barricades. Le 28 éclatèrent des batailles de rues et l'armée de ligne, commandée par Marmont, duc de Raguse, fraternisa avec les émeutiers. Le 29, les assaillants envahirent les Tuileries et y plantèrent le drapeau tricolore; à l'Hôtel de Ville les députés constituèrent une commission municipale, sorte de gouvernement provisoire, et La Fayette prit la tête de la Garde nationale, dissoute en 1827, qui se réorganisait.

Thiers et Mignet, d'accord avec Talleyrand, Laffitte, Béranger, rédigèrent une proclamation qu'ils firent afficher dans la capitale : « Charles X ne peut plus rentrer dans Paris, il a fait couler le sang du peuple. La République nous exposerait à d'affreuses divisions : elle nous brouillerait avec l'Europe. Le duc d'Orléans est un prince dévoué à la cause de la révolution », etc. Le recours à Louis-Philippe convenait à tous ceux qui craignaient l'anarchie – députés de l'opposition, diplomates et même partisans des Bourbons. Pozzo di Borgo, l'ambassadeur de Russie, dit le vendredi 30 juillet à la comtesse de Boigne que l'incapacité du gouvernement étant avérée, « il fallait se tourner du côté des Orléans. Il n'y avait de salut que là ». Le lendemain, la duchesse de Rauzan, pourtant fille du duc de Duras qui était en service auprès de Charles X à Saint-Cloud, se montrait impatiente de voir Mme de Boigne partir pour Neuilly, dans l'intention d'insister auprès des Orléans : « Elle me souhaita tout succès et me répondit que ma mission était une œuvre de charité [21]. »

A Neuilly, la comtesse ne trouva pas Louis-

Philippe mais sa sœur et son épouse. Mademoiselle d'Orléans (elle ne prit le titre de Madame Adélaïde qu'au début de la monarchie de Juillet) était convaincue que le devoir de son frère était de « conjurer la guerre civile, faire poser les armes et rétablir partout l'ordre et la tranquillité ». Marie-Amélie en revanche sanglotait en répétant « Quelle catastrophe ! ». Elle s'inquiétait pour la Dauphine dont elle était sans nouvelles et se désespérait surtout de la fausse situation où son mari était contraint de se mettre. A Mme de Boigne qui évoquait l'avenir royal du duc, elle répondit : « Dieu garde ! Dieu garde ! ma chère, ils l'appelleraient usurpateur. » La comtesse eut beau lui faire remarquer qu'*usurpateur* ne signifiait pas forcément *conspirateur*, et que l'usurpation n'était fautive que si elle avait été précédée d'une conspiration, la duchesse dit en pleurant : « Ah ! ma chère amie, notre bonheur est fini ; j'ai été trop heureuse [22]. »

La veille, les députés avaient envoyé à Neuilly Thiers puis Dupin, pour offrir au duc la lieutenance générale du royaume [23]. Mais eux aussi n'avaient trouvé que la duchesse, éplorée, et Mademoiselle d'Orléans, prête à accepter la proposition au nom de son frère. Louis-Philippe avait quitté Neuilly le 29 juillet au matin, seul, et s'était réfugié au Raincy. Sans doute voulait-il se dissocier de ses cousins, autant que faire se pouvait, pour ne pas être entraîné dans leur chute. Une de ses hantises était d'être à nouveau obligé de s'exiler. Le 31 mai 1830, parlant de Charles X et des siens, il se serait écrié : « Dieu sait où ils seront dans six mois ! » et aurait ajouté : « Dans tous les cas, ma famille et moi, nous resterons dans ce palais [24]. »

Le duc regagna le Palais-Royal dans la nuit du 30 au 31 juillet, encore indécis. Il fit venir le duc de Mortemart pour l'avertir qu'il ne prendrait pas la couronne mais qu'il était prêt à assurer la régence au nom du duc de Bordeaux, si toutefois Charles X le lui demandait. Mais dans le même temps, une délégation de députés le pressait d'accepter la lieutenance générale pour éviter la république ; après avoir consulté Talleyrand, il donna une réponse favorable. Il se rendit alors à l'Hôtel de Ville pour obtenir l'appui de La Fayette et de la Garde nationale.

Louis-Philippe, roi des Français

Quel rôle a joué Louis-Philippe pendant son règne ? La monarchie de Juillet a vu s'amorcer le développement du capitalisme industriel et financier. Le roi ne s'en désintéressait pas (et James de Rothschild pouvait écrire en 1840 : « Je me rends chez le roi que je vois quand je veux... il a toute confiance en moi, m'écoute et tient compte de ce que je lui dis [25] »), mais il n'a pas exercé une influence déterminante dans ce domaine. La période a été aussi celle de la conquête de l'Algérie, où la France avait commencé d'intervenir au printemps 1830. Même si ce fut l'occasion pour les princes de se parer de prestige militaire, cette longue affaire, conduite « par le hasard », selon le mot de Tocqueville, n'a jamais été dirigée par le souverain. En revanche, Louis-Philippe s'est toujours intéressé de très près aux affaires diplomatiques et il a constamment agi pour préserver la paix et tenir la France loin de toute dérive vers la guerre en Europe. Mais il avait surtout été poussé sur le trône pour barrer la route du pouvoir aux républicains. L'agitation populaire ne s'éteignit d'ailleurs pas d'un coup; il y eut, dans les premières années, des émeutes à réprimer [26]. Néanmoins, avec le soutien des classes moyennes, Louis-Philippe assura à la monarchie un sursis de dix-huit ans.

En 1830, il était l'homme de la situation parce qu'il avait à la fois du sang royal et, auprès de ses adversaires comme de ses partisans, une réputation de libéral. Il la devait au fait qu'il était fils de Philippe-Égalité, le régicide, et à son engagement dans l'armée de Dumouriez. Au fait aussi qu'il avait, sous la Restauration, largement ouvert les portes du Palais-Royal aux diverses élites parisiennes. Il la devait enfin à son mode de vie et à la bonhomie de son comportement ordinaire.

Il formait avec Marie-Amélie un couple à la Philémon et Baucis et proclamait volontiers sa fidélité. Il était surprenant, comme le souligne Hugo, de voir un roi « couchant avec sa femme, et ayant dans son palais des laquais chargés de faire voir le lit conjugal aux bourgeois [27] ». On peut se demander si cette « ostentation d'alcôve régulière » ne fut pas une erreur d'appréciation : les Français ont-ils jamais eu envie que le chef de l'État soit un modèle de fidélité ?

Louis-Philippe entretenait avec son épouse et ses enfants des rapports quotidiens empreints d'une affectueuse familiarité. Il n'hésitait pas à appeler la reine « maman » devant son premier ministre [28]; ils se tutoyaient entre eux comme ils tutoyaient leurs enfants. D'après la duchesse de Dino, le roi avait pour ses enfants « l'espèce de tendresse que l'on est convenu d'appeler bourgeoise [29] ».

Il avait de plus des habitudes peu royales comme celle de tirer de sa poche son canif à tout moment (Joinville la qualifie d'« un peu américaine ») pour tailler des bâtons [30], saigner un postillon évanoui [31] ou peler une pêche, dans le verger, à Eu, avant de la tendre à la reine Victoria en lui disant : « Quand on a été, comme moi, un pauvre diable, on a un couteau dans sa poche [32]. » S'il impressionnait ses interlocuteurs par ses talents oratoires, ce n'était pas grâce à sa dignité : en parlant, il ressemblait moins à un monarque qu'à un « opérateur italien », très expressif, plein de vivacité, d'entrain, imitant spontanément ceux dont il parlait, éclatant de rire, gesticulant [33].

Le roi était sans majesté. Pour autant, il n'oubliait jamais qui il était, ni quelles étaient ses origines. On l'a vu très attaché à ses prérogatives et aussi fin connaisseur de l'étiquette que

Louis XVIII. Il était passionné d'histoire et sa mémoire exceptionnelle lui permettait de restituer le passé avec la plus grande précision : « Comme il avait la tête pleine des traditions de Versailles et des détails de l'Ancien Régime, il y faisait sans cesse des retours qui échappaient à une bonne partie de ceux qui l'approchaient. La révolution de Juillet l'avait placé dans un monde où l'on ne savait guère de quoi il voulait parler, ce qui lui faisait dire quelquefois : *On ne sait plus l'histoire de France* [34]. »

Il nourrissait sans cesse sa conversation d'anecdotes vécues et de récits historiques. Il avait une affection toute particulière pour son ancêtre le Régent. C'était lorsqu'il parlait de châteaux qu'il était vraiment éblouissant dans ses évocations, et le plus royal. Le 14 décembre 1833, la duchesse de Dino dîne aux Tuileries, à côté de Louis-Philippe, qui ne l'entretient « que de traditions, de souvenirs, de vieux châteaux ». Puis ils vont rejoindre Talleyrand, qui dînait chez le prince héritier, en traversant le palais que le souverain a ordonné d'illuminer pour faire admirer à son invitée ses récentes transformations : « Le roi est un admirable *cicerone* de ses châteaux : je me suis émerveillée tout le temps qu'on pût si bien connaître les traditions de sa famille, en être aussi fier, et... enfin ! » (plus explicitement : et être assis sur le trône de son cousin).

« Ses manières, écrit Victor Hugo, étaient du vieux régime et ses habitudes du nouveau, mélange du noble et du bourgeois qui convenait à 1830; Louis-Philippe était la transition régnante [35]. » On verra dans les chapitres qui suivent que les « manières » avaient des racines plus profondes que les « habitudes » : le roi des Français, fondamentalement, restait l'héritier d'une tradition princière que son avènement même désignait comme anachronique.

CHAPITRE PREMIER

DU PALAIS-ROYAL AUX TUILERIES

Le 25 août 1830, Fontaine, l'architecte de Louis-Philippe, note dans son Journal qu'il a reçu l'ordre d'achever les travaux du Palais-Royal puisque le roi est déterminé à ne pas quitter sa résidence. Pendant la première année de la monarchie de Juillet, Louis-Philippe ne se rendit aux Tuileries que pour les manifestations officielles.

UN DÉBUT DE RÈGNE AGITÉ

Le Palais-Royal, de plain-pied avec les jardins et la foule, entouré de petites rues difficiles à dégager, était le théâtre de l'agitation qui se poursuivait. Lorsque la révolution avait éclaté, il était en travaux – on profitait du séjour d'été de la famille à Neuilly pour entreprendre des réparations importantes : tout était démeublé, les parquets enlevés, on marchait au milieu du plâtre et des échelles des tapissiers; n'importe qui pouvait entrer et s'installer; on se promenait dans le palais comme dans la rue, on mangeait dans toutes les pièces. Il s'était formé une soi-disant garde d'honneur pour veiller sur Louis-Philippe, composée d'« un ramassis de gens sans aveu, de rôdeurs de barrières de la pire espèce, de chenapans couverts de haillons, porteurs d'armes pillées partout [1] ». Ces deux à trois cents hommes, qu'il fallait en outre payer, habitaient nuit et jour le vestibule et l'escalier du palais. On ne s'en débarrassa qu'en leur proposant un enrôlement dans l'armée : ils prirent aussitôt la fuite.

Vatout, le bibliothécaire du roi, met sur le compte de l'enthousiasme collectif les mouvements de foule quotidiens sous les fenêtres royales : « Chaque soir, le jardin et les cours du Palais-Royal étaient le rendez-vous de tout Paris : on venait y entendre la musique de la Garde nationale ; on venait y saluer de ses acclamations la famille royale [2]. » Tout était prétexte à démonstrations. Ainsi, le 6 octobre 1830, pour son anniversaire, les gardes nationaux décidèrent d'offrir des fleurs au souverain et, le lendemain, chacun arriva avec un bouquet d'immortelles dans le canon de son fusil. Aussitôt, Louis-Philippe, entouré de ses fils, tous en uniformes de gardes nationaux, les passa en revue ; la reine et les princesses parurent sur la terrasse et furent applaudies.

La foule s'imposait et l'enthousiasme n'était jamais loin de la menace. Vigny, qui, le 11 février 1831, gardait le Palais-Royal à la tête de son bataillon, montre combien la popularité du roi en faisait un otage. Vers cinq heures, de grands cris retentirent : « Vive le Roi ! » Il aperçut alors, se débattant au milieu de la foule, « un homme au chapeau gris, à l'habit brun, au large parapluie sous le bras qui donnait de tous côtés des poignées de main un peu hasardées [3] ». Le malheureux dut « nager pendant un quart d'heure à travers les chapeaux pour traverser la cour du palais » et arriva enfin, « en mauvais état, son gilet déboutonné, ses manches arrachées et son chapeau défoncé ». C'était le nouveau souverain, Louis-Philippe.

Fontaine, avec lequel le roi parcourait volontiers les rues de la capitale, oppose l'attitude des gens dans la rue à celle des hordes du Palais-Royal. Le 20 octobre 1830, ils sont revenus au Palais-Royal suivis par la foule des curieux. Ceux-là ne sont en rien dangereux, ils sont seulement surpris par le style du monarque qui tranche sur celui de ses prédécesseurs : hors de ses fonctions, il se conduit en effet comme un simple citoyen. Certains lui ont tendu la main, d'autres lui ont glissé des pétitions, d'autres encore l'ont applaudi. Or, au même moment, on renforçait les mesures de sécurité au Palais-Royal, doublant les portes et les corps de garde et faisant provision d'armes. Car des bandes parcouraient Paris en demandant la tête des quatre ministres de Charles X emprisonnés, et on prévoyait qu'elles ne tarderaient pas à venir crier leurs exigences haineuses sous les fenêtres du roi. Ainsi Louis-Philippe, seul dans la rue, courait-il peut-être, dans les premiers mois de son règne, moins de risques qu'assiégé dans son palais.

Le souverain continuait cependant à recevoir au Palais-Royal. Les cris de la foule se faisaient parfois entendre au beau milieu des dîners ou des soirées... Maître de maison et invités attendaient alors avec anxiété l'arrivée de la troupe. Pendant un grand dîner diplomatique, le prince de Joinville s'efforçait d'être aimable avec sa voisine, fille de l'ambassadeur d'Angleterre, quand surgit le vacarme de l'émeute : « Tout le monde se regardait, regardait dans son assiette, chacun paraissait bien fâché d'être là en pareil moment, lorsqu'un grand bruit de ferraille et de piétinement de chevaux sur le pavé survenant, on comprit que la cavalerie chargeait; après quoi, le ciel se rassérénant, les colloques reprirent, mais avec effort [4]. »

Les émeutes les plus graves eurent lieu en février 1831. Un service funèbre, célébré par les légitimistes pour l'anniversaire de la mort du duc de Berry, le 14, donna lieu à des violences anticléricales : l'église Saint-Germain-l'Auxerrois fut saccagée, ainsi que, le lendemain, l'archevêché; même la cathédrale Notre-Dame fut menacée. Le jeune ministre de l'Intérieur, le comte de Montalivet, coupa court au désordre qui s'amplifiait en demandant la révocation du préfet Odilon Barrot et de Baude, le préfet de police. Le 2 mars, malgré l'agitation de la rue, il y eut grand concert chez le roi. Rodolphe Apponyi, cousin de l'ambassadeur d'Autriche, raconte : « Les chanteurs et les cantatrices arrivèrent pâles et tremblants et chantèrent faux pendant une grande moitié de la soirée. Tout à coup, le bruit se répand que ni la troupe de ligne, ni la Garde nationale ne pouvaient plus lutter contre le nombre. Effectivement, même à travers les sons de l'orchestre, on entendait les vociférations et les cris épouvantables d'une populace effrénée... » Louis-Philippe lui-même s'inquiéta, alla aux nouvelles puis revint rassurer ses hôtes : « Les hussards de Chartres ont dispersé les tapageurs [5]. »

Tout en continuant à affirmer qu'il ne voulait pas quitter le Palais-Royal, le souverain subit de telles pressions de son entourage pour s'installer aux Tuileries qu'il fut bien obligé d'envisager cette éventualité. Ainsi, dès le 4 décembre 1830, il fit avec Fontaine une visite du château et eut une idée de transformation que son malheureux architecte fut tenu de traduire en plans : « Il faut donc, à l'âge de soixante-neuf ans, fatigué de projets, projeter encore... » Précisons que Fontaine était l'architecte des Tuileries depuis 1801 – il l'est resté jusqu'en 1848 – et qu'il avait déjà établi une foule de projets qui n'avaient jamais vu le jour, pour Napoléon en particulier.

L'arrivée au pouvoir de Casimir Perier, qui remplaça Jacques Laffitte le 13 mars 1831, fut déterminante : il acceptait de devenir président du Conseil à la condition que le roi habite le château. Le 21 mars, Fontaine décidait avec Louis-Philippe des transformations à apporter et les travaux commencèrent le 1er avril : on édifia des palissades en planches pour cacher le chantier.

SAINT-CLOUD

Ayant enfin pris le parti de s'installer dans les murs et les meubles de ses prédécesseurs, le roi fit un premier pas dans ce sens, en allant au printemps habiter Saint-Cloud plutôt que Neuilly [6]. Marie-Amélie écrit dans son Journal, le 15 mars : « Dans la matinée, nous sommes allés à Saint-Cloud. Ce n'a pas été sans une grande peine pour moi, car c'est la première fois que nous y allons depuis nos douloureux événements, et il y avait juste huit mois que nous *les* avions vus là pour la dernière fois » (*les* désigne Charles X et sa famille). Le 4 avril, elle retourne à Saint-Cloud avec Louis-Philippe pour répartir les appartements. Le 5 mai, ils emménagent : « Arrivés à Saint-Cloud, nous avons reçu les autorités, nous avons dîné et nous avons pris nos dispositions dans cette maison, dont tout endroit me rappelle une chère personne, que je plains et que je vénère. » La pensée de la duchesse d'Angoulême ne quittait pas la reine...

Quant au roi, il se plaignit aussitôt à Fontaine de la mauvaise distribution du château. Ce n'est pas étonnant, note l'architecte le 6 mai : « La répugnance qu'il éprouve à se mettre à la place et dans les lieux occupés naguère par Charles X, son aversion pour tout ce qui peut lui rappeler les habitudes de ce souverain lui ont fait disposer son habitation, et les logements de sa famille, de la manière la plus incommode. » Mais les tristes pensées de la reine et la mauvaise humeur du roi ne les empêchaient pas d'apprécier le calme de Saint-Cloud, loin des agitations qui persistaient à Paris : « Nous sommes ici tranquilles, écrit Marie-Amélie à son fils Nemours le 14 juin, mais à Paris il y a petite danse tous les jours pour tenir les esprits en alerte, tantôt à la place du Châtelet, tantôt à la chaumière; une fois l'on crie « Vive Napoléon », plus souvent « Vive la République [7]... »

En septembre, les événements politiques poussèrent le roi à hâter son emménagement aux Tuileries. La nouvelle de l'écrasement de Varsovie par l'armée russe parvint à Paris le 15 et provoqua des émeutes les jours suivants. Des agitateurs envahirent le Palais-Royal : « Le roi ne peut plus bouger sans être accueilli par les mots les plus durs; on lui crie : *Bavard... Avare...*; on passe à travers la petite grille intérieure des couteaux avec lesquels on le menace [8]. » On s'inquiéta à nouveau pour la sécurité du roi. Le 26 septembre, Fontaine accompagna aux Tuileries, pour répartir les logements, un Louis-Philippe « déterminé, non sans regrets, à quitter momentanément le Palais-Royal ». Remarquons l'adverbe : le roi refusa jusqu'au bout de penser que son déménagement serait définitif.

Installation aux Tuileries

Le 20 septembre 1831 se donna le dernier concert au Palais-Royal. Le seul sujet de conversation, écrit Apponyi, était l'installation aux Tuileries. Deux jours après se tint le premier cercle diplomatique au château, suivi à la fin du mois par un dîner de diplomates à l'issue duquel le roi montra en détail à Rodolphe Apponyi ses appartements, en ajoutant qu'il regrettait son Palais-Royal. De son côté, la reine, dans ses lettres à Nemours, exprime à plusieurs reprises la tristesse qu'elle ressent dans sa nouvelle demeure. Le 17 octobre : « Nous soupirons tristement dans ce grand château »; le 21, il pleut à verse, « ce qui n'égaie pas du tout cette triste *cassanba* [baraque] »; le 27 : « Hier, je ne suis pas sortie de la journée; je l'ai passée dans ma tristissima écrivanie [boudoir], étourdie par tous les bruits possibles des ouvriers. »

Louis-Philippe a donc mis plus d'un an à investir la résidence royale. Faut-il voir dans ses réticences la mauvaise conscience de s'installer dans les meubles de son prédécesseur ? En août 1830, il aurait confié à Vatout : « Je ne veux pas aller aux Tuileries, le lit et le cabinet de Louis XVI et de Louis XVIII me feraient mal à voir [9]. » Mais Charles de Rémusat avance une autre explication : « J'ai toujours pensé que l'hésitation du roi venait moins de scrupule à coucher dans le lit d'autrui que de répugnance à quitter le sien [10]. » Qui a décidé le roi ? Les émeutes ? Casimir Perier et ses ministres ? L'empereur d'Autriche, comme Louis-Philippe l'a confié à Rodolphe Apponyi ? Investir les Tuileries était, de toute façon, pour le souverain, un acte symbolique important : il lui fallait affirmer sa légitimité et mettre fin aux bruits selon lesquels il ne prenait pas possession des résidences de la couronne parce qu'il se sentait illégitime.

Louis XVIII et Charles X s'étaient installés à la place de Napoléon en supprimant ses emblèmes mais sans rien changer, même pas la distribution des pièces. Louis-Philippe, au contraire, fit subir d'importantes transformations au château dont il modifia d'abord le mode d'habitation – ce qui, prédit Fontaine, « donnera, ici comme à Saint-Cloud, matière à plaintes et à blâmes » (1er octobre 1831). Le premier étage qu'avaient habité l'Empereur et les derniers rois abrita les salles de réception ; la chambre à coucher de parade fut transformée en salon de famille et l'autre chambre à coucher en salle de billard. La galerie de Diane devint salle à manger si bien qu'en la traversant, le soir, pour se rendre au salon de famille, on avait droit à toutes les odeurs de cuisine (l'ancienne salle à manger du rez-de-chaussée servait de salon aux aides de camp). Le conseil des ministres devait se tenir soit dans le salon rouge du premier étage, soit dans le bleu du rez-de-chaussée.

Les appartements privés étaient au rez-de-chaussée. Ceux du roi et de la reine, dans le corps central du palais, avaient été précédemment occupés par Marie-Antoinette, les deux impératrices, puis par les Angoulême ; ils donnaient sur le jardin, tandis que ceux de Madame Adélaïde, au pavillon de Flore, s'ouvraient sur la cour – elle était logée dans l'ancien appartement du roi de

Rome, habité, sous la Restauration, par les dames d'honneur. Les trois plus jeunes garçons occupaient eux aussi le pavillon de Flore, les aînés, Orléans et Nemours, prirent la place de la duchesse de Berry au pavillon Marsan. Les trois princesses habitèrent le rez-de-chaussée du corps central, près de leur mère.

Le roi entreprit des travaux importants dans le château en 1831 et 1832. Sa première intervention fut tout à fait impopulaire : par souci de sécurité, il amputa une partie du jardin. Jusqu'en 1830, il n'existait aucune séparation entre la résidence du souverain et les promeneurs du jardin. Ceux qui régnaient menaient leur existence quotidienne avec leur famille, travaillaient, organisaient leurs réceptions à deux pas de leurs sujets qui flânaient, protégés seulement par quelques sentinelles. Louis-Philippe fit pratiquer une tranchée dans le jardin et construire, pour son usage personnel, une terrasse avec parterres de fleurs, fermée par des grilles et des talus de gazon : « Le Père, écrit Marie-Amélie à Nemours, le 5 octobre 1831, est dans ce moment avec Fontaine sur le devant du château du côté du jardin, il a fait une combinaison qui le charme par laquelle il emploiera pendant un mois 1 200 ouvriers et au bout d'un mois les planches seront ôtées et il y aura une espèce de terrasse pour sa promenade particulière. »

La réalisation qui charmait tant le roi mécontenta beaucoup les Parisiens. On osait toucher à leur jardin. De plus, venant d'un monarque qui s'était dit l'élu de la nation, le procédé choquait. Le tollé fut unanime : Fontaine parle le 20 novembre du « bruit insensé » que provoquent les travaux des Tuileries, bruit amplifié par l'existence des clôtures de planches – on pouvait tout imaginer de ce qui se passait derrière... Dix ans plus tard, Gisquet, l'ancien préfet de police, se souvient encore des caricatures et des quolibets que fit naître le creusement de la tranchée qu'il appelle, lui, « l'heureuse idée » du roi, parce qu'elle garantissait sa sécurité [11].

L'entreprise devint même le sujet d'une comédie-vaudeville représentée aux Variétés le 10 décembre 1831, *Le Fossé des Tuileries* (de Dumanoir, Mallian et Lhérie), dans laquelle des badauds consternés échafaudent des hypothèses sur l'usage prévu pour le fossé : Va-t-il abriter la girafe de Charles X ? Sera-t-il transformé en réservoir d'eau ? Servira-t-il de cachette à la colonne Vendôme en cas de nouvelle invasion prussienne ? Le lutin protecteur des Tuileries vient alors expliquer au public qu'on va enfouir dans le fossé tout ce qui gêne et déplaît : le budget, la conférence de Londres et la question hollando-belge, la fournée des trente-six pairs, etc.

Pour la suite, le roi et son architecte se montrèrent plus circonspects : la démolition du grand escalier est décidée, note Fontaine le 15 mai 1832, et pour éviter les blâmes, il va falloir travailler discrètement. Louis-Philippe créa, d'une part, des appartements privés supplémentaires : il fit fermer par des fenêtres les douze arcades des galeries contiguës à l'appartement de la reine et obtint ainsi sept nouvelles pièces, cabinets et salons pour lui, ses aides de camp et ses secrétaires [12]. Il modifia d'autre part les appartements d'apparat, augmenta leur capacité d'accueil et en facilita l'accès. Jusque-là, on accédait aux grands appartements du premier étage par l'escalier de Le Vau qui ne permettait pas de passer de l'aile sud du château (pavillon de Flore) à l'aile nord (pavillon Marsan). Pour aller de l'une à l'autre, les visiteurs empruntaient les sous-sols, au risque de se perdre, ou passaient par l'extérieur, au risque de se geler (la comtesse de Boigne se souvient que, pour faire leur cour sous la Restauration, les dames grelottaient car l'étiquette interdisait châles et pelisses dans le château; elles échappaient au rhume en s'empaquetant la tête et les épaules avec le bas de leur robe [13]).

Fontaine déplaça la façade du premier étage de l'ancienne chapelle à l'aplomb du rez-de-chaussée, de façon à mettre à niveau tout le premier étage, créant ainsi la plus longue suite d'appartements de réception de toute l'Europe, environ 250 mètres [14]. La nouvelle galerie de l'aile nord, pourvue de dix fenêtres donnant sur la cour du Carrousel, fut baptisée galerie Louis-Philippe ou galerie de la Paix, à cause de la statue en argent qui l'ornait (offerte par la Ville de Paris au Premier Consul à l'occasion de la paix d'Amiens, en 1802). Elle était de plain-pied avec la salle des Maréchaux et était séparée de celle des Travées par un petit salon où l'on installa un plafond en bois sculpté rapporté de la chambre d'Anne d'Autriche au château de Vincennes.

Le nouvel escalier d'honneur, « de tout ce que nous avons fait pendant trente ans au palais des Tuileries, écrit Fontaine, la seule chose dans laquelle il nous a été possible de faire de la véritable architecture [15] », provoqua une admiration unanime. Coupé par trois repos, il s'élevait depuis un vestibule à colonnades droit jusqu'à la porte de bronze de la tribune de la chapelle. A la hauteur du premier étage se trouvaient deux larges balcons d'où l'on pouvait, les soirs de fête, contempler les cortèges qui montaient l'escalier entre deux alignements de hauts candélabres en bronze doré.

Les travaux furent terminés à la fin de l'année 1832. L'inauguration eut lieu le 30 janvier 1833. On s'extasia devant le résultat que Rodolphe Apponyi décrit longuement : « Le grand bal aux Tuileries, hier, a été une des plus belles fêtes que j'aie jamais vues. La nouvelle galerie, dite " Louis-Philippe ", est non seulement la plus vaste, la plus belle galerie du château, mais elle a encore le grand avantage de réunir l'appartement de réception de Charles X, la grande salle des Maréchaux et la galerie de Diane, etc., aux anciens appartements de Madame la duchesse de Berry puis à la galerie de la chapelle, à celle des colonnes et enfin à la salle de spectacle. Toute cette suite de salles et de galeries meublées avec magnificence était éclairée d'une manière éblouissante. Il y avait tant de lustres les uns à côté des autres qu'ils cachaient les plafonds. On a conservé ceux qui étaient du temps de Napoléon et de Charles X, déjà en assez grand nombre, et on y a ajouté tous ceux qui se trouvaient au garde-meuble et qui ont servi à éclairer, pour le sacre de Charles X, la cathédrale de Reims. Mais ce qui a surpassé mon attente c'est l'arrangement du souper. On l'a servi dans la salle de spectacle, superbe pièce ovale entourée d'une double rangée de colonnes avec chapiteaux et socles dorés... » Les invités étaient assis aux tables d'un seul côté, face à la salle, pour mieux jouir de son aspect féerique. Fontaine fit ensuite exécuter les sculptures destinées à décorer le nouvel escalier et le 1er mai 1833, à l'occasion de la fête du roi, les députés purent à leur tour admirer la construction.

Ces importants travaux représentèrent un tour de force pour Fontaine qui les mena à bien sans gêner ni interrompre la vie ordinaire de la cour. Ils coûtèrent 5 291 410 francs [16] et furent très mal vus de la population en un temps où les finances publiques étaient si basses que l'État dut procéder à des retenues sur les traitements des fonctionnaires qui dépassaient mille francs par an [17]. Louis-Philippe avait pourtant en tête des entreprises plus ambitieuses encore. Dès décembre 1830, il avait demandé à Fontaine d'étudier la réunion des Tuileries avec le Louvre, vrai serpent de mer depuis des dizaines d'années, et même la liaison du groupe Tuileries-Louvre avec le Palais-Royal par des galeries et des portiques, ce qui aurait représenté le plus grand ensemble de palais jamais réalisé en Europe. Le roi recula alors devant l'énormité du projet, mais, en 1833, Thiers, ministre des Travaux publics et du Commerce, revint à la charge. Le 29 mai, il présenta aux députés un programme de grands travaux dans le but de relancer l'activité économique. Sur les cent millions demandés, dix-huit devaient être consacrés à la Liste civile pour réunir le Louvre aux Tuileries par la construction d'une galerie transversale nord-sud coupant le Carrousel, où on aurait installé la Bibliothèque Royale, à l'étroit rue de Richelieu. La Chambre refusa de voter cet article [18]. Il faudra attendre 1857 et Napoléon III pour que le Louvre soit achevé et réuni aux Tuileries.

Si Louis-Philippe se vit contraint de renoncer à ses grands projets, il ne cessa, en revanche, d'aménager l'intérieur des Tuileries et d'en repenser l'agencement. C'était d'autant plus nécessaire que sa famille changeait : les enfants grandissaient, se mariaient ; les filles s'en allaient, il venait des belles-filles, il naissait des petits-enfants.

La difficulté extrême qu'a éprouvée Louis-Philippe à quitter le Palais-Royal peut certes s'expliquer par la répugnance de l'usurpateur à investir la demeure de celui qu'il a dépouillé. Mais ce serait là une interprétation par trop simpliste. Le nouveau souverain était tiraillé entre deux manières de régner, il n'avait pas encore clairement choisi le style qu'il souhaitait donner à son pouvoir. Il aurait voulu, d'un côté, séparer sa personne et sa fonction : la séparation des espaces – vie privée et famille au Palais-Royal, vie publique et travail aux Tuileries – correspondait à ce rêve ; il allait au bureau aux Tuileries et rentrait chez lui ensuite. Mais, d'un autre côté, il était assez réaliste pour comprendre que vie familiale et vie de représentation ne devaient faire qu'un, qu'il renforcerait à la fois son pouvoir et sa famille en les déployant aux Tuileries. Sa demeure privée avait beau porter le nom symbolique de Palais-Royal, cela ne le dispensait pas d'aller habiter le palais de ceux qui l'avaient précédé sur le trône. Sa famille aurait alors plus de chance d'apparaître comme une dynastie.

Louis-Philippe a donc évolué entre ces deux tendances contradictoires non seulement dans son mode d'habitation mais aussi dans son mode de déplacement. Jusqu'en août 1832, le roi n'osa pas aller voir l'avancement des travaux dans son château d'Eu par crainte de mettre en mouvement les autorités et les populations : « Quand pourrais-je donc jouir, demandait-il à Fontaine, des facultés qui appartiennent à tout le monde ? Quand, après avoir rempli les devoirs qui me sont imposés, me sera-t-il permis d'aller avec les miens, sans bruit et sans train, visiter mes terres ? Quand enfin les Français comprendront-ils que le roi d'un État constitutionnel n'est, hors de ses hautes fonctions, qu'un citoyen comme les autres; et que les hommages, les honneurs dus à son rang ne doivent pas priver sa personne des libertés que la loi telle qu'elle est faite aujourd'hui accorde sans distinction, et sans réserve, également à tous [19] ? »

Un dimanche soir d'août 1832, Louis-Philippe se décida à partir pour Eu avec une suite très réduite : Fontaine, le maréchal Gérard et Rumigny, l'un de ses aides de camp. Au départ de Saint-Cloud, les chevaux allaient bon train, la route était dégagée : « Ah ! c'est comme autrefois », déclara le roi avec soulagement. Mais l'incognito ne dura pas : toute la nuit, le long de la route, les habitants des plus petits villages étaient dans la rue, la chandelle à la main, pour faire fête au souverain. Le retour, pendant la journée du mercredi suivant, se fit au milieu de la même foule [20]. Le roi comprit, à cette occasion, que plus jamais il ne serait un homme privé allant visiter ses chantiers seul, pour le plaisir. Aussi, quand il retourna à Eu, le 5 juillet 1833, ne chercha-t-il plus à voyager incognito, au contraire : il emmena toute sa famille, Thiers, les intendants de la Couronne et du Domaine privé. Tous étaient là pour participer aux fastes déployés. De la même manière, une fois qu'il se fut résigné à habiter les Tuileries, Louis-Philippe fit jouer à chaque membre de sa famille un rôle dans la représentation royale.

CHAPITRE II

LE ROI DANS L'ESPACE PUBLIC

« Nous vîmes le roi Louis-Philippe, vêtu en simple bourgeois, passant à pied devant les *Bains chinois* », écrit Mrs. Trollope, en voyage à Paris en 1835. Et elle poursuit : « A l'exception d'une petite cocarde tricolore à son chapeau, il n'avait rien qui le distinguât des autres hommes comme il faut qui se trouvaient sur les boulevards [1]. »

Louis-Philippe aimait, nous l'avons dit, se promener simplement dans la rue, avec son architecte. Dans les premières années du règne, on le rencontrait en habit brun, son parapluie noir sous le bras, ce qui lui valut bien des critiques et des caricatures. Ce qu'on dénonçait comme simplicité affectée et pratique démagogique était en fait chez lui un goût ancien, qui datait sans doute de son enfance où son précepteur, Mme de Genlis, l'obligeait à marcher pour endurcir ses jambes. Sous la Restauration, il se promenait volontiers sur les Boulevards en compagnie de sa famille [2].

Devenu roi, il ne changea rien à ses habitudes. Mais ce faisant, il changeait l'image royale.

Ses prédécesseurs avaient à l'espace public un rapport bien différent : Louis XVIII, qui se déplaçait avec difficulté, ne sortait qu'en voiture ; Charles X montait régulièrement à cheval, mais c'était pour aller chasser à Rambouillet, non pour se promener dans les rues de sa capitale, et, s'il sortait de son palais à pied, c'était pour suivre une procession religieuse.

Avec Louis-Philippe, le roi se montrait à ses sujets dans la rue, à pied ou à cheval, sans apparat aucun, abolissant les distances. Si l'opposition ne lui ménagea pas ses quolibets, cette habitude valut aussi au souverain une grande popularité. Jusqu'à l'attentat de Fieschi, en 1835, Louis-Philippe sortait beaucoup, passait des revues, faisait des visites, voyageait dans les provinces. Le Journal de Marie-Amélie consigne ces sorties au printemps de 1831. Le 20 mars : « Nous sommes allés pendant la matinée aux Tuileries où, du balcon de la salle des Maréchaux, nous avons assisté à la revue de la Garde nationale et des troupes de ligne. Elles défilaient devant le roi » ; le 6 avril : « A 11 heures nous sommes allés avec le roi à Vincennes. A notre arrivée, le général Daumesnil a présenté au roi les clefs du fort, puis nous avons assisté à la manœuvre et aux exercices de tir dans le parc d'artillerie » ; le 24 avril : « Dans la matinée, à 1 heure, le roi est allé aux Tuileries pour la revue et de là il s'en est allé faire un tour à cheval dans le faubourg Saint-Antoine où il a été reçu avec enthousiasme (...) Le roi est rentré vers les 5 heures, accompagné d'une grande partie de la

8e légion et d'une nombreuse population qui faisait retentir l'air de ses acclamations » ; le 27 avril : « le roi est allé faire un tour à cheval dans le faubourg Saint-Marceau, puis il a visité l'hôpital Saint-Louis. Partout il a été acclamé » ; le 28 avril : « Le matin à 11 heures nous avons tous accompagné le roi à Saint-Denis à la maison d'éducation de la Légion d'honneur (...) Toutes les élèves ayant été réunies dans la grande salle du concours, le maréchal [Macdonald] a fait au roi un petit discours et le roi a répondu en des termes qui ont fait venir les larmes aux yeux. Il a excité un grand enthousiasme chez tous les assistants. »

le 1er mai, c'est la fête du souverain, le mauvais temps oblige à reporter au lendemain la grande revue de la Garde nationale. Néanmoins, des divertissements ayant été organisés aux Champs-Élysées, Louis-Philippe y est passé à cheval pour se faire acclamer. Le 2 mai : « A 11 heures le roi est sorti à cheval avec nos deux aînés et avec de nombreux généraux afin de passer en revue environ trente mille hommes de troupe au Champ-de-Mars. Nous sommes allés à l'École militaire. C'était un spectacle très beau. Il y avait en particulier huit superbes régiments de cavalerie, les carabiniers surtout étaient magnifiques » ; le 4 mai : « Dans la matinée, le roi à cheval et nous en calèche, nous sommes allés visiter le beau Conservatoire des arts et métiers au faubourg Saint-Martin » ; le 15 mai : « A 10 heures nous sommes allés au Palais-Royal [dix jours avant, ils se sont installés à Saint-Cloud] et de là le roi est parti à cheval pour le Champ-de-Mars où il a passé la revue de la Garde nationale de Paris et de la banlieue qui avait été remise depuis le premier. Nous sommes allés à l'École militaire. Cette revue était superbe et le roi fut merveilleusement accueilli. »

Ces notes de Marie-Amélie montrent d'une part que Louis-Philippe ne ménageait pas sa peine, en un temps où éclataient encore facilement des troubles et des émeutes, d'autre part que sa famille – sa femme, sa sœur, les enfants – était associée à ses apparitions publiques.

Fêtes de Juillet

Jusqu'en 1835, le souverain apparaissait en public lors des fêtes de Juillet, qui célébraient l'anniversaire des trois journées révolutionnaires de 1830 et de son avènement, et il tenait beaucoup à la présence des siens.

En juillet 1833, la reine est à Bruxelles avec les princesses Marie et Clémentine, attendant que Louise, sa fille aînée, devenue reine des Belges, mette au monde son premier enfant. L'accouchement, qui tarde à venir, jette Louis-Philippe dans l'angoisse à mesure que passent les jours et que se rapproche la fin du mois. Le 17 juillet, il écrit, apparemment sans inquiétude, à Marie-Amélie : « Je pense que si ta présence à Bruxelles était encore utile à notre bonne Louise et à ta satisfaction, tu ne devrais pas même songer à revenir à

Paris pour t'y trouver [3] » (*y* désigne les fêtes de Juillet). Le 23, en revanche, il exprime ses craintes : « Les fêtes sans toi seront incomplètes et je suis sûr qu'une partie du public en sera contrarié comme moi. Quelquefois je pense que si Louise était accouchée à temps, tu pourrais faire une course légère avec tes deux filles cadettes pour être ici le 28 ou le 29 et retourner avec elles et un fils pour faire le baptême. »

Le 24 juillet, il est soulagé car la reine a eu, de son côté, la même idée – juste venir pour les fêtes et repartir : sa présence, il en est sûr, fera très bon effet, comme celle de Marie et de Clémentine. Ce jour-là, Louise accouche enfin. Le nouveau grand-père prend le temps de se réjouir de la naissance d'un autre « roi de Juillet », mais le lendemain, 25 juillet, il envoie à Marie-Amélie un message impérieux. Si elle a décidé de rester au chevet de Louise plutôt que de revenir à Paris pour deux jours, qu'elle change aussitôt d'avis : « A moins que son état ne te donnât une inquiétude positive, ce dont Dieu nous garde, je désire que tu te mettes en route immédiatement, et que tu m'arrives le plus tôt possible à Paris où je t'attends avec la plus vive impatience. » Qu'elle ramène absolument une des princesses *pour ouvrir le bal de l'Hôtel de Ville*. La reine regagna Paris à temps pour figurer avec ses filles dans les fêtes et repartit le 1er août pour baptiser son petit-fils.

Les cérémonies officielles demandaient une participation des princes plus encore que de leurs sœurs. Ils avaient d'abord une fonction de représentation et jouaient par ailleurs le rôle de gardes du corps de leur père dans les moments dangereux. Le 28 juillet 1835, les trois aînés escortaient le roi. Thiers, alors ministre de l'Intérieur, les avait avertis que, d'après ses renseignements, un attentat se préparait, mais Louis-Philippe avait refusé de décommander la revue. Ils montèrent à cheval et sortirent des Tuileries : « Nous n'avions pu, raconte Joinville, prendre d'autres précautions que de nous partager, mes frères et moi, ainsi que les aides de camp de service, la surveillance autour de la personne du Roi. A tour de rôle un de nous et un aide de camp devaient se tenir immédiatement derrière son cheval, l'œil fixé sur la troupe et la foule, afin de s'interposer devant tout geste suspect [4]. »

Au moment où le cortège descendait le boulevard du Temple, éclata ce que Joinville crut être une fusillade et qui était l'explosion d'une machine infernale. Le cheval de Louis-Philippe se cabra, lui sauvant peut-être la vie ; à ses côtés le maréchal Mortier, duc de Trévise, frappé à la tête, tomba raide mort. Les trois princes réagirent promptement : « Saisissant le cheval de mon père par la bride, pendant que mes deux frères le frappaient par-derrière avec leurs épées, nous l'entraînâmes rapidement à travers l'immense désordre qui se produisait. » Le roi, malgré l'horreur de la situation, continua la revue et tous allèrent, éclaboussés de sang, saluer les dames du monde officiel qui les attendaient en toilette de fête à la

Chancellerie, place Vendôme. La machine infernale qui avait épargné le souverain et ses fils fit dix-huit morts et vingt-deux blessés.

L'attentat de Fieschi n'était pas le premier perpétré contre Louis-Philippe mais il allait changer le cours de la politique. Il modifia le déroulement des fêtes de Juillet : de 1831 à 1835, le 27 juillet était la journée des célébrations funèbres, les 28 et 29 celles des réjouissances publiques et des revues militaires ; à partir de 1836, le 27 devint une journée secondaire, le 28 la journée funèbre et le 29 celle des réjouissances. Surtout, le gouvernement n'accepta plus que le roi s'expose au risque encouru en 1835 et, même le 28 juillet 1840, à l'occasion du dixième anniversaire des Trois Glorieuses, la famille royale ne fut pas présente à la Bastille, pour l'inauguration de la colonne de Juillet et la translation des restes des combattants de 1830 [5].

Ouverture et clôture des sessions parlementaires

Au début de chaque session parlementaire, le roi prononçait, selon un usage britannique introduit par la Restauration, le discours du Trône ou de la Couronne devant les deux Chambres réunies au Palais-Bourbon en séance solennelle, que l'on appelait *séance royale*. Cette cérémonie d'ouverture était aussi courue que les séances de réception à l'Académie française : « Jamais, écrit Marie-

Amélie à Nemours le 16 novembre 1832, on n'a été plus curieux d'entendre le discours du Roi, plus avide d'avoir des billets pour la séance royale, c'est une vraie bataille. »

Pierre Magne, député de Périgueux, arrive à Paris à la veille de Noël 1843 pour la durée de la session parlementaire. Dans une lettre à l'un de ses amis, il décrit la distribution à la Chambre des billets d'entrée pour la séance royale : « Chaque député a son entrée certaine, mais il n'est pas sûr d'avoir un billet à donner. C'est le sort qui décide. Cependant, comme tous les députés n'étaient pas présents, le nombre des billets a dépassé celui des députés qui ont répondu à l'appel de leur nom. On devait faire le rappel pour la distribution de l'excédent, mais M. Laffitte a trouvé plus simple de faire jeter en masse les billets restants au beau milieu de la salle. Alors, mon cher, figurez-vous un tas de gamins au milieu desquels on jette des dragées et vous aurez une idée très exacte de la scène divertissante qu'ont jouée nos pauvres législateurs. J'ai remarqué M. Berryer [orateur vedette de l'opposition légitimiste] parmi les plus ardents [6]. »

La séance royale à laquelle Pierre Magne assiste le 27 décembre 1843 lui semble « une des plus belles scènes d'opéra que j'ai vues de ma vie », avec, pour figurants, non seulement les parlementaires mais aussi les diplomates et tous les dignitaires du régime. Il n'est pas dupe pour autant des manifestations d'enthousiasme. A l'arrivée de la reine, de la duchesse de Nemours et du comte de Paris, éclatent des vivats : « Je remarque très bien que ces vivats sont provoqués par quelques meneurs dispersés dans la salle. » Louis-Philippe lit son discours « d'une voix nette mais un peu cassée, en allongeant ses finales, comme dans la déclamation d'un maître d'école ». Quand il sort au milieu des « Vive le Roi ! » Magne commente lucidement : « Ces cris ne sont point spontanés : ils sont toujours provoqués par des meneurs[7]. » C'est Guizot qui a le plus impressionné le député : il émane de l'homme d'État une confiance en lui-même, un « sentiment de sa valeur personnelle ».

Victor Hugo, pair de France depuis 1845, faisait partie le 28 décembre 1847 de la « grande députation » de douze pairs et vingt-cinq députés tirés au sort, qui était chargée d'attendre le roi sur le grand escalier du Palais-Bourbon. Les pairs à gauche, les députés à droite étaient tous également gelés par la bise qui soufflait. La reine, sa fille Clémentine et ses belles-filles Nemours et Montpensier sont arrivées les premières, puis la duchesse d'Orléans avec le comte de Paris. Elles ont gravi les marches en saluant à droite et à gauche, suivies par les dames de compagnie et les aides de camp. Cinq minutes après s'arrêtait la voiture de cérémonie du roi, grosse berline bleue traînée par huit chevaux, doublée de damas jaune d'or, portant le chiffre de Louis-Philippe et des couronnes d'argent. Le roi et ses fils en sont descendus, ont monté rapidement l'escalier en saluant, traversé la salle du trône avant d'entrer dans la grande salle. Louis-Philippe, en uniforme de la Garde nationale, sur l'estrade, est acclamé par des « Vive le roi ». Il invite pairs et députés à s'asseoir puis s'assoit lui-même, chapeau sur la tête, pour prononcer son discours.

Le discours du Trône, écrit sur parchemin recto et verso, tenait en général quatre pages que le souverain lisait, selon Hugo, « d'une voix ferme et de bonne compagnie [8] ». Il le composait en principe avec le président du Conseil. Mais ce dernier pouvait sous-traiter son travail. Ainsi Casimir Perier confia-t-il à Rémusat le soin de rédiger le discours de 1831 : « Il n'en existait qu'un canevas informe. Je fis une rédaction qui fut soumise au roi et au Conseil. On me rapporta les corrections du roi à mi-marge. J'y opposais les miennes et mes observations que Perier lui reportait comme siennes. Le roi accordait ou répliquait. Le discours qui fut prononcé fut aux trois quarts celui que j'avais écrit [9]. »

Au discours du Trône, la Chambre des députés répondait par une adresse qu'une délégation, conduite par le président de la Chambre, portait au roi, aux Tuileries. Le texte de l'adresse était délibéré en commission, discuté en séance plénière et voté comme une proposition de loi [10]. La discussion de l'adresse pouvait donner lieu à de violentes polémiques. La plus vive éclata le 26 janvier 1844, à propos du mot « flétrit ». En novembre 1843, le comte de Chambord avait séjourné à Londres quelques semaines et les légitimistes français étaient allés manifester leur fidélité devant sa demeure, à Belgrave Square. Parmi eux, cinq députés dont Berryer. L'opinion en France s'en émut et la commission de l'adresse adopta à l'unanimité cette phrase : « La conscience publique flétrit de coupables manœuvres ». Au cours de la discussion générale, Guizot dut faire face aux attaques très virulentes de l'opposition pendant une heure et demie, il raffermit ainsi la position de la Chambre, qui vota le « flétrit [11] ».

Tout comme il présidait à l'ouverture de la session, le souverain présidait à sa clôture : « A 1 heure, écrit Marie-Amélie le 20 avril 1831 dans son Journal, le roi s'est rendu à cheval à la Chambre en grand apparat pour y clore la session. Nous y avons assisté de la tribune ordinaire. Le roi a prononcé un excellent discours, où il a exposé les travaux de la session écoulée et la situation actuelle en France : malheureusement on ne l'a pas bien entendu, car il était très enroué. A l'aller comme au retour il a été très acclamé. » Après l'explosion de la machine infernale de 1835, le roi ne se rendit plus au Palais-Bourbon à cheval mais en voiture fermée.

Attentats et sécurité

Aucun monarque français ne fut autant que Louis-Philippe visé par les attentats. On essaya huit fois de le tuer, sans succès : en 1832, Albert Bertier de Sauvigny le 17 février et Bergeron le

19 novembre; Fieschi le 28 juillet 1835; en 1836, Alibaud le 25 juin et Meunier le 27 décembre; Darmès le 15 octobre 1840; en 1846, Lecomte le 16 avril et Henry le 29 juillet.

Dans toutes ces circonstances dramatiques, le souverain fit preuve d'un grand sang froid. Le 19 novembre 1832, il se rendait à cheval à l'ouverture des Chambres. Au moment où il passait le Pont-Royal, Bergeron tira sur lui : « Heureusement, pour notre bonheur à tous, écrit le jour même la reine à Nemours, le coup a été détourné, le cheval a eu peur mais le roi n'a pas sourcillé (...) Personne ne s'en est douté à la Chambre où le roi a prononcé son discours sans avoir la voix le moins du monde altérée, il a été très bien reçu. »

Les parlementaires n'ont appris l'attentat qu'à la sortie et sont aussitôt venus à pied aux Tuileries, même ceux de l'opposition, pour témoigner à Louis-Philippe leur émotion. Le soir, les visiteurs envahissent le salon : « C'était comme après les grandes journées [12] », commente Marie-Amélie. Le lendemain, 20 novembre, nombreux sont ceux qui tiennent à exprimer leur sympathie : le couple royal les accueille de 10 heures jusqu'à deux heures et demie; après le dîner réunissant cent quatre-vingt-deux personnes, le roi a reçu le Conseil d'État puis, pendant deux heures, ont défilé « hommes, dames, corps diplomatique, tout ensemble, pêle-mêle ». Le 23 novembre, Marie-Amélie conclut : « Cet événement qui pouvait être si funeste a les plus heureux résultats, montrant de la manière la plus satisfaisante l'intérêt et l'attachement de la nation pour le roi de son choix. »

Avec le temps, les réactions à l'occasion des attentats contre la personne du monarque se ritualisèrent. Il se créa pour la circonstance une sorte d'étiquette : on allait porter à la famille royale ses « condoléances et félicitations [13] ». Le prince de Joinville se rappelle avoir entendu, le 27 décembre 1836, à la sortie de la séance royale, deux députés causant du coup de pistolet auquel avait échappé Louis-Philippe en se rendant au Palais-Bourbon : « Allons-nous féliciter le roi ? demandait l'un. – Certainement. C'est l'usage [14] ! » répondait l'autre.

La question était moins, comme le suggère Rodolphe Apponyi, d'aller ou non féliciter le roi mais en quels termes il convenait de le faire : « On ne saurait assez recommander, dans de semblables circonstances, écrit-il après l'attentat d'Alibaud, une sage et prudente économie de paroles et de sentiments. J'ai vu beaucoup de personnes négliger, l'année dernière, cette sage maxime et s'en trouver fort mal cette année-ci, car on aurait voulu dire quelque chose de plus fort, de plus touchant encore, mais on était épuisé de la première fois » (29 juin 1836).

L'attitude de Louis-Philippe provoquait l'admiration de ses contemporains : « Le courage et l'habitude rendaient le roi supérieur et comme indifférent à ces tristes épreuves, dit Rémusat à propos de l'attentat de Darmès en 1840 (...) Sa famille et lui ne témoignaient en de tels moments qu'une sensibilité sereine et calme qu'on aimait à contempler [15]. » Le souverain n'était d'ailleurs pas obsédé par sa sécurité. Le seul lien officiel qu'il avait avec la police était le *Bulletin de Paris* que lui envoyait chaque matin, en même temps qu'au ministre de l'Intérieur, le préfet de police, Gabriel Delessert. Il s'agissait d'un rapport dressé dans la soirée et la nuit sur les événements de la journée dans la capitale : mouvements des ouvriers, arrestations, etc. Rémusat prétend que Louis-Philippe n'était pas curieux de ces nouvelles, car il craignait « de se noircir et de s'aigrir l'esprit [16] ». Il traitait le préfet de police en homme du monde plutôt qu'en responsable de la sûreté : il aimait à causer politique avec lui, le soir, au salon.

Cependant la famille royale vivait avec une épée de Damoclès sur la tête. La chambre de Louis-Philippe et de Marie-Amélie était constamment éclairée et deux pistolets posés sur la table de nuit proche du roi [17]. Tout bruit non identifié provoquait une panique au château, une canne tombant bruyamment ou une détonation partie de la caserne voisine [18]. Les racontars allaient bon train, surtout chez les opposants, qui représentaient volontiers les Orléans tremblant devant l'assassin. Ainsi la légitimiste duchesse de Maillé, au lendemain de l'exécution d'Alibaud, deux semaines après sa tentative manquée, écrit-elle : « On a assuré qu'Alibaud a dit qu'ils étaient deux cents ayant fait le serment de mort contre Louis-Philippe. Aussi, rien n'égale les terreurs de la famille d'Orléans. A peine le roi ose-t-il se promener dans ses jardins. La reine tressaille au moindre bruit, le rideau agité par le vent leur fait croire à l'apparition d'un assassin, une voix qui appelle leur semble crier au secours. C'est tout ce que l'on raconte des tyrans de la Grèce [19]... »

La police, de son côté, s'inquiéta, surtout à partir de 1835. L'ex-préfet Gisquet explique pourquoi : jusqu'en 1834, les républicains trouvaient des occasions de s'exprimer dans la rue ; mais après les émeutes du printemps 1834, l'arrestation et la condamnation de leurs chefs, leur haine se cristallisa sur le chef de l'État.

La surveillance des résidences royales était assurée par un service spécial, la Brigade du Château, composée d'un effectif relativement restreint, un commissaire, deux brigadiers, quinze inspecteurs auxquels s'ajoutaient, lors des déplacements du souverain, sept éclaireurs à cheval. La Brigade du Château était payée en partie sur les fonds de la Ville et en partie sur les fonds secrets [20]. Ce corps est à distinguer des quatre-vingt-dix-huit gardes nationaux qui, chaque jour, étaient en service aux Tuileries [21].

La Brigade cependant ne suffisait pas à la tâche. Le 19 juillet 1834, la gendarmerie de la Seine envoya un rapport au ministre de l'Intérieur : « Tous les jours, depuis le 14 courant, deux gendarmes en bourgeois escortent la voiture du roi, à sa sortie et à sa rentrée, dans le but de le préserver de toute tentative d'assassinat (...) Les gendarmes qui font ce service sont armés de pistolets de poche, ils doivent se tenir à une certaine distance de la voiture du roi et observer tout ce qui se passe autour, de manière à pouvoir s'y porter rapidement, pour défendre en cas de danger les jours de Sa Majesté [22]. »

Après 1834, Gisquet prit, de concert avec le ministre de l'Intérieur, des mesures renforcées pour la sécurité du monarque et de ses proches : « Les routes parcourues habituellement par la famille royale furent surveillées d'une manière plus active (...) J'ai demandé notamment que la voiture de Sa Majesté eût toujours une escorte de cavalerie, ce qui me semble préférable à tout; je désirais aussi que l'on fît, dans certains cas, quelques dispositions militaires, et je n'insistais pas moins pour qu'on renonçât à l'usage de passer les revues de la garde nationale sur les boulevards. Ces revues périodiques, obligeant le roi à traverser Paris dans sa plus grande étendue, n'étaient-elles pas une sorte de rendez-vous pour les conspirateurs [23] ? »

En mars 1837, pendant l'instruction du procès de Meunier (il a tiré sur la voiture du roi le 27 décembre 1836; Louis-Philippe commuera sa condamnation à mort en exil aux États-Unis), la duchesse de Maillé détaille les mesures de sécurité : « Il est interdit de se promener sur la terrasse du bord de l'eau après onze heures du matin, parce que de là on pourrait tirer sur Louis-Philippe, s'il passait en voiture sur le quai, le long de cette terrasse. Des sergents de ville empêchent les passants de s'arrêter sur le Pont-Royal et près des Tuileries; lorsque le roi doit sortir au bal, même chez lui, dans ces fêtes si nombreuses, une ligne d'aides de camp se forme près de lui, aussitôt qu'il s'arrête après une contredanse, afin d'empêcher la foule de l'approcher de trop près[24]. »

La gendarmerie, la police, la Maison du roi œuvrent chacune pour encadrer le souverain et le protéger. Mais la préfecture de police agissait également dans le domaine politique, pour déjouer les complots et prévenir les attentats : elle opérait de nombreuses arrestations. Étaient particulièrement surveillés les individus qui affichaient des opinions républicaines, les milieux populaires et les barrières de la capitale. On n'hésitait pas à recruter des espions parmi la population. Ainsi, en avril 1840, le chef de la police municipale propose-t-il « d'étendre les mesures de sûreté déjà prises relativement aux voyages du roi et de la famille royale, tant pour Paris que Versailles, Trianon, Saint-Cloud et Neuilly, au moyen de nouvelles investigations secrètes exercées tout à fait en dehors de nos moyens officiels par quelques habitants de ces localités dont la profession, la discrétion et la moralité pourraient nous faire espérer de bons résultats. Cette épreuve a été faite avec succès, car jusqu'à ce jour tout a complètement justifié nos espérances à cet égard. Aucun fait même le plus minime qui ait eu le moindre rapport à ce service n'est resté ignoré[25]. »

Par mesure de sécurité, on en vint à confiner les revues dans un espace étroitement surveillé. On faisait le vide dans le périmètre formé par la place du Carrousel, la place Louis-XV (Concorde) et le quai qui longeait la terrasse du bord de l'eau.

Louis-Philippe montait à cheval dans la cour des Tuileries et passait devant les légions rangées dans ce périmètre gardé par une haie de soldats; puis il se plaçait avec son état-major au pied de l'obélisque et les troupes défilaient devant lui.

Une revue pouvait être décommandée au dernier moment, comme celle du 28 juillet 1836, un an après l'attentat de Fieschi, un mois après celui d'Alibaud. Certes, cela produisait un mauvais effet auprès du public, mais un grand déploiement de sécurité pouvait être d'un effet pire encore, comme le fait remarquer la duchesse de Dino le 8 mai 1837. La veille, elle a assisté de ses fenêtres à la grande revue de soixante mille gardes nationaux et vingt mille soldats de ligne : « Les quais, la rue de Rivoli, la place, les Tuileries, ont été interdits à tout le monde, excepté les uniformes; hommes, femmes, enfants, petits chiens, enfin tout être vivant repoussé, refoulé (...) Toute la police sur pied, et les gardes nationaux doublés, de chaque côté, d'un rang de sergents de ville et de gardes municipaux, dans toute la longueur du groupe royal; on aurait dit une ville déserte, pestiférée, et dans laquelle passait une armée conquérante. »

Louis-Philippe fut donc obligé, après quelques années de règne, d'apparaître de moins en moins en public. Ce qui eut deux conséquences, une personnelle et une politique. Lui qui avait été un homme de plein air supportait mal « l'ennui de la réclusion à laquelle on l'astreignait [26] », il s'aigrissait et se plaignait de sa « renfermerie de Paris [27] ». Mais surtout, condamné à l'isolement, le roi-citoyen se coupait des racines de son régime. Entre 1840 et 1848, il ne s'est plus montré à son peuple. Il s'est coupé en particulier de la Garde nationale, « la grande armée de l'ordre public », selon le mot de Casimir Perier. On peut s'étonner que les hommes au pouvoir ne se soient pas inquiétés de cette rupture des années 1840, qui fera qu'en 1848, la Garde nationale, passée à l'opposition, n'aidera pas la monarchie à se maintenir.

Le 14 juin 1840, Rémusat, ministre de l'Intérieur, organisa la dernière revue qu'ait passée le souverain, de la Garde nationale de Paris et de la banlieue : « Le défilé se passa très bien. La troupe cria honnêtement *Vive le roi!* Quelques bataillons firent entendre le cri de *Vive la réforme!* mais sans violence, les gestes et les physionomies n'avaient rien de menaçant. On tenait une gageure qu'on avait faite. Le roi était si content qu'après que ce fut fini, au lieu de revenir suivant l'ordre de marche par le jardin des Tuileries qui était fermé, il me demanda la permission de prendre la rue de Rivoli qui était restée livrée au public. Je la lui accordai, calculant que son passage serait inattendu et par conséquent sans danger. Le retour s'opéra ainsi. Je remarquai avec quel soin les fils du roi, marchant de front avec lui, s'écartaient le plus possible de son cheval, afin d'élargir le passage et de refouler autant que possible le public de droite et de gauche [28]. » A lire ce récit, on pense à la fameuse déclaration de Louis-Philippe : « Je ne crains pas les assassins; pour moi la meilleure des cuirasses ce sont mes enfants [29]. »

Il devint tellement exceptionnel pour le monarque de pouvoir se promener en public que, si l'occasion s'en présentait, il en profitait longuement. La duchesse de Dino raconte, le 15 mai 1837 : « J'ai trouvé le roi radieux d'une visite qu'il avait faite le matin [la veille, 14 mai] au jardin des Plantes, pour y voir les serres qui y sont établies. Il avait été extrêmement applaudi sur son passage; enfin, il avait l'air de renaître (...) Il y avait été sans escorte et s'est promené pendant deux grandes heures avec les ministres de l'Intérieur et de l'Instruction publique, le préfet de police, et un seul aide de camp. La foule a été toujours grossissant et ces Messieurs, qui voyaient toutes les abominables figures de la rue Mouffetard et de ce quartier se presser autour du roi, mouraient de peur; mais il n'y a pas eu moyen de faire rentrer le roi, qui était ravi. »

Ce sont ces bains de foule que Louis-Philippe a regrettés, car ils flattaient l'image, quelque peu illusoire, qu'il se faisait de lui-même : « Il lui en coûtait, commente Gisquet, de ne pouvoir circuler seul et librement dans les rues de la capitale comme il le faisait depuis son retour en France, et il montrait une répugnance invincible à se voir entouré d'une garde civile ou militaire chargée spécialement de veiller sur ses jours. Les mesures préservatrices, commandées par une patriotique sollicitude, semblaient à Louis-Philippe ne pas être en harmonie avec le beau nom de roi populaire, de premier citoyen de la France, qu'il croyait à juste titre n'avoir pas cessé de mériter [30]. »

CHAPITRE III

COURTISANS ET DOMESTIQUES

« Il faut, écrit Fontaine le 25 août 1830, donner au roi Louis-Philippe, appelé par la volonté nationale au trône de France, la forme et les alentours de la royauté, sans les bizarreries de l'étiquette et l'injuste avantage des privilèges. » En d'autres termes, il fallait une cour. Mais le duc d'Orléans disposait déjà d'une cour au Palais-Royal. Lorsqu'il monta sur le trône, il la garda telle quelle. Pourquoi ?

« La couronne lui tomba sur la tête [1] », écrit joliment la comtesse de Boigne. Et de fait, à son avènement, Louis-Philippe ne semblait pas prêt à transformer son style de vie : tout comme il ne voulait pas déménager, il ne voulut rien changer à son entourage. Considérait-il la couronne comme une péripétie qui ne nécessitait pas de bouleverser son existence ? Se conformait-il à la tradition aristocratique qui voulait que, quoi qu'il arrive, on conserve fidèlement les personnes attachées à sa Maison ? Les Bourbons des précédents régimes étaient revenus sur le trône entourés de ceux qui les avaient suivis en émigration. Ou bien n'a-t-il, dans un premier temps, envisagé aucune modification à son train de vie par prudence ? En effet l'opinion rendait la Maison du roi, avec les privilèges qu'elle gardait intacts et l'argent qu'elle coûtait (Charles X recevait 38 millions de liste civile), en partie responsable de la chute des Bourbons ; mieux valait donc, pour le nouveau souverain, ne pas mettre en avant les questions de Maison ou de service d'honneur.

Courtisans

En arrivant au pouvoir, Louis-Philippe conserva les six aides de camp qu'il avait sous la Restauration, les comtes Jules de la Rochefoucauld et France d'Houdetot, les vicomtes de Rumigny et de Rohan-Chabot (ce dernier devenant « honoraire »), les barons Atthalin et Berthois, auxquels s'ajoutèrent, en 1831, Boyer, Dumas et Heymès. Rumigny était entré en 1818 au service du duc d'Orléans, après avoir été, sous l'Empire, aide de camp du général Gérard ; il resta très lié avec les Orléans après leur exil. Quand, en 1849, âgé de soixante ans, il se remaria avec la fille d'un de ses amis, Louis-Philippe fit cadeau au couple du château de Maison-Rouge, dans la forêt de Bondy, et Marie-Amélie, de Claremont, lui envoya des chapelets [2]...

Parmi les fidèles, associés à l'ascension et à la chute des Orléans, se trouvait Vatout. Entré en 1822 comme bibliothécaire et secrétaire du duc d'Orléans, il mourut à Claremont, en 1843, empoisonné par le plomb des canalisations. Il divertissait Louis-Philippe (auquel il se targuait de ressembler, se faisant passer dans l'intimité pour son fils naturel) par ses calembours et ses chansons : « Il y en avait une surtout sur le maire d'Eu, qui faisait rage [3] », écrit Alexandre Dumas. Plus sérieusement, il se fit le chantre du régime en publiant une série de *Souvenirs historiques des résidences royales de France* où il exaltait les travaux entrepris par Louis-Philippe. En contrepartie, les Tuileries s'entremirent, de 1844 à 1848, pour le faire élire à l'Académie française. Finalement élu au début de 1848, il suivit la famille royale en exil avant d'être reçu.

En 1847, le chevalier d'honneur de Marie-Amélie était toujours le comte Anatole de Montesquiou, entré à son service en 1823. Fils de « Maman Quiou », gouvernante du roi de Rome, le comte Anatole avait d'abord été aide de camp de l'Empereur. Devenu maréchal de camp en 1830, il fut chargé d'aller négocier la reconnaissance du nouveau gouvernement à Naples et à Rome. Lui aussi accompagna les Orléans en exil en février 1848. Anatole de Montesquiou avait du goût pour le magnétisme, les sciences occultes et... les histoires de fantômes : le prince de Joinville se rappelle qu'après ses récits, à Eu, les soirs de tempête, les enfants tremblaient en suivant les longs couloirs du château pour regagner leurs chambres [4].

Deux dames n'ont jamais quitté les Orléans, la comtesse Mélanie de Montjoie, compagne d'enfance puis dame d'honneur de Madame Adélaïde, et sa sœur, la marquise Zoé de Dolomieu, dame d'honneur de Marie-Amélie. Toutes deux moururent à Claremont, victimes du même empoisonnement que Vatout. Anatole de Montesquiou se montre fort méchant pour les deux sœurs : Mélanie de Montjoie est une mijaurée dans un corps de grenadier, une intrigante, jalouse de l'empire qu'elle exerce sur Madame Adélaïde, faisant des scènes à qui osait s'asseoir à sa place auprès de *sa* princesse ; c'est elle qui a placé au service de Marie-Amélie sa sœur, « petite bossue odieuse, ayant pour la parure tout le mauvais goût allemand et bredouillant à peu près comme feu polichinelle [5] ». Les deux sœurs ont marié leurs filles successivement au même homme, le comte de Saint-Mauris, introducteur des ambassadeurs à la cour de Louis-Philippe : veuf d'Émilie de Dolomieu en 1833, il épousa en 1838 Caroline de Montjoie.

Deux autres dames servaient encore Marie-Amélie à la fin du règne, qui faisaient déjà partie de sa maison sous la Restauration, les marquises de Chantérac et du Roure. La première était la fille du vicomte Henri du Authier, qui avait été capitaine des gardes du duc de Penthièvre, grand-père maternel de Louis-Philippe et d'Adélaïde d'Orléans. Madame Adélaïde garda d'ailleurs auprès d'elle jusqu'à sa mort le vicomte, comme premier gentilhomme puis chevalier d'honneur. Quant à la marquise du Roure, née Juigné, elle était ambitieuse : voulant à tout prix être dame d'une princesse, elle s'était adressée aux duchesses d'Angoulême puis de Berry et enfin d'Orléans. Sa fille Denise, née en 1807, épousa le comte Maurice d'Hulst et devint en 1833 dame pour accompagner les princesses et, par la suite, dame de la reine. Plus tard, Louise d'Orléans devenue reine des Belges la nomma gouvernante de sa fille Charlotte, la future impératrice du Mexique. Ainsi, comme du temps de la branche aînée, le réseau familial était-il déterminant pour obtenir une charge à la cour.

1832

C'est seulement en février 1832 que la Chambre vota la loi sur la Liste civile et en mars que fut révisée la composition des Maisons et des services royaux. Les deux premières années du régime lui coûtèrent fort cher, à la fois financièrement et symboliquement. En effet, la situation nouvelle des Orléans aurait exigé une organisation supplémentaire; son absence entraîna pour le roi une gestion désordonnée et des dépenses qui grevèrent durablement la Liste civile. Fontaine eut beau souligner qu'il était nécessaire de nommer un intendant général énergique pour contrôler l'ensemble de la Maison du roi, il n'obtint pas satisfaction. Selon lui, les aides de camp prenaient des décisions dispendieuses; Jean-François Delaître, nommé administrateur provisoire des domaines de la couronne, était certes un honnête homme mais il manquait de l'autorité nécessaire pour arrêter des mesures claires. L'attente profitait d'ailleurs à certains : « Tous les habitants des maisons royales sont restés, presque sans exception, dans leurs logements, espérant ou n'espérant pas les garder, mais gagnant du temps [6]. »

D'autre part, que les Orléans, en arrivant au pouvoir, n'aient pas changé d'entourage, cela leur valut des critiques, même de leurs partisans, et contribua à la mauvaise image de marque du régime. Louis-Philippe aurait dû, disait-on, mieux comprendre la dignité de sa nouvelle fonction : ce qui convenait à un duc d'Orléans n'était pas forcément suffisant pour un roi des Français. Benjamin Appert, chargé des demandes de secours adressées à Marie-Amélie, regrette que le roi ne se soit pas entouré de grands noms – Mortemart, Broglie, Choiseul, etc. –, grands noms de la noblesse ancienne qui auraient contribué à son lustre auprès des souverains étrangers [7]. Comment s'étonner de la froideur qu'a manifestée le tsar lorsque Atthalin vint lui porter la nouvelle de l'avènement de Louis-Philippe au trône ? Atthalin lui était parfaitement inconnu. Il semble, en outre, que le général Atthalin était un homme de fort médiocre compagnie : « Il a été nourri, écrit Anatole de Montesquiou, dans la haine pour la noblesse et pour toutes les distinctions sociales, et il s'est plu à rechercher et à adopter sur ce sujet tous les préjugés d'antichambres (...) Il est cassant dans la conversation qui avec lui ne peut jamais se prolonger à cause de son peu d'esprit et de son manque d'instruction [8]. » Il jouait auprès des Orléans un rôle d' « ami sincère et bourru », tenant du libéralisme, ce qui lui permettait d'être grossier avec bonne conscience : « Quand on prend du tabac, dit-il un jour devant Madame Adélaïde, on ne tarde pas à sentir le fourneau, et cela n'est agréable pour personne. » Or la sœur du roi prisait...

En mars 1832, on révisa les listes du personnel royal et on arrêta la composition définitive des différents services. Par rapport à la Restauration, de manière globale, le nombre de charges a beaucoup diminué. On compte par exemple, dans l'*Almanach royal* de 1845, pour l'ensemble des Maisons du roi et des princes, 314 charges contre 692 pour la seule Maison civile du roi en 1826. Beaucoup de charges ont tout à fait disparu : plus de chambellans ni de préfets du palais, plus de pages ni d'écuyers cavalcadours. Des services entiers ont été supprimés comme la Vénerie, la Chapelle, la Musique ou encore la Maison militaire du roi, au sujet de laquelle Louis-Philippe avait du reste spécifié, dès septembre 1830 : « Je ne veux pas et je n'aurai pas de Maison militaire [9]. » Les charges par quartiers, trimestres et semestres, n'existaient plus.

La suppression des charges les plus prestigieuses chagrinait d'ailleurs beaucoup les personnes attachées au vieux style. Ainsi le duc de Choiseul, pair de France pourtant dévoué à la cause libérale, fut-il désolé, en mai 1832, d'être nommé *commandant* du Louvre, c'est-à-dire officier supérieur commandant le service militaire du palais, et non pas *gouverneur*, comme l'avaient été sous la Restauration le comte de Vaudreuil et le marquis d'Autichamp : « Ce n'est pas sans quelque répugnance, écrit Fontaine, qu'il s'est résigné à n'être qu'un commandant d'armes » (10 mai).

Au printemps de 1832, le service d'honneur de la famille royale fut quelque peu augmenté. Le nombre des aides de camp du roi fut doublé – aux sept déjà cités s'ajoutèrent les comtes Alexandre de Laborde et Durosnel, le duc de Choiseul, les barons Delort, Bernard et Gourgaud, le contre-amiral La Treyte – et onze officiers d'ordonnance furent nommés. Les chiffres, quinze ans plus tard, étaient à peu près les mêmes : douze aides de camp, parmi lesquels on retrouve toujours Atthalin, Rumigny, Houdetot, Berthois et La Rochefoucauld (devenu en 1839 duc d'Estissac) et treize officiers d'ordonnance. Quant à la reine, elle se vit attribuer quatre dames pour accompagner supplémentaires : la maréchale comtesse de Lobau, épouse du commandant en chef de la Garde nationale de Paris, qui, en 1837, deviendra dame d'honneur de la jeune duchesse d'Orléans; la comtesse Camille de Sainte-Aldegonde, épouse d'un aide de camp de Louis-Philippe du temps de l'exil en Angleterre; la comtesse de Bondy, femme du préfet de la Seine; la comtesse Mollien, épouse du président de la commission de surveillance de la Caisse des dépôts et consignations, qui avait été ministre des Finances de Napoléon. Le montant des émoluments correspondant aux charges du service d'honneur fut doublé en 1832 : la marquise de Dolomieu touchait désormais 1 250 francs par mois, les autres dames 833,33 francs et Anatole de Montesquiou mille francs [10].

Domestiques

Les domestiques les plus proches du roi et de la reine composaient le service de la Chambre, ou Service personnel. En 1832, ce service n'est pas augmenté : « Il eût été difficile, écrit Fontaine, de rien ajouter sans contrarier d'une manière désagréable les habitudes simples, régulières, peu fastueuses du roi et de toute sa famille » (20 mars). Le poste des dépenses personnelles du roi est effectivement très réduit : en 1832 et 1833, il comporte seulement les émoluments de Richard, qui coiffe Louis-Philippe et ses fils pour 416,66 francs par mois. A partir de 1834, quatre autres personnes, qui émargeaient jusque-là au budget « Service intérieur », sont payées sur ce poste : deux valets de chambre, White, un Anglais qui servait Louis-Philippe depuis son premier exil en Angleterre (pour 500 francs mensuels) et Thuret (250 francs), un garçon de garde-robe, Prévost (150 francs) et Mlle White, chargée de la lingerie et de la toilette du roi (100 francs). White, ayant pris sa retraite le 31 juillet 1841, ne fut pas remplacé mais Thuret, chargé de responsabilités plus étendues, fut augmenté : il passa à 333,33 francs; de plus, par décision royale du 10 septembre 1844, il devait toucher mille francs de gratification annuelle [11].

Le service personnel de la reine était aussi assez réduit. Il comprenait trois femmes de chambre dont deux, Joséphine et Savéria Arilabile, venaient de Naples (environ 200 francs mensuels), une femme d'atours, Mme Brocard (83,33 francs), un valet de chambre, Lapointe (250 puis, à compter de janvier 1837, 333,33 francs) et, à partir de 1836, Frédéric, coiffeur de Marie-Amélie et des princesses (200 francs) [12].

Quand les filles du roi se mariaient et quittaient les Tuileries, le personnel qui leur était attaché était redistribué auprès des autres membres de la famille. Cordier, valet de chambre de la princesse Marie, devint épisodiquement second valet de chambre de la reine avant de passer, le 1er mai 1840, au service de la duchesse de Nemours dont on constituait la Maison. En juillet 1843, lors du mariage de Clémentine, seule Mme Angelet, qui avait été sa sous-gouvernante, la suivit comme dame pour accompagner. Sa seconde femme de chambre, Mlle Quatremère, précédemment attachée à la princesse Marie, fut affectée au service de la princesse de Joinville [13]. Ainsi, à l'intérieur des Maisons, observe-t-on une mobilité du personnel, que l'on ne renvoie pas si l'on n'en a plus besoin mais que l'on affecte ailleurs.

En 1832, certains services, comme l'Écurie et la Bouche, ne subirent aucune modification. La Bouche comprenait environ 70 personnes réparties en sous-services : contrôle, cuisine, office, glacière, porcelaine, cave, fourrière. Les gages mensuels allaient de 50 francs (garçon à la pâtisserie ou garçon d'office) à 500 francs (le contrôleur, M. Debuquoy [14]). Deux services, en revanche, furent augmentés, le service de la Maison et l'administration. Le service de la Maison, « qui est en même temps service militaire et de surveillance », ressemblait, selon Fontaine, à un fourre-tout : « Des adjudants, des sous-adjudants, des concierges, des aides-concierges, des surveillants, des agents de police, des commissaires, des commandants et une foule de personnages inutiles, que la trop faible bonté de M. Atthalin a fait ou laissé créer » (20 mars). Quant à l'administration générale, déjà surchargée, elle s'est grossie de plusieurs divisions et en comprend douze au total, « armée de commis et d'employés formée par l'importunité et les sollicitations d'amis ». Fontaine se désole que le roi n'ait pas suivi son conseil de ramener les divisions à trois, Recette, Dépense et Trésor, de manière à réduire le nombre des employés et à assouplir les rouages administratifs. Il est également hostile à la séparation en deux de l'Intendance – le comte de Montalivet devient intendant des domaines de la Couronne à la place de Delaître tandis qu'Oudard est nommé intendant du Domaine privé – car c'est la porte ouverte aux rivalités entre les deux sections.

Le Service intérieur, chargé du ménage et de l'entretien, comprenait environ 240 personnes : 21 valets de chambre, 23 garçons d'appartement, 40 valets de pied, 55 frotteurs, 43 hommes de peine, etc. Les gages s'échelonnaient des 25 francs mensuels donnés aux « petits portiers » jusqu'aux 500 francs que recevait le contrôleur en passant par les 41,66 francs des sept femmes de garde-robe [15]. Joseph Uginet, autrefois maître d'hôtel et intendant de Mme de Staël, dirigeait le Service intérieur; sous la Restauration, il était un informateur de la police qu'il renseignait sur les Orléans [16]. Charles Debuquoy, chargé de la haute surveillance des cuisines, et Uginet étaient, d'après Benjamin Appert, « deux maîtres absolus de la domesticité royale (...) plus puissants que certains ministres [17] ».

Les listes des membres du personnel et de leurs gages conservées aux Archives ne permettent pas de reconstituer la vie des lingères ou des cuisinières qui travaillaient pour la famille royale. Seul, un règlement de service des valets de pied nous donne quelques indications. Ils devaient courir la poste, faire le service des antichambres, mettre le couvert, servir à table, coucher aux portes désignées, suivre les voitures. Ils avaient droit à deux heures dans la journée pour manger. Ils recevaient 1 100 francs annuels plus 150 francs d'indemnité de logement, sans compter les gratifications pour les voyages; l'habillement leur était fourni [18].

Au milieu de tous ces gens, le roi était-il bien servi ? A lire l'anecdote que rapporte Victor Hugo le 16 mai 1841, on peut en douter : « Le mois dernier, le roi Louis-Philippe a demandé un soir des glaces. Il n'y en avait pas au château. On en a envoyé chercher au café de F... Au bout d'une heure, on a rapporté douze glaces. Le roi en a pris une; M. Vatout une autre. La reine a refusé. Cinq minutes après, le roi redemande une autre glace. Il n'y en avait plus. Toutes avaient déjà été revendues en bas, au limonadier des Tuileries. » Voilà qui en dit long sur les petits trafics quotidiens auxquels se livraient les domestiques : la « gratte » avait cours, même chez le souverain.

On a beaucoup parlé, sous la monarchie de Juillet, de la simplicité de la famille royale. Certes Louis-Philippe se contentait d'un service personnel réduit. Mais que l'on ne s'y trompe pas : il employait des centaines de personnes et les Tuileries étaient une véritable entreprise. La seule Maison du comte de Paris nous en donne une idée. Un cahier conservé aux Archives nationales contient la liste des soixante-douze personnes qui la composaient (c'est un répertoire de leurs adresses car il n'y en a qu'une, un frotteur nommé Macon, qui habite les Tuileries). Le document n'est pas daté mais comme l'enfant, fils aîné du duc d'Orléans, est appelé « prince royal », on sait qu'il est postérieur à la mort de son père, le 13 juillet 1842. Cette liste concerne également la duchesse d'Orléans qui, devenue veuve, se consacrait à l'éducation de ses fils, du prince héritier en particulier [19].

Les soixante-douze personnes représentent à la fois le service d'honneur et la domesticité. Cinq aides de camp (les comtes Baudrand, Marbot, de

Chabaud-Latour, de Montguyon et le duc d'Elchingen) et un officier d'ordonnance (Bertin de Vaux) sont au service du prince royal ; au service de sa mère, deux chevaliers d'honneur (les ducs de Coigny et de Trévise), une dame d'honneur (la maréchale comtesse de Lobau) et trois dames pour accompagner (les comtesses Anatole de Montesquiou et d'Hautpoul et la marquise de Chanaleilles). Dix personnes constituent le secrétariat. Quant à la domesticité, elle comprend trois « valets de chambre d'annonce », six valets de pied, deux garçons d'appartement, cinq frotteurs, quatre hommes de peine, quatre femmes de garde-robe, cinq employés du service de la Bouche. Enfin, une vingtaine de personnes sous l'étiquette « divers » regroupent le pasteur, l'abbé, le professeur d'écriture, le peintre, l'employé de bibliothèque...

CHAPITRE IV

GOUVERNER ET RÉGNER

L'ANNÉE, pour le roi et sa famille, se divisait en deux : la période où ils résidaient aux Tuileries, hiver et printemps, et celle où ils vivaient hors de Paris, à Saint-Cloud ou Neuilly, été et automne. Ils faisaient aussi de courts séjours au château d'Eu, en Normandie. Les habitudes de la famille royale étaient donc, sur ce point comme sur tant d'autres, conformes à celles de la bonne société, qui rentrait à Paris en novembre ou décembre pour la saison mondaine, jusqu'en avril, puis, avant l'été, retournait s'établir sur ses terres, dans son château, ou simplement à la campagne proche de Paris (Auteuil, Passy, etc.).

Louis-Philippe et Marie-Amélie expriment, chacun de leur côté, leur tristesse au moment de quitter leur résidence d'été. Le souverain écrit de Saint-Cloud le 16 octobre 1834 à sa femme partie pour Bruxelles : « Il fait un temps superbe (...) mais pour moi, c'est toujours une triste journée quelque belle qu'elle soit que celle où je rentre aux Thuileries [1], parce que c'est pour moi le commencement de l'hiver qui me devient de plus en plus antipathique. » Quant à la reine, elle écrit de Saint-Cloud le 15 décembre 1845 à son gendre, roi des Belges : « Le froid commence, malgré cela je suis toute triste de la perspective de notre rentrée en ville le 20 pour nous livrer à tous les *plaisirs* du monde et des Chambres, etc. »

La proximité de Saint-Cloud et de Neuilly permettait au roi et à la reine de se rendre à Paris presque tous les jours pour remplir leurs obligations. Le travail de gouvernement n'était pas interrompu par cette villégiature, d'autant que les ministres eux-mêmes pouvaient facilement se déplacer jusqu'à la résidence d'été. Louis-Philippe les convoquait même à Eu, où il lui est arrivé de tenir le conseil. En revanche, pendant la belle saison, le couple royal n'avait pas à présider les fêtes et réceptions qu'il était tenu de donner en hiver aux Tuileries.

Le roi au travail

La vie politique courante du roi était faite de rencontres avec ses ministres, les membres des deux Chambres, les diplomates, les représentants de l'armée et de la Garde nationale.

Sa première tâche consistait à choisir le président du Conseil et, en accord avec lui, les ministres du gouvernement. Le mercredi 10 octobre 1832, il est en pleine négociation et envoie à la reine restée à Neuilly trois billets dans la journée. Le premier, daté de deux heures trente, est plein d'humour : « Nous en sommes, ma chère amie, à la chanson de Bouquin, où tous refusent comme tu sais, excepté le dernier. Je n'ai encore vu que Sébastiani et le maréchal [Soult] qui est retourné au colloque chez lui où tous refusent successivement.

Humann refuse,
Duchâtel refuse,
Villemain refuse,
Thiers refuse,
Montalivet s'en va,
Tout disparaît.

Il ne me reste de danseurs que le maréchal avec qui je vais faire un joli pas de deux. Dis cela à ma sœur, et à Chartres s'il est à Neuilly. J'ai renvoyé le maréchal pour qu'il ait à faire comme au festin de la Robe Nuptiale, et je me suis constitué en permanence solitaire au palais des Thuileries d'où je t'embrasse de tout mon cœur. »

Le second billet, à quatre heures, est bref, la gaieté a disparu, c'est une simple information : « Tous les intermédiaires deviennent impossibles. Je me décide à dîner ici, et Dieu sait à quelle heure je pourrai retourner à Neuilly ! » Le dernier mot annonce le résultat des négociations : « Le sort en est jeté, ma chère amie, et ce soir je forme le ministère. Je viens d'envoyer chercher le D[uc] de B[roglie] et G[uizot]. Ne dis cela qu'à Chartres et à ma sœur. Je ne serai à Neuilly que tard. »

Ainsi fut formé le ministère du 11 octobre 1832, qui regroupait Broglie aux Affaires étrangères, Thiers à l'Intérieur et Guizot à l'Instruction publique sous la présidence du maréchal Soult, qui était en même temps ministre de la Guerre. Madame Adélaïde avait fait des scènes à Louis-Philippe, dans la journée, à propos de certains ministres (elle détestait les doctrinaires), et tous se demandaient quelle contenance elle allait adopter. Après s'être fait attendre longtemps, « elle est venue enfin, et a caressé tous les ministres de l'œil le plus tendre. Il n'a tenu qu'à eux de croire qu'elle les voyait avec plaisir. Elle leur a souhaité bon succès. – Madame, lui a répondu Guizot d'une manière très hautaine, commencez par y croire vous-même, et ce sera un grand moyen de l'assurer. Madame Adélaïde n'en a été que plus affectueuse et plus féconde en protestations. On s'est retiré confondu de cette comédie [2]. »

Le roi avait ensuite pour tâche de réunir le conseil des ministres. Au tout début du règne, il agissait en maître et fixait la date des réunions comme il l'entendait. Mais lorsque Casimir Perier accepta le poste de président du Conseil, le 13 mars 1832, il mit comme condition qu'il réunirait le conseil quand bon lui semblerait [3]. On constate, d'après la correspondance de Louis-Philippe, que les conseils ne se tenaient pas à jours et à heures fixes. En juillet 1833, par exemple, le vendredi 5, le souverain écrit à sa femme dans la salle du Conseil aux Tuileries : il est cinq heures, le conseil s'est fini tard; le samedi 6, il a convoqué ses ministres à Neuilly à trois heures et demie pour un conseil et les garde ensuite à dîner; le lundi 8, à quatre heures et demie, il écrit à nouveau des Tuileries, « après trois heures et demie de conseil et six audiences »; le vendredi 12, il quitte Neuilly à dix heures du matin pour assister au conseil aux Tuileries. Au printemps 1845, il écrit à sa sœur, le mercredi 28 mai, de Neuilly : « Je vais demain de bonne heure à Paris pour le conseil, le bureau de la Chambre, audiences, etc. » Le jeudi 29 à deux heures, il écrit sur la table du conseil : « Samedi à midi, je reviens ici aux Thuileries autour de cette table... »; le samedi 31 à trois heures et demie : « Le conseil vient de finir »; le mardi 3 juin, toujours sur la table : « Je suis là depuis cinq heures de suite sans désemparer, et j'en ai bien mal à la tête... »

Le conseil pouvait se tenir n'importe quel jour, à n'importe quelle heure (même s'il avait souvent lieu en début d'après-midi) et avoir une durée variable selon l'importance et le nombre des affaires à traiter. Mais il n'était pas la seule occasion pour le roi de rencontrer ses ministres. Il en voyait certains plusieurs fois par jour et entretenait avec eux un échange continuel de courrier, en particulier avec le ministre des Affaires étrangères. C'est ainsi que Louis-Philippe et Guizot établirent, de 1840 à 1848, une collaboration de chaque instant. Guizot faisait porter aux Tuileries les dépêches diplomatiques, les lettres des ambassadeurs, les lettres de cour et les rapports officiels. Le monarque les annotait puis les lui renvoyait [4].

Au cours d'une conversation avec Victor Hugo, en 1844, Louis-Philippe se plaignait en ces termes : « Oh ! que c'est rare, un vrai ministre ! Ils sont tous comme des écoliers. Les heures de conseil les gênent. Les plus grandes affaires se traitent en courant. Ils ont hâte d'être à leurs ministères, à leurs commissions, à leurs bureaux, à leurs bavardages. » Pour illustrer leur manque de sérieux, il cita le cas d'un conseil au cours duquel le traité du droit de visite était soumis à leur approbation (il s'agissait d'un traité négocié avec l'Angleterre réglementant le droit de visite des navires marchands en vue de réprimer la traite des noirs) : « Le maréchal Sébastiani, alors ministre, disait : – Mais, Messieurs, lisez donc le traité. Je disais : – Mes chers ministres, mais lisez donc le traité. – Bah! nous n'avons pas le temps, nous savons ce que c'est. Que le roi signe! disaient-ils. Et j'ai signé [5]. »

Ce soir-là, Louis-Philippe, en veine de confidences, passa en revue ses principaux ministres : « Thiers (...) a de l'esprit mais il est trop fier d'être un parvenu. Guizot vaut mieux. C'est un homme solide. Un point d'appui. Espèce rare et que j'estime. Il est supérieur même à Casimir Perier, qui avait l'esprit étroit. C'était une âme de banquier scellée à la terre comme un coffre-fort (...) Le comte Molé, lui, avait une manière de me céder et de me résister tout à la fois – Je suis de l'avis du roi quant au fond, disait-il, je n'en suis pas quant à l'opportunité [6]. »

Louis-Philippe était jaloux de ses prérogatives politiques et craignait d'être réduit à l'état de potiche. A la proposition de Thiers « le roi règne et ne gouverne pas », il préférait évidemment celle de Guizot « le trône n'est pas un fauteuil vide ». On l'a parfois traité de tyran machiavélique, tapi dans l'ombre et attendant son heure pour gouverner seul [7]. C'est tout à fait excessif. En réalité, sa position était plus défensive qu'offensive : il cherchait à conserver sa marge de manœuvre. Il avait des antipathies, pour le duc de Broglie par exemple, et des sympathies, pour le comte Molé dont la souplesse lui convenait fort bien ; mais, entre 1830 et 1840, il sut surtout s'adapter aux événements, louvoyer au milieu des combinaisons ministérielles en ne se laissant pas imposer ce qu'il ne voulait pas. Et par-dessus tout, il voulait éviter la guerre. C'est pourquoi il se méfiait de Thiers qui, par deux fois, prépara des interventions militaires, contre l'Espagne en 1836 et l'Angleterre en 1840.

Souvent Marie-Amélie trouvait son époux « en despondency », c'est-à-dire déprimé : « Le pauvre homme va tous les matins à 11 h à Paris où il est obsédé par les ministres et les audiences », écrivait-elle à son gendre, le 17 juin 1833. Louis-Philippe appelait les Tuileries où il se disait prisonnier *la boîte à Perrette* : « Dans ce moment, le roi est dans la boîte à Perrette », écrit la reine à Nemours (7 octobre 1831) ; et le souverain, de Bizy, à sa sœur : « Demain à cette heure-ci tu seras bien près de nous, et j'aime à y penser pour me consoler de rentrer dans la boîte à Perrette où malheureusement mon absence se fait sentir plus ou moins » (6 juin 1845). Il se décrivait volontiers comme un assiégé, victime des ministres, qu'on nommait dans la famille « babas », « babalouches » ou « babasses », et des députés [8].

Le roi convoquait chaque année les deux Chambres et pouvait dissoudre la Chambre des députés. Ces députés, dont le nombre variait entre 459 et 469, élus en principe pour cinq ans (mais aucune Chambre n'alla au bout de son mandat), étaient, aux dires de Louis-Philippe, les pires des « tactacs » qui s'introduisaient chez lui, des importuns qui le dérangeaient et l'empêchaient de mener à bien sa correspondance : « Aussitôt que ma chambre est débarrassée des *tactacs* qui m'y assiègent, écrit-il à sa femme le 15 mars 1833, je me mets à t'écrire deux mots... » L'année suivante, même évocation à la fois drôle et agacée : « J'espérais t'écrire ce matin; mais j'ai commencé par notre Louise, et avant même de lui avoir écrit une page... *tac-tac, le bureau de la Chambre des députés!!...* et depuis lors feu roulant » (18 février 1834). La session parlementaire représentait forcément un surcroît d'activité pour le monarque. Après sa journée de travail aux Tuileries, il retournait dîner à Neuilly : « A peine s'il a le temps de se promener pendant une demi-heure après le dîner qu'il lui arrive une quantité de personnes qui désirent lui parler pour une chose ou pour une autre, il rentre chez lui à 10 h 30 et alors il a les dépêches, les signatures, enfin il ne se couche qu'entre 1 heure ou 2 heures après minuit; il espère avoir un peu plus de temps lorsque la session sera finie[9]. »

RÉCEPTIONS

Exercer le pouvoir royal, c'est aussi s'acquitter de tâches de représentation, c'est recevoir. Suivons Pierre Magne, le député de Périgueux que nous avons déjà vu à la séance royale du 27 décembre 1843, dans sa découverte des Tuileries. Le lundi 1er janvier 1844, il a le projet d'aller présenter ses vœux de parlementaire au souverain. Arrivé à la porte du château, il constate que « les employés du Gouvernement grands et petits sont loin de sentir le faste et la noblesse. Pour s'en convaincre, il suffit de jeter un regard sur ces misérables équipages traînés par des rosses et loués dans les rues, qui voiturent chez le roi les plus hauts fonctionnaires. Rien n'est singulier, et triste même, comme ces uniformes dorés sortant de ces vieilles boîtes délabrées et sales [10]. » Néanmoins, comme il ne trouve là personne de sa connaissance, il n'ose pas entrer.

Le 30 janvier 1844, il fait partie de la grande députation (25 députés) chargée de porter l'adresse à Louis-Philippe et il pénètre alors pour la première fois dans le palais. Une voiture vient le chercher, flanquée d'un laquais devant et d'un autre derrière, et, comme chaque député, il est conduit aux Tuileries « entre deux piquets de gardes municipaux à cheval [11] ». Il est ébloui par les salons tout dorés et brillamment éclairés qu'il traverse pour arriver à la salle du trône. Le roi est entouré de ses fils, des ministres et des officiers de sa Maison. Assis sur le trône et le chapeau sur la tête, il écoute le président lui lire l'adresse. Après avoir prononcé sa réponse, il fait la tournée des députés en disant un mot à chacun. Puis il annonce qu'il désire leur présenter la reine et les conduit dans un salon où elle se trouve en compagnie de la duchesse d'Orléans, de Madame Adélaïde et de plusieurs autres princesses, « mises très simplement et en bonnet ». Les députés défilent alors devant la reine qui les salue, l'un après l'autre.

Pierre Magne retourne aux Tuileries pour la fête du monarque, le 1er mai de la même année. A onze heures trente, il attend dans les salons au milieu de tous les corps constitués (plus de deux cents députés, des pairs de France, des conseillers à la Cour de cassation en longues robes rouges fourrées d'hermine, des conseillers à la Cour des comptes, des membres de l'Institut, etc.) : « Tous ces beaux costumes dorés, écrit-il à sa femme, ces poitrines garnies de croix, cet assemblage de pairs, de maréchaux, de magistrats, de personnages plus ou moins illustres, ne laissaient pas que de produire un certain effet sur l'esprit de ton pauvre petit Magnou, qui se trouvait là en simple habit noir, avec des gants déchirés et une cravate mal mise, avec des souliers un peu couverts de poussière parce qu'il était venu tout modestement à pied [12]. » A midi, les pairs entrent les premiers dans la salle du trône; puis vient le tour des députés.

Cette fois, Louis-Philippe n'est pas assis sur son trône, il est au milieu du salon et les députés font cercle autour de lui. Très enrhumé, il leur parle d'une voix enrouée : « Demain les journaux répéteront que le roi a répondu avec un aplomb admirable et une merveilleuse présence d'esprit. La vérité est qu'il nous a débité très vite et très mal quatre ou cinq phrases qu'il avait visiblement apprises par cœur. » Comme le duc de Montpensier revient de se battre en Algérie, le président de la Chambre glisse à son intention un éloge dans son discours : « J'ai vu avec un véritable plaisir, écrit Magne, que le jeune prince, sans aucune affectation et bien naturellement, a baissé la tête et s'est mis à rougir de modestie. » La cérémonie, encore une fois, se termine par un défilé devant la reine. Le soir de ce 1er mai, Magne est autorisé à inviter son cousin dans le jardin réservé des Tuileries, sous les fenêtres du souverain, pour écouter le concert et assister au feu d'artifice.

En 1845, Pierre Magne, qui a obtenu des succès à la tribune de la Chambre pendant la session précédente, a pris de l'assurance : il ne reste plus le 1er janvier à la porte des Tuileries sans oser entrer. Il retourne même chez le roi pour la réception du 3 janvier, toujours en habit noir, gilet blanc et gants jaunes. Sa description est impressionnante, des huit à dix salles « dans lesquelles se pressent comme des sardines cinq à six mille messieurs et dames : des Français, des Belges, des Américains, des Écossais, des Anglais, beaucoup d'Anglais avec leurs plus riches costumes[13] ». Les dames sont rangées autour de ces salles et la famille royale entreprend sa tournée. Louis-Philippe, Marie-Amélie, le duc et la duchesse de Nemours, Aumale et Montpensier « prennent cette rangée par un bout et parcourent tout le cercle immense qui entoure les salons », ils disent chacun un mot à chaque dame. La tournée dure quatre heures. Après quoi on inverse les positions : la famille royale se place debout dans un salon et la foule circule autour d'elle. Ce défilé dure trois heures : « Ah ! ma chère, confie Magne à sa femme, quel affreux métier que celui de Prince et de Roi ! »

Le 15 janvier, à cinq heures du matin, Magne rend compte à sa femme avant d'aller dormir : « Je suis écrasé, moulu, fracassé. Je sors du bal des Tuileries. » Il se demande comment son habit et son pantalon ont pu résister à cette cohue de quatre à cinq mille personnes. Il faisait très chaud, mais la réception était parfaite : les rafraîchissements circulaient, les buffets étaient abondants ; à minuit, les dames ont soupé dans la salle de théâtre et, une heure après, les hommes ont eu leur tour. Le champagne coulait à flots – Magne se trouve sobre de n'en avoir bu qu'une bouteille : « On dit, conclut-il, que le roi est avare et fait mal les honneurs : c'est une calomnie. Jamais je n'ai vu pareille profusion. La famille royale est admirable de simplicité et de grâce[14]. »

Le député de Périgueux est nommé membre

de la Commission du budget; il est distingué par Louis-Philippe : « Je suis invité, écrit-il le 30 janvier 1845, à aller demain à une représentation que le roi fait donner au théâtre des Tuileries. Tu vois que, cette année, je suis bien en cour. » Peu après, il est l'objet d'une attention encore plus marquée : il est convié chez le duc de Nemours. Son ascension politique continue, il se retrouve en novembre 1847 sous-secrétaire d'État au ministère de la Guerre. Et, consécration suprême, il rend visite au souverain après le dîner à Saint-Cloud. Il est reçu en famille dans le salon de la reine : « C'est la première fois que je parlais au roi. Je suis enchanté de son accueil » (29 novembre 1847).

Le témoignage de Pierre Magne montre les différents types de réceptions aux Tuileries. Pendant les sessions, et surtout à leur début, le couple royal recevait les parlementaires. En 1834, les Chambres se réunirent le 31 juillet. Marie-Amélie écrit dans son Journal le 3 août : « Le soir, réception de messieurs, qui a été très nombreuse; il y avait surtout des députés »; le 4 août : « Nous avons eu à dîner de nombreux pairs et députés »; même chose les 6, 8, 11, 13 et 15 août. Ces réceptions de pairs et de députés faisaient naturellement partie de la politique de relations publiques de la famille royale. Que les députés fussent reçus aux Tuileries n'était pas nouveau sous la monarchie constitutionnelle; du temps de la Restauration ils l'étaient déjà. A cela près que, pendant le règne de Charles X, ils étaient reçus à tour de rôle, regroupés en fournées, lors de soirées, et ne dînaient pas à la table royale.

Les réceptions officielles du début d'année et du 1er mai se déroulaient selon un programme immuable indiqué dans la presse aussi bien que dans le Journal de la reine : « A 10 h 45, écrit-elle le 1er janvier 1832, sont venus les ministres et les maréchaux, que nous avons reçus dans le salon intérieur. A 11 heures nous sommes sortis par la salle du Trône où nous avons successivement reçu la Chambre des pairs, celle des députés, la Cour de cassation, le Conseil municipal, toutes les autres cours et les autres corps civils. Cela a duré jusqu'à 1 heure (...) Nous avons pris ensuite quelque repos puis à 2 heures, nous avons reçu la Garde nationale et les corps militaires de la garnison. Cela a duré jusqu'à 3 heures. A 5 heures nous avons reçu dans la salle du Trône le Corps diplomatique qui était très nombreux. A 6 heures dîner. A 8 heures, toujours dans la salle du Trône, nous avons reçu les dames du monde diplomatique. Enfin à 9 heures j'ai pu quitter ma toilette et me reposer. »

Le 2 janvier, de onze heures trente à une heure, le couple royal reçoit l'administration – Conseil et bureaux – chargée de gérer les biens des Orléans, des officiers généraux puis des personnes privées. Le soir, à huit heures et demie, nouvelle fournée : « Nous avons reçu les dames en faisant le tour des trois grands salons; nous nous sommes ensuite placés dans le Cabinet pour faire passer les messieurs. » Cette année-là, Marie-Amélie dénombrait plus de 600 personnes, contre

414 en 1831. Le nombre des invités ne cesse d'augmenter : 726 en 1833, 1 285 en 1835. Cette croissance ininterrompue aboutit à l'énorme réception que décrit Magne en 1845, le 3 janvier et non plus le 2 – aurait-on ajouté une soirée pour arriver à faire face ?

Une fois remplis ces devoirs officiels, la famille royale avait besoin de détente. Le précepteur d'Aumale raconte, le 2 janvier 1832 : « Après la cérémonie, qui a duré deux heures, mortelles pour la pauvre reine, on est rentré dans les appartements particuliers. Le duc d'Orléans était en belle humeur : – Je demande, a-t-il dit, une confession générale des coq-à-l'âne. La reine fit sa confession : elle avait confondu un président de tribunal avec un colonel d'état-major [15]... » Et tous d'avouer leurs bévues au milieu des éclats de rire.

Pour la fête du roi, le 1er mai, le cérémonial est le même : le couple royal reçoit à partir de onze heures toutes les autorités civiles et militaires, tous les corps de l'État et le corps diplomatique, qui adressent des compliments au souverain. En 1840, le clergé créa la surprise en demandant à participer à la manifestation : « Le chapitre de Paris se présenta, conduit par le premier des vicaires généraux, l'abbé Affre, récemment nommé évêque *in partibus.* Celui-ci prononça un discours excellent de langage et de ton où l'adhésion du clergé à la monarchie était pour la première fois convenablement exprimée [16]. »

Marie-Amélie, en 1834, donnait la palme des

meilleurs discours à Pasquier, Portalis et Dupin; quant à Louis-Philippe, selon elle, il répondait toujours « merveilleusement ». Quitte à contredire ce qu'en disait Pierre Magne, citons le prince de Joinville : « Mon père avait un talent particulier pour varier ses réponses qu'il improvisait toujours. » Les réponses du roi aux vœux qu'il recevait, comme celles qu'il faisait au conseil des ministres, étaient prises en sténographie puis remises à Vatout, chargé de « leur donner un dernier poli avant de les envoyer au *Moniteur* », ce que Vatout appelait « accommoder le *macaroni royal* [17] ».

Joinville s'amusait, lors de ces réceptions officielles, à observer les personnalités, notamment deux jeunes pairs de France aux longs cheveux, Hugo et Montalembert, qui défilaient toujours aux derniers rangs, ou un membre de l'Institut tellement enthousiaste qu'il se joignait successivement à trois ou quatre délégations. Joinville, cependant, n'a pas que des souvenirs narquois et il change de ton pour évoquer le cérémonial du corps diplomatique, qui se réunissait dans un salon près du pavillon Marsan avant de se diriger, à travers les galeries des Tuileries, vers la salle du Trône : « Quand tous ces ambassadeurs, ministres, avec leur suite, en uniformes variés, étincelant aux lumières, paraissaient aux portes de la salle du Trône et s'avançaient lentement vers le roi en faisant trois saluts successifs, la mise en scène était superbe. » Mise en scène gâchée seulement par la laideur de M. de Saint-Mauris, l'introducteur des ambassadeurs : « En face des représentants du monde entier, il eût fallu un beau gaillard. » Le corps diplomatique était alors très nombreux et particulièrement brillant : « Toutes ces ambassades ou légations comptaient d'innombrables attachés, généralement jeunes gens de grande famille, attirés par les plaisirs de Paris, heureux d'avoir un uniforme et un titre d'admission à toutes les fêtes de la cour, des ambassades, de la société [18]. »

BALS

Les bals des Tuileries avaient lieu entre le début de l'année et le carême. Pendant le carnaval, le roi, comme les particuliers, donnait à danser. Seule différence : les invités se comptaient par centaines, sinon par milliers.

1833, mercredi 30 janvier : grand bal de 2 500 personnes, somptueux. Souper dans la salle de spectacle, 360 dames assises à table, les hommes debout sur les gradins : « 6 700 bougies ont été brûlées et l'on a bu 1 900 bouteilles de vin », écrit la reine. Mercredi 6 février : « Petit bal de 260 invités qui a été très gai. » Samedi 9 février, bal d'enfants de huit heures à dix heures et demie ; ils étaient plus de deux cents, de trois à quinze ans : « Il y avait de beaux enfants mais la majeure partie étaient laids; néanmoins tous ont été aimables et le bal a été très gai et très amusant [19]. » La soirée s'est terminée à onze heures, après un souper rapide. Samedi 16 février, petit bal de deux à trois cents personnes. Les dames qui n'avaient pas été conviées à cette soirée restreinte (tout est relatif) étaient furieuses car elles auraient aimé profiter de la présence du duc d'Orléans, qui en était la vedette – on appelait ces bals-là « le sérail de Monseigneur ». Lundi 18 février : grand bal de 2 000 invités, qu'ont boudé plusieurs dames à cause de l'avant-veille. Mardi 19 février enfin, petit bal de fin de carnaval, qui s'est terminé à onze heures trente par un souper : « A minuit, la reine a levé la séance : on était en carême [20]. »

Bals d'enfants mis à part, les bals de la cour étaient de deux sortes : les grands bals-cohues, où se pressaient des milliers de personnes (le 17 janvier 1845, Rodolphe Apponyi avance le nombre impressionnant de 4 600 invitations) et les « petits bals ». La presse d'opposition s'en donnait à cœur joie sur les premiers, décrivant les buffets pris d'assaut, les danseurs mourant de chaleur, de faim et de soif, les robes de dames mises en lambeaux par les éperons de leurs cavaliers... Les bals plus restreints étaient plutôt l'affaire du pavillon Marsan, chez le duc d'Orléans d'abord, chez son frère Nemours ensuite. Les dames intriguaient beaucoup pour profiter de ces festivités plus exclusives : « La femme d'un haut fonctionnaire, Mme la duchesse D., qui est toujours invitée aux *grands bals*, aux *bals de tout le monde*, mais qui ne l'a pas été aux *soirées triées*, s'est plainte hautement, et a juré par sa dignité de ne plus retourner aux *mercredis populaires* [21]. » La reine, fatiguée des récriminations, décida d'abandonner les petits bals : « Cela fait trop crier ceux qui n'en sont pas [22]. »

Présentations et invitations

Les invitations chez le roi étaient également de deux sortes : personnelles et individualisées, ou anonymes et collectives. Pour recevoir une invitation personnelle, il fallait d'abord avoir été présenté. Les dames avaient besoin d'une présentation nominale, autorisée d'avance, par une personne déjà reçue à la cour. Les hommes, eux, pouvaient être présentés en groupe, au cours des nombreuses visites officielles des corps constitués; tous les fonctionnaires de Paris, par exemple, étaient facilement présentés.

Les invitations anonymes étaient réparties entre les différents groupes représentés d'office dans les manifestations des Tuileries, parmi lesquels l'armée et la Garde nationale. Le registre des invitations militaires de 1836 est conservé aux Archives nationales. Il comprend les listes établies pour trois soirées : le bal du 6 janvier, les concerts des 13 janvier et 2 mars. Pour le bal du 6 janvier, les Tuileries ont envoyé 586 invitations réparties entre les états-majors de la Garde nationale, de la première division militaire, de la place, du ministre de la Guerre, les maréchaux de camp employés à Paris, les aides de camp du ministre de la Marine, la garnison de Paris, les comités de l'artillerie, de l'infanterie, de la cavalerie et des fortifications, l'école Saint-Cyr, l'hôtel des Invalides, l'École polytechnique, etc [23].

Chaque groupe ne disposait donc que de

quelques cartons d'invitation, qui étaient attribués par tirage au sort. Théodore Aynard, élève de Polytechnique de 1831 à 1833, était déçu de n'avoir pas été favorisé à ce tirage. Entré l'année suivante à l'École des ponts et chaussées, il fut plus déçu encore car sa nouvelle institution ne bénéficiait jamais de cartons pour les bals du château. Il écrivit alors à l'aide de camp de service auprès du roi pour lui dire son rêve et reçut une invitation à titre personnel; depuis lors, les Ponts et Chaussées firent partie des établissements auxquels les Tuileries adressaient des cartes d'entrée à leurs fêtes. La lettre de Théodore Aynard témoignait d'un aplomb certain; il est vrai que, parent éloigné de Casimir Perier, neveu de Camille Jordan et allié aux Corvisart, il allait déjà beaucoup dans le monde.

Au sein de la famille royale, aucun accord ne régnait sur le degré d'exclusivité, ou au contraire d'ouverture, convenable pour la cour. Une lettre du duc d'Orléans à sa sœur Louise, le 15 novembre 1830, le suggère. Il charge la jeune fille d'un message à l'intention de Marie-Amélie. La reine était à la veille de recevoir les dames [24] : « Je l'engage fort, écrit le prince héritier, et certes dans ma bouche ce ne peut être suspect, à ne pas trop de relâcher sur les présentations. Il faut en tout une mesure, et si on la passe on perd en considération sans gagner en popularité. » Il serait dangereux d'appliquer les principes de liberté et d'égalité à la mise en scène du pouvoir et à la sociabilité du monarque : « La liberté consiste à ce que toutes les personnes soient égales devant la loi et non pas dans un salon; elle consiste à ce que chacun jouisse de tous ses droits politiques et civils et dans ces droits ne se trouve pas compris pour tout le monde celui d'être invité chez le roi. » Il est donc nécessaire que Marie-Amélie se fixe dès le départ un principe : « Le salon du Roi ne peut être ouvert au premier venu : il faut même, autant que possible, poser des bases d'admission, sans quoi l'on n'aura pas de défense contre les envahissements subséquents. » Le jeune homme adopterait pour sa part une attitude élitiste : la présentation chez le roi devrait être un privilège accordé à « toutes les sommités de tous les ordres » et l'invitation une marque de distinction. Il voudrait vérifier qui est reçu au Palais-Royal puisqu'il ajoute, en post-scriptum : « Envoie-moi les listes, si tu peux en attraper [25]. »

Le duc d'Orléans n'écrit pas directement à sa mère parce qu'elle lisait à son mari et à sa belle-sœur les lettres que lui adressaient ses enfants. Et il est à parier que ni Louis-Philippe ni Madame Adélaïde, trois mois après le changement de régime, ne partageaient le point de vue du prince sur l'élitisme qu'il convenait de pratiquer à la cour.

Il y a chez l'héritier du trône une différence bien marquée entre sa position politique – il était plus libéral que son père – et sa position mondaine. Il fait la fine bouche sur la société mêlée que reçoit le roi. Le 16 août 1832, il écrit à Louise qui vient de se marier : « Tu comprendras néanmoins quel vide ton absence cause à Saint-Cloud où nous sommes livrés sans défense et sans compensation à tous les ennuyeux et ennuyeuses de toutes les classes. Au salon, une prompte retraite me fait assez habituellement échapper à leurs filets, mais aux repas, grâce à l'heureux entourage dont on s'est affublé, la seccatura [l'ennui] est inévitable et la familiarité qui doit naturellement s'accroître tous les jours ne fait que rendre plus lourd le fardeau de la conversation [26]. »

Mis à part les listes des militaires dont nous avons parlé, nous ne disposons plus des listes d'invitations aux Tuileries et c'est d'autant plus dommage qu'elles faisaient l'objet de discussions et de tractations entre le roi, la reine et les aides de camp. La question « Jusqu'où peut-on recevoir ? » se posait sans cesse. Le 31 janvier 1833, le général Dumas, aide de camp de Louis-Philippe, confère avec Marie-Amélie à propos d'une présentation : il plaide contre l'exclusion des épouses d'agents de change [27]. Le docteur Véron rapporte qu'une controverse de ce genre eut lieu un jour autour d'une liste d'invités à un petit bal : les femmes des membres de l'Institut en feraient-elles partie ? Mme Horace Vernet en particulier ? La reine hésitait, craignant de mécontenter le faubourg Saint-Germain : « Je suis trop de mon temps, trancha le roi, pour ne pas recevoir tous ceux qui se sont fait un nom honoré, et pour ne pas recevoir les femmes qui le portent [28]. »

ÉTIQUETTE

Bottes, uniformes, culottes et pantalons

Quelle tenue portait-on pour aller à la cour ? « Tous les hommes étaient en habit de cour ou en uniforme, écrit Théodore Aynard; les députés seuls avaient le privilège d'être en habits noirs [29]. » Cette tenue des députés était un spectacle nouveau puisque, du temps de la Restauration, ils avaient un uniforme bleu roi, avec des fleurs de lys sur les manchettes. La duchesse de Dino regrettait le contraste que formaient « les fracs isolés à travers la grande majorité des uniformes » (3 janvier 1835). D'où la comparaison peu amène des députés avec des chenilles sur des roses [30]. Comme les huissiers avaient, en même temps que les députés, troqué l'habit bleu ciel, dont ils étaient vêtus au Palais-Royal, contre le frac noir, on pouvait les confondre. C'est ainsi que le roi, lors de la première réception aux Tuileries, demanda à un huissier : « De quel département, monsieur, êtes-vous député [31] ? »

Sous Louis XVIII et Charles X, à la cour et dans les cérémonies officielles, les hommes portaient un habit chamarré, un bicorne ou un chapeau à plumes, l'épée au côté. Cet uniforme de cour fut abandonné à la révolution de Juillet et son absence ajoutait encore à l'impression de désordre qui régnait chez Louis-Philippe. Rumigny note le 20 août 1830 : « Les réceptions du Palais-Royal sont énormes, il vient du monde de tous les partis. Ces réceptions sont naturellement un peu cohue, parce qu'après une révolution récente, on ne peut établir aucune règle, ni aucune mesure (...) L'absence de tout uniforme de cour, ou de costume, rend la chose naturellement peu digne. » Avant les Glorieuses, le Palais-Royal avait une réputation de décontraction à laquelle contribuait le fait qu'on n'y portait pas l'habit de cour. Mais que le Palais-Royal remplace tout à coup les Tuileries, que s'y tienne la cour sans costume de cour, la décontraction devient alors choquante, la diversité des vêtements fait désordonnée.

La liberté de choix se révélait embarrassante. « Se présenter en uniforme ou habit habillé », disait l'invitation. Le résultat, à l'ouverture de la saison des concerts, en automne 1830, fut une cacophonie. Certains, malgré la consigne, étaient venus en frac; beaucoup avaient bien revêtu un uniforme, mais un simple uniforme de garde national. Rodolphe Apponyi s'en indigne : « Si, à ce titre, on peut aller à la cour, bientôt mon tailleur se trouvera de trop bonne compagnie pour se trouver dans une aussi mauvaise société » (24 novembre 1830).

La révolution s'éloignant, l'habit de cour réapparut peu à peu, sans pour autant redevenir exactement le même pour tous. Selon son goût, on pouvait le choisir « en drap foncé avec broderies ou en velours noir avec boutons d'or [32] ». D'après Théodore Aynard, deux attributs étaient obligatoires dans les réceptions des Tuileries : la culotte et l'épée.

La culotte fut l'enjeu de grandes discussions car elle mettait en cause le style de la nouvelle monarchie. En effet, si on ne la portait pas forcément chez le roi, elle devint en revanche nécessaire pour entrer chez ses fils, au pavillon Marsan qui représentait, au château, le refuge de l'élégance. Dès le 29 décembre 1834, lors d'un bal donné par le prince héritier, celui-ci et son frère Nemours manifestèrent le désir de se montrer plus sélectifs, plus élitistes que leur père : « La fête, écrit la duchesse de Maillé, était fort belle, m'a-t-on dit; on y voyait aussi le désir de faire reprendre à la Cour une attitude plus aristocratique. On ne pouvait y venir qu'en uniforme. Les livrées étaient galonnées, les valets de chambre en habit habillé. M. le duc d'Orléans a insinué que le pantalon était peu convenable au bal, et que la culotte courte l'était davantage. Il avait cependant encore lui-même le vêtement de la classe moyenne, mais M. le duc de Nemours avait la culotte courte [33]. » Au milieu de tous les hommes en uniforme, avec pantalons et bottes, Nemours avait en effet créé la surprise en arrivant en habit d'officier mais avec culottes courtes, bas et souliers. Le lendemain même du bal, le prince royal alla consulter la duchesse de Dino, comme elle le relate elle-même, sur ces affaires de culottes et pantalons. Pour un militaire, demandait-il, ne préférait-elle pas le pantalon et les bottes ? Mme de Dino répondit : « L'Empereur Napoléon, qui a gagné quelques batailles, était tous les soirs, quand il dînait seul avec l'Impératrice, en bas de soie et en souliers à boucles. » Une telle référence laissa le jeune homme sans réplique : « Ah ! C'est différent », s'exclama-t-il (31 décembre 1834).

Dix ans plus tard, chacun portait la culotte dans les soirées du pavillon Marsan. L'écrivain Ernest Legouvé raconte comment, en 1844, sa pièce *Guerrero ou la Trahison*, malgré un médiocre succès au Théâtre-Français, lui valut l'honneur d'une invitation au bal chez le duc de Nemours : « On me fit dire du château que le prince avait été très frappé de mon drame et qu'il m'adresserait volontiers une invitation s'il était sûr que j'accepterais. J'acceptai. »

L'étiquette voulait qu'on n'y fût admis « qu'en habit à la française, culotte de casimir blanc, bas de soie blancs, et l'épée au côté. » Legouvé se rappelle la gêne que lui procura cette tenue : « En 1845, les mollets ne figuraient pas dans le monde. Mes diables de bas de soie blancs me troublaient beaucoup. Il me semblait que j'étais décolleté par en bas. » Le spectacle des quatre fils du souverain le rassura : « Ils étaient tous quatre pleins d'élégance et de grâce, mais leurs tibias s'allongeaient en fuseaux si minces et si grêles qu'on eût dit qu'ils les avaient commandés exprès pour nous mettre à notre aise. » A onze heures arriva le roi, seul du bal à porter un pantalon. Le contraste qu'il offrait avec le reste de l'assemblée avait un jour poussé Louis-Philippe à une plaisanterie souvent citée – à moins qu'elle n'ait été inventée – par ses adversaires : « Mon fils, excusez-moi, mais je suis sans-culottes. » Ce soir-là, il se contenta de regarder les danseurs, « son chapeau posé sur son abdomen comme sur une petite proéminence, dans une attitude de bonhomie railleuse [34] ».

Entre Louis-Philippe et ses fils, tout se passait comme s'il y avait répartition des rôles, ceux-ci reprenant à leur compte l'étiquette de cour tandis que celui-là assumait le rôle de roi-citoyen, simple et bonhomme.

Défilé et cercle

Défiler consistait à passer devant le souverain après avoir donné son nom à l'aide de camp de service, qui le prononçait à haute voix. Le courtisan saluait, et ne s'arrêtait que si le roi lui adressait la parole, ce qu'il faisait pour les personnages « de distinction ». Les hommes, s'ils le voulaient, pouvaient suivre ce rite devant Louis-Philippe mais le plus grand nombre s'en dispensaient.

Quant aux dames, depuis le changement de régime, elles ne défilaient plus : c'était Marie-Amélie, les princesses et leurs dames d'honneur qui venaient à elles. Un aide de camp nommait chacune d'elles, le nom passait à la dame d'honneur puis à la reine (ou à la princesse) qui s'arrêtait pour dire un mot à celles qu'elle connaissait ; elle saluait les autres. Marie-Amélie, évoquant le défilé de la famille royale devant ses invitées, le présente comme un dispositif pratique : « De cette manière, écrit-elle à Nemours le 17 octobre 1831, nous n'avons manqué personne. » Peut-on penser que la souveraine n'était pas très à l'aise avec le nouveau public de la cour (qui représentait la majorité au pouvoir depuis juillet 1830) et qu'elle craignait, par un oubli, de froisser les susceptibilités ? Ou bien s'agissait-il d'un parti pris symbolique ? Était-ce une façon d'affirmer que Louis-Philippe avait renoncé au statut de roi auquel on venait rendre hommage ? En tout cas, la reine marquait à ses hôtes une déférence plutôt étonnante.

A côté du défilé, il y avait à la cour un autre rite protocolaire, le cercle. Toute réception officielle sous la Restauration commençait par un cercle, plus ou moins long, sur le modèle du cercle diplomatique. Quand le monarque recevait les diplomates, ceux-ci « formaient le cercle ». Le nonce adressait, au nom du corps tout entier, un discours au roi, qui faisait ensuite le tour du cercle en posant des questions aux uns et aux autres. De la même manière, les soirées dansantes à la cour commençaient par un cercle de quelques minutes.

Louis-Philippe, dans un premier temps, supprima le cercle au début des réceptions. Le trouvait-il trop guindé pour le nouveau régime ? Toujours est-il qu'il ne savait plus alors comment accueillir ses invités. Car, s'il ne voulait pas tenir un cercle, il ne voulait pas non plus « recevoir en simple particulier », sur le pas de sa porte. Il prit donc le parti de rester au fond de ses appartements lors des premières réceptions, en novembre 1830.

Mais les invités n'ayant pas été prévenus, on ne le traita ni en roi ni en simple particulier. On l'ignora purement et simplement [35]. Était-ce pour rappeler son existence que, donnant un grand bal au Palais-Royal en janvier 1831, il allait de salon en salon, saluait tout le monde et conversait avec ceux qu'il rencontrait [36] ?

Il semble bien difficile de supprimer l'étiquette et de la remplacer par des manières de politesse bourgeoise. Les hôtes de la cour ne savaient plus quel code adopter, à quelle distance du souverain se placer et il se créait une sorte de perplexité générale, de malaise. Là est peut-être la raison du retour à l'étiquette ancienne. Le 24 décembre 1831, il y eut à nouveau cercle avant le bal.

S'écrire chez le roi

Le 30 juillet 1846, le roi est parti pour Eu. Victor Hugo est allé « s'écrire » sur « une façon de registre à dos de parchemin vert comme nos livres de blanchisseuse ». On envoie chaque soir les registres à Eu, où la reine, en bonne maîtresse de maison, les lit attentivement.

Chaque membre de la famille royale avait son *Livre des visiteurs.* Deux d'entre eux sont conservés aux Archives nationales. L'un est un grand cahier vert cartonné portant sur la couverture, en lettres dorées, *SAR Madame la duchesse de Nemours*; il va du 1er mai 1840 au 31 décembre 1846. Sur l'autre, rouge, est inscrit *SAR Monseigneur le duc de Nemours*; il contient les noms des visiteurs depuis le 11 avril 1844 jusqu'au 24 février 1848 [37].

Dans les listes des noms, beaucoup sont illisibles. Certaines personnes indiquent leurs titres. Par exemple le colonel Dubignon, commandant du Palais-Royal. D'autres indiquent le motif de leur visite. Le 23 décembre 1844, jour de la sainte Victoire, patronne de la duchesse, quelqu'un a écrit, à côté de sa signature illisible, « Pour la bonne fête »; le 4 avril 1844, le comte Paul Berthier, lieutenant-colonel au 4ᵉ régiment de chasseurs d'Afrique, ajoute « Pour prendre congé ». D'autres encore ont des manies: la princesse Bagration signe toujours « la princesse Bagration en personne » (pour préciser qu'elle n'a pas seulement envoyé son valet de chambre déposer une carte?); la comtesse de Cailly, non contente d'ajouter qu'elle est veuve et que son nom de jeune fille est de Horne, met à chaque fois son adresse dans la marge: rue de la Victoire, nº 36.

Le nombre des visiteurs est très variable selon les dates. Les jours ne sont pas tous indiqués; certains jours, une seule personne a consigné son nom dans le livre; certaines dates au contraire appellent les visites : le 1er janvier 1843, le registre de la duchesse comporte 24 pages et demie de noms – à 25 ou 30 par page, cela fait près de 600 visiteurs. Si elle reçoit tant de vœux, ce n'est pas seulement à cause de la nouvelle année; c'est que, depuis la mort du duc d'Orléans, les Nemours apparaissent comme les futurs régents du royaume. Sans doute pour la même raison, le

1er mai 1847, jour de la fête du roi, le registre du duc porte-t-il sur environ huit pages une longue liste de noms. Nombre imposant de visiteurs pour la duchesse les 29 et 30 avril 1842 et jusqu'au 6 mai : le premier enfant des Nemours, le comte d'Eu, est né le 28 avril, on vient féliciter la mère.

Cette habitude de tenir des *Livres des visiteurs* n'a, pour Hugo, rien de royal et rapproche Louis-Philippe et les siens d'une famille de moyenne bourgeoisie, tenant un compte scrupuleux du linge qui entre et sort de la maison et des visites à rendre. Et d'ailleurs, c'est ainsi qu'on traite le roi. Hugo se rappelle son premier dîner aux Tuileries : « Un mois après, je rencontre M. de Rémusat qui était au nombre des convives et qui me dit : « Avez-vous fait votre visite de digestion [38] ? » Comme s'il s'agissait d'un dîner prié chez n'importe quel bourgeois. Ces manières ont certes le charme de la simplicité. Mais le poète s'interroge : si elles remplacent l'étiquette de cour, la royauté ne finira-t-elle pas étouffée sous les formes bourgeoises ? Et dans ces conditions, à quoi bon garder un monarque ? Un *président* ferait mieux l'affaire à la tête de l'État.

CHAPITRE V

L'ARGENT DU ROI

LES revenus du souverain provenaient de trois sources : la Liste civile, la dotation de la Couronne et le Domaine privé. Au début du règne – en 1832 pour Louis-Philippe – la Chambre des députés déterminait le montant de la Liste civile (somme annuelle allouée au roi) et la dotation de la Couronne, c'est-à-dire les domaines dont il avait à la fois la jouissance et la charge. Le Domaine privé était constitué des biens propres du monarque.

Avant d'accepter la royauté, le duc d'Orléans, en homme réaliste, avait consulté Dupin, son avocat conseil, à propos de sa fortune. Elle était composée de l'apanage des Orléans dans lequel ses cousins Bourbons l'avaient confirmé (le Palais-Royal, Dreux, Villers-Cotterêts et Eu) et du Domaine privé (les biens de Philippe-Égalité échappés au naufrage et les successions de sa mère et de sa tante). L'apanage devait retourner à l'État car le chef de la maison d'Orléans en avait seulement la jouissance et non la propriété. Mais, une fois sur le trône, le duc d'Orléans retrouvait cet apanage dans la dotation de la Couronne à laquelle il était incorporé. Quant au Domaine privé, il en fit donation le 7 août 1830, deux jours avant son intronisation, à ses enfants, à l'exclusion de l'aîné, s'en réservant l'usufruit sa vie durant.

L'élaboration de la loi sur la Liste civile fut une longue affaire. Le texte ne fut voté que le 17 février 1832. Le cabinet de Jacques Laffitte avait bien présenté à la Chambre le 15 décembre 1830 un projet fixant à 18 millions la nouvelle Liste civile. Mais ce projet n'aboutit pas, car l'opinion était très montée sur la question, comme en témoigne une réflexion de Victor Hugo : « 18 millions de Liste civile, et les châteaux, et les apanages, et le reste ! Le chapeau gris et le parapluie du roi bourgeois coûtent plus cher que la couronne de Charlemagne [1]. » La Chambre accorda à Louis-Philippe une allocation mensuelle d'un million et demi de francs tant que son statut financier ne serait pas fixé et une indemnité de douze millions pour les six derniers mois de 1830 et les frais d'installation au pouvoir.

Le 4 octobre 1831, le nouveau cabinet, présidé par Casimir Perier, déposa à son tour un projet de loi sur la Liste civile. La discussion eut lieu en janvier 1832, dans une atmosphère très tendue. Le polémiste Louis de Cormenin avait en effet publié dans la presse des lettres dénonçant l'excessive fortune du roi, le luxe inutile et le contraste avec les pays étrangers : le président des États-Unis ne recevait que 125 000 francs par an et le roi d'Angleterre 6 880 000 francs.

Le 5 janvier, Marie-Amélie écrit dans son Journal : « Hier et aujourd'hui les discussions qui ont eu lieu à la Chambre sur la Liste civile ont été l'occasion de scandales et de violences, qui font à la fois de la peine et de la honte » ; le 6 janvier : « La Chambre a été moins violente, mais l'opposition a enlevé à la dotation de la Couronne Rambouillet qui vaut 600 000 francs. Aucun des ministres ne s'y est opposé » ; le 9 janvier : « Aujourd'hui la Chambre a voté à la Couronne, sans aucun scandale, Compiègne, Fontainebleau, Pau et les bois qui avoisinent Paris. »

Louis-Philippe n'obtint finalement que 12 millions de francs par an au titre de la Liste civile et un million pour le prince héritier. Le baron Fain, conseiller d'État, était nommé intendant général-administrateur de la Liste civile et occupait l'hôtel de l'Intendance, place Vendôme, tandis qu'Oudard, secrétaire des commandements de la reine, administrait le Domaine privé depuis l'un des hôtels attenant au Palais-Royal.

Revenus annuels de Louis-Philippe

Aux 12 millions de la Liste civile s'ajoutaient les revenus de la dotation de la Couronne (4 à 5 millions) et du Domaine privé (2 millions), soit au total 18 à 19 millions de francs. Le roi disposait de surcroît des revenus de l'héritage Condé jusqu'à la majorité du duc d'Aumale, à qui il était échu (en août 1830 était mort l'oncle du roi, le vieux duc de Bourbon-Condé, propriétaire, entre autres domaines, de Chantilly; son fils unique, le duc d'Enghien, ayant été assassiné par Napoléon, le duc avait légué ses biens à son filleul, le quatrième fils de Louis-Philippe).

Le souverain semblait donc riche, même si ses revenus ne constituaient que la moitié de ceux de Charles X. Mais il avait beaucoup d'enfants, à entretenir et surtout à doter. Mais il avait la passion des bâtiments et des grands travaux, ce qui coûtait fort cher. Mais il aimait le faste, sinon dans la vie quotidienne, du moins dans les fêtes qu'il donnait. Au bout du compte, à la fin du règne, il se retrouvera très endetté. Le paradoxe est qu'il a eu, dans le public, une réputation de grippe-sous.

Pour répondre à ceux qui accusaient Louis-Philippe d'avoir été rapace, le comte de Montalivet, ancien intendant des domaines de la Couronne, publia en 1851 un livre où il démontrait, chiffres à l'appui, que le roi avait donné (à l'État et aux particuliers) beaucoup plus qu'il n'avait pris et que, loin d'avoir été pingre, il s'était endetté par générosité.

D'après lui, les dettes du roi au 24 février 1848 s'élevaient à plus de 31 millions. Mais cet endettement n'était pas récent : les difficultés financières de Louis-Philippe remontaient aux lendemains de juillet 1830 parce qu'il avait alors distribué sans compter. Et d'abord à Charles X et à sa famille. Le monarque déchu partant en exil avait envoyé un émissaire pour chercher de l'argent : Louis-Philippe lui avait remis 600 000 francs en or. Le 15 septembre 1830, il avait acquis le haras de Meudon que désirait vendre le duc d'Angoulême et payé 250 000 francs au mandataire du prince, le duc de Guiche. En 1831, il avait calmé un créancier de la première émigration de Charles X avec une somme de 100 000 francs et la constitution d'une rente viagère de 10 000 francs par an. Il avait ensuite consacré, pendant l'hiver 1830-1831, plus de 2 millions à secourir des malheureux (pain, soupe, viande, vêtements, secours en argent) à Paris et dans la France entière. Enfin, il avait versé de grosses sommes à des particuliers en difficulté : 200 000 francs à Benjamin Constant, autant à Audry de Puyraveau pour sauver sa maison de commerce, etc. C'est avec Jacques Laffitte qu'il s'était montré trop généreux en lui achetant 10 millions de francs la forêt de Breteuil qui en valait la moitié et en lui accordant une garantie de 6 millions – ce qui lui coûta 300 000 francs en 1832 et 1 200 000 en 1834. Dès le début de son règne, le souverain avait donc dépensé environ 16 millions de francs [2].

De plus, Louis-Philippe avait un revenu insuffisant pour les charges qu'il devait assumer. La loi du 2 mars 1832, en même temps qu'elle fixait le montant de la Liste civile, stipulait que des dotations seraient accordées aux princes et princesses « en cas d'insuffisance du Domaine privé ». Par suite de cet article de la loi, l'évaluation du Domaine privé a toujours été un sujet de litige entre le roi et la Chambre, qui exagérait systématiquement sa valeur. Selon Montalivet, le revenu net du Domaine privé était de 1,3 million de francs par an alors que les dépenses occasionnées par ses enfants à Louis-Philippe étaient en moyenne de 4,5 millions de francs (dépenses de la vie commune, logements, mobilier, nourriture, chauffage, éclairage, ajoutées à celles des pensions, des Maisons, des écuries, des voyages et des dons charitables) : le déficit annuel était donc de plus de 3 millions.

Dotations des princes et princesses

« La question des dotations princières, reconnaît Montalivet, a empoisonné la vie politique de la monarchie de Juillet. » Louis-Philippe, en effet, n'a pas cessé de demander à la Chambre des dotations à l'occasion du mariage de ses enfants, en arguant de l'insuffisance du Domaine privé mais sans jamais en apporter la preuve, ce qui irritait beaucoup l'opinion.

Quand Louise épousa le roi des Belges, le 9 août 1832, sa dot était formée d'une part des biens dont elle possédait la nue-propriété en vertu de la donation faite par son père le 7 août 1830 et, d'autre part, d'une somme d'un million qui serait réclamée aux Chambres au cours de la session suivante. Mais le climat politique était si peu favorable que la question ne fut pas mise à l'ordre du jour pendant plusieurs années. La dotation de

Louise ne fut votée que le 27 avril 1837, dans la foulée de celle du prince royal.

Le 26 janvier 1837, Molé, pressé par Louis-Philippe, présenta aux députés deux projets de loi, l'un concernant la somme à attribuer à la reine des Belges, l'autre ayant pour but de constituer un apanage en faveur du duc de Nemours avec le domaine de Rambouillet, les forêts de Senonches, Châteauneuf et Montécaut, dont le revenu serait de 500 000 francs par an. Tandis qu'étaient créées deux commissions pour examiner ces projets, Louis de Cormenin publia la *Lettre sur l'apanage du duc de Nemours,* où il s'en prenait aussi bien au caractère féodal de l'apanage qu'à la fortune cachée qu'aurait accumulée le roi depuis 1830. Une crise ministérielle recula la discussion des projets. Molé constitua un nouveau cabinet le 15 avril et, trois jours plus tard, annonçant le mariage imminent du duc d'Orléans, présenta un projet de loi qui devait régler le supplément de dotation pour l'héritier du royaume. Il précisa par la même occasion qu'il retirait le projet de loi d'apanage en faveur du duc de Nemours : « Le roi n'a pas voulu que les Chambres eussent à pourvoir en même temps à la dotation de deux de ses fils [3]. »

La discussion intervint le 22 avril et Dupin suscita une émotion propice en révélant que Louis-Philippe avait fait donation de son patrimoine aux sept cadets à l'exclusion de l'aîné. Voulant réparer cette injustice, les députés doublèrent la dotation annuelle du prince royal (qui passa ainsi à 2 millions), lui allouèrent un million pour les frais du mariage et attribuèrent 300 000 francs de douaire à sa future femme. Après un tel vote, la Chambre se devait de mettre à l'ordre du jour la dotation de la reine des Belges, qui fut votée moins d'une semaine plus tard.

On reste perplexe : en janvier 1837, les négociations pour le mariage du duc d'Orléans étaient très avancées et le roi savait parfaitement qu'il allait devoir, dans les mois qui suivaient, demander aux députés une dotation supplémentaire pour son fils aîné. Pourquoi, dans ces conditions, avoir présenté un texte sur l'apanage du duc de Nemours ? Était-ce une manœuvre stratégique pour tenter d'emporter le morceau secondaire avant le principal ? Un projet lancé uniquement pour être retiré et assurer la dotation de l'aîné ? Il est difficile de savoir si ce geste relevait du machiavélisme ou de l'inconscience.

En tout cas, Louis-Philippe persévérait et la dotation du duc de Nemours n'était pas une affaire enterrée. Le 25 janvier 1840, le maréchal Soult, président du Conseil, annonça à la Chambre le mariage prochain du second fils du roi et présenta un projet de loi qui prévoyait 500 000 francs de dotation annuelle, une allocation du même montant pour les dépenses du mariage et un douaire de 300 000 francs pour la future duchesse.

Le 14 février, Cormenin publia un pamphlet intitulé *Questions scandaleuses d'un jacobin à propos d'une dotation,* qui portait sur la page de garde

« De l'argent, de l'argent, toujours de l'argent ». 500 000 francs représentaient le traitement annuel de 12 maréchaux et 3 amiraux, ou de 50 évêques, ou du Conseil d'État tout entier, ou encore la pension de 250 veuves de colonels, etc. Pourquoi accorder une telle somme à un prince dont le père disposait d'une fortune personnelle considérable ? Cependant, la commission chargée d'examiner le projet se montra plus compréhensive que le polémiste : elle recommanda seulement que la dotation annuelle cesse avec la vie du prince. Et si la famille royale avait accepté un amendement en ce sens, la loi aurait sans doute été votée. Mais Madame Adélaïde incita à la résistance et le projet fut rejeté le 20 février, entraînant la démission du gouvernement.

Louis-Philippe fut d'autant plus amer de ce refus que, peu après, la Chambre accorda d'enthousiasme le crédit d'un million nécessaire au transfert des cendres de Napoléon. Elle ne refusait donc pas de débloquer des fonds, elle lui refusait de l'argent, à lui et ses enfants. Aussi ne demanda-t-il pas de dotation lorsqu'en 1843 Clémentine et Joinville se marièrent.

La même question revint encore sur le tapis après 1842, quand, à la suite de la mort de son frère aîné, le duc de Nemours acquit un statut de futur régent. A Pierre Magne qui vient assister à la session parlementaire, fin 1843, on parle de la dotation éventuelle du prince. Le 31 décembre, Magne rend visite à Mérilhou, ancien ministre, pair de France et conseiller à la Cour de cassation.

Mérilhou tente de convaincre le député que, bien qu'impopulaire, une dotation est nécessaire : « Le duc est pauvre ; il n'a même pas de quoi tenir une maison ; il n'a avec le revenu de sa femme que 300 000 francs de rentes environ ; il est pourtant obligé de faire des voyages dans l'intérieur de la France pour acquérir la popularité nécessaire à un prince qui doit, dans un temps plus ou moins éloigné, prendre les rênes de l'État ; il ne peut rendre ces voyages fructueux qu'en jetant l'argent à pleines mains. Il faut donc lui en donner les moyens. Son dernier voyage a coûté 500 000 francs que le roi a payés pour lui. Mais le roi lui-même n'est pas riche. Il a des dettes considérables qui ne s'élèvent pas à moins de 13 à 14 millions... Il emprunta, il y a quelque temps, 1 300 000 francs à Rothschild, et ce dernier exigea le cautionnement de Madame Adélaïde. C'est le roi lui-même qui me l'a dit. » La réponse de Magne est pleine de bon sens : « La loi de dotation sera impopulaire. On le reconnaît. Eh bien ! si l'impopularité résultant de la loi est supérieure à la popularité que produiraient des voyages dispendieux, il vaut mieux de toutes façons ne pas voyager et ne pas proposer la loi [4]. »

Dans une lettre du 3 janvier 1844, Pierre Magne fait le bilan du rapport des forces politiques en présence que révèle l'affaire de la dotation : « Le parti conservateur tend à devenir un véritable parti indépendant du roi et du ministère, ayant son système et ses idées propres [5]. » En effet, tous les conservateurs qui ont pris la parole se sont prononcés contre la dotation. Le projet de loi fut, une fois de plus, enterré, mais le roi tenta encore de plaider sa cause. Il fit publier dans le *Moniteur* du 30 juin 1844 un long article, reproduit le 1er juillet dans le *Journal des débats*, sur l'insuffisance du Domaine privé qui ne lui permettait pas d'établir ses enfants : « Il faut d'abord que les bons citoyens, les hommes justes et sensés, soient éclairés sur la vérité des choses (...) La France ne voudra pas que la famille royale ne conserve pas, sous notre monarchie constitutionnelle, les droits et la situation qui étaient légalement garantis à la famille du duc d'Orléans [6]. » Le lendemain, le gouvernement fut interpellé à la Chambre sur le sujet. Guizot répondit que l'article était destiné à informer l'opinion : si celle-ci évoluait, la question de la dotation reviendrait devant les députés. C'est Dupin lui-même, aussi étrange que cela paraisse, qui referma le débat, en dénonçant l'article comme un acte anticonstitutionnel, car Louis-Philippe et son gouvernement en appelaient au peuple au lieu d'adresser à la Chambre une demande franche.

Ainsi l'entêtement du roi à réclamer de l'argent n'avait-il d'égal que celui des députés à le lui refuser. A s'enferrer dans ces exigences réitérées, le souverain gagna une réputation de ladrerie qui ne correspondait pas du tout à la réalité. Rémusat analyse ce paradoxe et le rapport compliqué qu'avait Louis-Philippe à l'argent : « Le roi n'était pourtant nullement avare. Il était même dépensier, il l'était par ses goûts, qui le portaient à un certain luxe, il l'était par ses habitudes d'administration surannées et irrégulières. On sait maintenant que dans le cours de son règne, il a plus dépensé qu'il n'a reçu, et qu'il a laissé ses affaires dans un désordre qui prouve plus de laisser-aller que de prévoyance [7]. »

L'amertume du roi

Sa conduite, qui était celle d'un aristocrate d'Ancien Régime, cœxistait avec une attitude chicanière. Et le public appelait avarice ce qui était une attention irritante aux détails financiers qui entraînait rancœur, mesquinerie et réactions indignes d'un monarque : « Il ne faisait pas aisément de sacrifice d'argent. Il ne cédait rien de ses droits ou de ceux qu'il croyait avoir (...) Il n'aurait pas reculé devant une réclamation hasardée, devant un mauvais procès, étant persuadé que tout le monde était déchaîné contre la fortune des princes. Il avait pour cela de vieilles rancunes contre les bureaux de Versailles qu'il transportait aux bureaux de Paris, contre le Conseil d'État de l'Ancien Régime, et il n'épargnait guère celui du nouveau, soutenant en thèse que tous les fonctionnaires et même les tribunaux étaient hostiles aux branches, surtout cadettes, de la maison royale [8]. »

Louis-Philippe parlait beaucoup d'argent, se plaignait d'en manquer, développant un vrai complexe de persécution en la matière. Il s'épanchait auprès de tous ses interlocuteurs en récriminations financières, on l'a vu avec Mérilhou tout à l'heure; on le voit aussi avec Rodolphe Apponyi : « Le roi dit que la Liste civile est tellement endettée qu'il ne sait comment faire pour vivre (...) Il propose de vendre Versailles à l'État pour 40 millions et puis de faire voter une dot au duc de Nemours » (3 décembre 1843); on le voit enfin avec Victor Hugo, à qui le souverain confie, le 16 novembre 1844, au milieu de récriminations contre ses ministres : « Je n'aime pas le système des finances en France. Je suis payé pour m'en plaindre. C'est-à-dire pas payé. L'arriéré me doit 75 millions dont je n'aurai jamais un sou. On me doit pour la principauté des Dombes, pour Gaillon, pour Vernon. On me doit pour Rambouillet. J'en ai fait mon deuil mais cela m'impatiente d'être accusé quand c'est moi qui devrais réclamer et récriminer [9]. »

Rémusat suggère que cette complaisance du roi à s'étendre sur « ses intérêts toujours menacés » lui venait peut-être de sa longue pratique des Anglais, habitués à « parler sans fausse pruderie de leurs affaires d'argent ». L'explication ne change rien au fait que ce ressassement a beaucoup discrédité Louis-Philippe dans l'opinion : la bonne société le trouvait vulgaire et du dernier bourgeois; quant aux bourgeois, ils concevaient une grande méfiance pour un souverain qui ne pensait, semblait-il, qu'à leur soutirer de l'argent.

Le ressassement des années 1840 a d'ailleurs été renforcé par l'exil de 1848 : « Il est impossible, écrit Mérimée le 12 avril à la comtesse de Montijo, d'être plus complètement dépourvu de toute dignité qu'il ne se montre aux Anglais. A ses anciens serviteurs qui se sont sacrifiés pour lui, il ne parle que de sa Liste civile et des pertes d'argent qu'il a faites » (Mérimée tient ces informations de Valentine Delessert, l'épouse de l'ancien préfet de police de Paris, qui était allée voir les Orléans en Angleterre). Il revient sur le sujet le 9 août 1848 : « On m'écrit de Londres que Louis-Philippe y vit très misérable, occupé seulement de rassembler quelques débris de sa fortune privée. Il ne regrette pas le trône mais ses forêts et ses maisons [10]. »

La passion de la truelle

La comtesse de Boigne, invitée à Fontainebleau en octobre 1834, témoigne : « On ne peut imaginer un cicerone plus instructif, plus amusant et plus amusé que le roi Louis-Philippe quand il montre et explique les travaux qui font sa seule récréation depuis qu'il est monté sur le trône. Son admirable mémoire lui fournit, à chaque instant, quelque anecdote historique ou artistique très piquante qui donne la vie aux lieux que l'on parcourt et, quoiqu'il nous fît faire la visite bien en conscience, qu'il ne nous fît pas grâce d'*un chou*, et qu'il nous retînt plus de deux heures et demie sur nos jambes, personne ne s'aperçut de sa fatigue [11]. »

Le roi peut tenir en haleine encore bien plus longtemps ses visiteurs, comme il le raconte à la reine le 21 février 1834. La veille, il est allé se promener à Fontainebleau : « Joinville est très bien, il a fait trois lieues à pied dans la forêt avec Trognon qui n'en pouvait plus. J'ai pareillement exterminé Attha [lin] et Montalivet par ma visite du château et de ses dépendances qui a duré sept heures. C'est bon pour les goutteux et ils s'en trouvent bien. Moi aussi j'y ai littéralement usé mes bas, mais je ne me suis pas enrhumé et je me porte à merveille [12]. » Marie-Amélie, de son côté, écrit à Nemours le 4 septembre 1835, au retour de Versailles : « Après la Revue, on a fait la tournée classique du château pendant quatre heures, nous étions tous à demi-morts, le Père seul frais et infatigable [13]. »

Louis-Philippe avait une passion pour l'entretien, la rénovation, l'agrandissement de ses résidences, qu'elles appartiennent à la Couronne ou à son Domaine privé. Il donnait autant d'énergie aux unes qu'aux autres. A son retour en France, il s'était attaché à remettre en état le Palais-Royal et à constituer sa propriété de Neuilly. A partir du moment où il eut en charge les domaines royaux, il s'y consacra avec enthousiasme. Il ouvrit des chantiers dans chaque résidence.

Inspecter les travaux en cours était le grand plaisir et le grand délassement du roi : « Ce changement d'objet, écrit Rémusat, suffisait pour le distraire de ce qui l'agitait le plus, et, chose très désirable dans les affaires publiques, il était, sans effort, tout entier à ce qu'il faisait. Au milieu des plus grands soucis, il allait à Versailles ou à Fontainebleau, et ne songeait plus qu'à ses bâtiments et à ses jardins [14]. » Sa famille l'accompagnait parfois dans ces promenades mais, le plus souvent, c'était Fontaine qu'il emmenait avec lui, car il adorait parler avec l'homme de l'art de ses projets de construction. Rumigny a accusé à tort l'architecte d'être le responsable des entreprises de Louis-Philippe. Selon lui, chaque jour après le déjeuner, Fontaine venait tenter son patron : « Sa conversation amuse le roi [il a connu tous les régimes depuis la Convention] et c'est malheureusement à la suite qu'il commande des travaux inutiles qui ruinent la famille » (20 septembre 1836). La correspondance du roi aussi bien que le Journal de Fontaine donnent plutôt l'impression que l'initiative venait de Louis-Philippe et que le vieil architecte fatigué se faisait tirer l'oreille.

Le souverain visitait ses chantiers : cela ne signifie pas qu'il les supervisait de loin mais bien qu'il venait sur le terrain pour examiner, et éventuellement rectifier, les moindres détails. Fontaine note à de nombreuses reprises combien Louis-Philippe se montrait actif et participait aux travaux en cours. Il n'était d'ailleurs pas rare de voir ses vêtements porter des traces de plâtre. Sa correspondance donne une idée de l'attention maniaque qu'il manifestait aux détails en matière d'aménagement et de décoration. En octobre 1834, la reine est à Bruxelles. Pendant ce temps, le déménagement se fait de leurs quartiers d'été à leurs quartiers d'hiver, de Saint-Cloud aux Tuileries. Le 17 octobre, le roi écrit des Tuileries : « J'ai trouvé ici les portes intérieures de ton armoire enlevées, et les portes extérieures enlevées. C'est fini et cela va très bien. Seulement on n'a pas mis de tablettes de côté dans l'intérieur, comme je l'avais proposé. Si tu les veux, c'est facile, et si tu me l'écris tu les trouveras posées [15]. »

En avril 1835, Marie-Amélie est à nouveau auprès de Louise, avec Marie et Clémentine. Pendant leur absence, Louis-Philippe a prévu de faire exécuter des travaux dans l'appartement de Clémentine. Le 15 avril, il se dit furieux contre Fontaine qui est en retard pour percer le mur, derrière les livres. Le 26 avril cependant, tout est terminé et il attend avec impatience la réaction de sa fille cadette : « J'ai fait la tournée de son appartement qui est très gai. La chambre à coucher est en satin bleu comme ton cabinet de Palerme, mais avec des plis et une bordure qui vaut mieux que celle d'acajou. C'est le salon qui est en couleur écrue. Je regrette l'arrivée de la nuit qui empêchera de voir tout cela. »

Dix ans plus tard, sa sœur est partie à la fin mai pour sa propriété d'Arc-en-Barrois. Dès qu'Adélaïde a eu le dos tourné, il a présenté à Fontaine des projets pour entreprendre des travaux dans son appartement : « Mon idée est de retourner la grande cheminée et d'établir la grande cuisine dans les deux arcades entre le pavillon de Flore et le guichet » (1er juin 1845). On a vu précédemment les réticences de Fontaine. Mais le 4 juin, Louis-Philippe annonce triomphalement : « J'ai eu victoire complète sur Fontaine pour convertir la cuisine actuelle des Thuileries en chambre à coucher pour toi. » La chambre jaune deviendra un petit second salon, la cheminée de la galerie sera transformée en porte de la chambre à coucher, une autre cheminée sera construite. Il ne reste plus à Madame Adélaïde qu'à se prononcer sur l'emplacement de la nouvelle cheminée : la veut-elle à la place du canapé ? ou bien en face, à la place de la console, entre les deux fenêtres, celle où elle écrit et celle où perche le perroquet vert ?

Il la tient au courant des travaux, qu'il suit de près : « Hier, écrit-il le 28 juin, après avoir expédié mes audiences et ma lettre pour toi, je me suis rendu dans ton appartement que j'ai trouvé tout en papillotes de toiles grises, les fumistes, les cheminées détraquées, les platras, la poussière, les porte-oiseaux, etc. » Mais l'architecte fait diligence pour que tout soit terminé avant son retour. Lui-même a parlé de la décoration avec Leblond qui se charge des portières, des rideaux et du tissu pour les murs.

Cet exemple révèle beaucoup du caractère du roi, autoritaire, persévérant et maniaque. Manifestement, ces travaux ont été décidés très rapidement. Louis-Philippe n'en avait pas parlé aux premiers intéressés, sa sœur et l'architecte – par crainte que, lassés de sa rage de rénovation, ils ne refusent ? Il n'admet aucune résistance, aucun délai, se plonge avec délices dans les projets et les chantiers, vérifiant tout par le menu.

Mais le roi n'était pas seulement un décorateur pointilleux; c'était surtout un bâtisseur ambitieux dans la tradition des grands monarques : « Je suis en trop bonne compagnie, dit-il un jour à Montalivet, pour ne pas en prendre mon parti : Saint-Louis, François Ier, Henri IV, Louis XIV et Napoléon ont aussi beaucoup aimé la truelle [16]. » Pour lui, une résidence, château ou palais, était un monument historique manifestant la grandeur de sa lignée en même temps que la grandeur nationale.

Fontaine, en mars 1833, fut envoyé à Eu pour accélérer les travaux : « Le roi veut que cette maison bâtie originairement par les Guises, princes lorrains qui disputèrent aux Valois leur couronne, cette résidence ancienne qui appartint à Mademoiselle, fille de Gaston, oncle de Louis XIV, retrace en tout au dehors comme au dedans les signes de son origine. Une galerie que l'on a déjà nommée la galerie des Guises, à l'étage du premier, au centre du château, contiendra les portraits peints des principaux personnages de cette célèbre famille » (8 mars). Le même souci préside à la décoration de la salle des Maréchaux aux Tuileries : « On y verra, écrit Fontaine le 14 août 1833, outre les portraits peints des maréchaux vivants, les bustes en marbre d'un grand nombre de généraux et de guerriers qui ont versé leur sang pour le pays, ou qui se sont rendus célèbres dans les batailles, les noms et les dates des principales victoires dont la France s'honore. »

La comtesse de Boigne, qui avait résidé en 1828 pendant une semaine au château de Fontainebleau, put, en 1834, « reconnaître et apprécier les énormes restaurations déjà faites par le roi ». C'est en juillet 1831 que Louis-Philippe avait donné des ordres pour que soit restaurée la salle de bal (ou des Cent-Suisses) bâtie sous Henri II et décorée par le Primatice. Ravi de compter parmi ses invités une personne capable de mesurer l'œuvre accomplie, le souverain commenta pour Mme de Boigne les travaux en cours : « Ceux de la belle galerie de François II étaient déjà commencés. Le plafond, tout dévissé et démonté, gisait sur le parquet, et nous pûmes remarquer la perfection de cet ouvrage d'ébénisterie, et je dirai presque d'orfèvrerie, exécuté avec le soin qu'on apporterait à faire une tabatière. »

Trois ans plus tard, à l'occasion du mariage du prince héritier, la comtesse de Boigne fut à nouveau invitée à Fontainebleau. Elle en profita pour visiter les travaux exécutés depuis 1834 et admira « la galerie de Henri II, aussi remarquablement élégante que magnifique, et l'appartement de Mme de Maintenon [17]. » Le roi avait voulu remettre cet appartement dans l'état où Mme de Maintenon l'avait habité et, pour cela, « avait fait rechercher, avec grand soin, tous les renseignements du garde-meuble ». En revanche, Mme de Boigne n'apprécia guère la galerie Louis-Philippe, construite au rez-de-chaussée : « Je doute que cet échantillon du goût actuel donne à la postérité une grande admiration de l'art à notre époque. C'est encore de ces lourdes et massives colonnes, ne soutenant rien et enlevant à la fois l'espace et la lumière, que M. Fontaine a tant prodiguées dans les palais et même dans les hôtels dont il a eu la direction. » En 1847, Fontainebleau était toujours en chantier, comme l'écrit le 10 novembre le souverain à Madame Adélaïde : « Je suis enchanté de la galerie de François Ier, mais quoique je regrette toujours de ne pas avoir mes bonnes amies [sa sœur et sa femme] avec moi, je préfère qu'on ne l'ait pas vue avant qu'elle ne soit terminée et dans tout son éclat. »

C'est naturellement à Versailles que l'hommage à ceux qui ont construit la France et contribué à sa grandeur est le plus éclatant. Ici, l'entreprise de Louis-Philippe trancha sur celle de ses prédécesseurs. Contrairement à Napoléon et à Louis XVIII, il mit un soin particulier à montrer qu'il ne voulait pas se réinstaller dans le château de Louis XIV. L'Empereur, en 1805, avait restauré et remeublé les Trianons pour sa mère, sa sœur Pauline et lui-même, puis avait repris les travaux du château, toujours inachevé. Après son mariage avec Marie-Louise et la naissance du roi de Rome, Napoléon avait envisagé de s'installer à Versailles : il avait divisé l'espace du château à l'exemple de l'Ancien Régime, et commandé les tissus en 1811-1812. Les guerres et la défaite empêchèrent ses projets d'aboutir. A la Restauration, Louis XVIII reprit les travaux, réattribua les appartements, réserva les étoffes, commanda les tableaux et les dessus de porte. Dès le 1er juillet 1814, 6 millions de crédits étaient prévus. Mais le projet s'effilocha pour être abandonné vers 1820. Les arrière-cabinets du dauphin et de la dauphine furent seuls refaits pour le duc et la duchesse d'Angoulême, qui ne les occupèrent pas. Charles X laissa les choses en suspens et c'est Louis-Philippe qui consacra à la transformation de Versailles en musée son temps et ses deniers [18].

L'idée d'intervenir à Versailles vint au roi des Français alors qu'il visitait, en 1831, l'hôtel des Invalides : « Il fut choqué, écrit Fontaine, d'y trouver les portraits des maréchaux de France, qui, après avoir été exposés dans la grande salle du milieu du palais des Tuileries, pendant leur vie, étaient relégués, après leur mort, sans ordre, sans dignité, dans plusieurs pièces séparées de ce grand édifice. Il conçut aussitôt le projet de faire transférer de l'hôtel des Invalides de Paris à Versailles les portraits des maréchaux de France, et de leur consacrer, dans ce grand palais presque abandonné, une galerie spéciale, ou toute autre partie de ses intérieurs, de manière à former une collection complète de tous les maréchaux de France, depuis l'origine jusqu'à nous. Il voulut ainsi présenter par les portraits que l'on possédait, par ceux qui seraient faits d'après les tableaux du temps ou par les noms de ceux dont les ressemblances n'auraient pu être retrouvées, l'histoire en quelque sorte vivante des hommes célèbres qui, par leurs dignités, par leur courage, par leur sang versé dans les combats ont honoré la France [19]. »

Quand commencèrent les travaux, le roi n'imaginait nullement le résultat final. L'entreprise paraissait alors « se borner aux arrangements de quelques salles en mauvais état, au placement de quelques tableaux, et aux rétablissements de plusieurs parties en délabre ». Mais le refus des députés, au printemps 1833, d'accorder 18 millions pour réunir le Louvre aux Tuileries modifia le cours des choses. Louis-Philippe fut obligé d'abandonner ses travaux parisiens, qu'il ne pouvait réaliser avec le budget dont il disposait, et il décida de « porter ses soins, et ses ressources, sur les palais du dehors dans lesquels, sans doute, il trouvait encore beaucoup à faire, mais dont les améliorations paraissaient devoir entraîner à moins de dépenses [20] » : Fontainebleau, Versailles, Trianon, Saint-Cloud.

Si le roi imaginait dépenser moins, il se trompait : le seul Versailles lui coûta 23 494 000 francs, sans compter les frais de fonctionnement [21]. Mais il donna à son entreprise une envergure nationale. Le 1er septembre 1833 fut inséré au *Moniteur* le rapport de l'Intendant général de la Liste civile sur la nouvelle destination de Versailles. Louis-Philippe avait activement participé à l'élaboration du projet, comme il l'écrit à Marie-Amélie le 2 août : « J'ai travaillé avec Montalivet et Vatout sur les listes pour la formation de ce grand musée historique et militaire à Versailles, et plus j'avance, plus je crois que ce sera superbe. Je crains seulement que les moyens manqueront pour y donner l'éclat et le développement désirables. Mais avec du temps, on arrive en marchant sur un bon plan général et fait d'avance. »

Du 2 décembre 1833 au 10 décembre 1847, le souverain fit à Versailles 398 visites [22]. A partir de 1834, le château devint sa promenade favorite, il y emmenait volontiers sa famille, ses ministres ou ses visiteurs. Le 6 mars, Marie-Amélie note : « A une heure et demie nous sommes allés avec le roi à Versailles, où nous avons vu les travaux qui sont faits dans le palais, ainsi que la belle collection de peintures et de sculptures que le roi y réunit. Le temps était magnifique; nous ne sommes rentrés qu'à sept heures et quart [23]. » Louis-Philippe, revenant de Versailles le 16 octobre, écrit à la reine : « La promenade a été longue comme de coutume, car tu sais que c'est immense; mais je ne me suis point enrhumé, et j'étais de retour à six heures et quelques minutes » (il était parti à midi). Et il ajoute : « J'avais mis des galoches suivant ton ordre. » Mais le roi prit soin de ne jamais dormir dans le palais de Louis XIV, il repartait le soir pour Paris, Neuilly ou Saint-Cloud. Le seul endroit traité en maison de villégiature familiale fut le petit Trianon, où le duc d'Orléans et son épouse résidèrent parfois. Les grands appartements et les pièces d'apparat du château de Versailles furent résolument réservés au musée.

La transformation de l'ancienne résidence royale en musée traduisait une volonté de célébration nationale. En concevant la galerie des Batailles, pour laquelle il fit peindre trente-trois tableaux célébrant les actions glorieuses accomplies tout au long de l'histoire de France, de Tolbiac en 496 à Wagram en 1809, Louis-Philippe désirait évoquer la notion de communauté nationale. Des rois du Moyen Age aux généraux révolutionnaires et à Napoléon, en passant par Louis XIV, il mettait sous les yeux des visiteurs des chefs différents mais qui, tous, avaient œuvré pour la grandeur de la France [24]. Ce dessein politique était symboliquement décisif dans le rapport de la royauté constitutionnelle aux lieux de la royauté d'Ancien Régime. Le souverain n'écarta personne de la célébration nationale. Dès 1833, il tint à ouvrir des salles de la Restauration, malgré l'insurrection fomentée l'année précédente par la duchesse de Berry : « Tout ce qui était honorable devait être honoré [25]. »

L'inauguration du musée historique de Versailles eut lieu le 10 juin 1837, à l'occasion du mariage du prince royal. Louis-Philippe convia mille cinq cents personnes à un banquet somptueux servi dans la galerie des Glaces puis à un spectacle : la manifestation coûta à elle seule plus de 300 000 francs [26]. Il donna à cette journée une éclatante publicité en invitant tous les journalistes de Paris. Par le biais des journaux, s'associaient dans l'opinion publique le mariage du prince héritier et l'établissement de la dynastie avec le don que Louis-Philippe faisait à la nation du palais de Louis XIV, restauré par ses soins.

Journalistes et écrivains répondirent à

l'attente du roi. Delphine de Girardin, dans sa chronique du 21 juin 1837, célébra le sauvetage du château. Elle réplique aux esprits chagrins qui ont trouvé mesquine la réalisation : on a certes employé plus de chêne que de marbre mais c'est que Versailles, aujourd'hui, au lieu d'être « l'œuvre de la munificence d'un monarque », est « le fruit de ses économies [27] ». Elle rend grâces au souverain d'avoir sauvé Versailles « des rats et des députés », de l'avoir préservé à la fois de l'usure du temps et de la platitude de l'époque constitutionnelle qui marque la fin de l'apparat royal. Quant à Victor Hugo, il note solennellement sur ses tablettes : « Ce que le roi Louis-Philippe a fait à Versailles est bien. Avoir accompli cette œuvre, c'est avoir été grand comme roi et impartial comme philosophe; c'est avoir fait un monument national d'un monument monarchique; c'est avoir mis une idée immense dans un immense édifice; c'est avoir installé le présent dans le passé [28]. » Fontaine, le 24 décembre 1841, souligne le succès incontestable des galeries historiques de Versailles : elles accueillent une foule de visiteurs, sont imitées par les souverains d'Europe et les œuvres qu'elles contiennent sont très largement diffusées, grâce à la gravure – on en est à la deux cent soixantième livraison.

Louis-Philippe entretenait donc avec l'argent tout le contraire de ce qu'on appelle un rapport « bourgeois », qui implique une gestion correcte et, même si l'on ne fait pas d'économies, une absence de dettes. Cette gestion-là, équilibrée, était la sienne du temps où il était duc d'Orléans, sous la Restauration. A compter du jour où il monta sur le trône, il mena une politique de prestige et de grands travaux qui ne correspondait plus du tout au budget dont il disposait.

Alors qu'il était plutôt austère et frugal dans ses besoins personnels (la dépense pour son service personnel ne s'élevait qu'à 17 000 francs par an), il se montrait volontiers dispendieux s'il s'agissait de soutenir son rang (il avait prévu un million pour traiter la reine Victoria quelques jours à Eu en 1843; reçu par elle à Windsor l'année suivante, il dépensa 300 000 francs [29]). Il se montrait même plein de générosité avec des particuliers et plus encore avec l'État : il a consacré en moyenne 6,4 millions de francs par an à la conservation et à l'entretien de la portion du domaine public dont il avait la jouissance et a acquis au cours de son règne pour quelque 10 millions d'œuvres d'art qui, pourtant, d'après la loi de 1832, devenaient aussitôt propriété de la couronne [30]. Il n'avait pas une conception moderne de l'argent : à l'époque où les grands banquiers finançaient les chemins de fer, il ne s'intéressait ni à l'industrie ni à la Bourse; il investissait sa fortune dans des terres dont les revenus servaient à financer des dépenses somptuaires.

CHAPITRE VI

L'INTIMITÉ ROYALE

Du réveil au déjeuner

La journée de la famille royale commençait tôt. La reine se rendait à la chapelle du château à sept heures moins un quart pour y entendre la messe, accompagnée de ses filles, de leurs sous-gouvernantes, souvent de sa belle-sœur, toujours de Mme de Montjoie et quelquefois de Mme de Dolomieu. Pendant ce temps, le roi passait dans son cabinet où, en hiver, il allumait lui-même son feu. On ne verra pas là une marque de « simplicité bourgeoise [1] », comme l'ont dit certains, mais plutôt la poursuite d'une tradition : sous la Restauration, le duc et la duchesse d'Angoulême allumaient à six heures du matin leur feu dans leurs appartements respectifs, à l'exemple de leur bisaïeul Louis XV [2].

Si on le compare à ses deux prédécesseurs, qui entendaient chaque jour la messe dans la chapelle des Tuileries, Louis-Philippe apparaît comme un mécréant. Mais il avait beau n'être pas croyant, il assistait pourtant à l'office du dimanche, ainsi que l'indiquent ses lettres à Marie-Amélie. Dimanche 10 mars 1833 : « Les babas ou babalouches sortent seulement de chez moi à présent, ce qui, outre M. de Pfeffel, la messe et huit audiences, suffit pour compléter la matinée. » Ou encore, le 12 avril 1835 : « Ce matin, elle [Madame Adélaïde] n'a pas pu venir à la messe avec moi, ne s'étant levée qu'à onze heures. » Ou enfin, le 10 avril 1836 : « Je regrette bien de ne t'avoir pas écrit hier avant de me coucher puisque depuis mon réveil ce matin avec la messe en p[ost] s[criptum], je n'ai pas eu une seconde à te consacrer [3]. »

Le roi se brossait les dents, qu'il avait fort belles, et se rasait lui-même. Il n'aimait pas se faire servir pour ses soins intimes et n'acceptait cela que de sa femme. Montalivet raconte comment il avait un jour trouvé la reine aux genoux de Louis-Philippe, en train de lui laver les pieds. Désolé de son indiscrétion, il allait se retirer quand la souveraine lui dit d'un air très naturel de rester : « Je me suis réservé le service des pieds de mon cher roi [4] », expliqua-t-elle.

Louis-Philippe se faisait coiffer par Richard, « coiffeur du roi et des princes », qui lui teignait les cheveux et lui ajoutait le faux « toupet » qui donnait à sa tête une forme de poire. Pendant ce temps, il recevait son architecte : « Je vais près de lui chaque matin, écrit Fontaine le 31 mars 1832, sans jamais y manquer, à l'heure de sa toilette, et pendant qu'il s'habille pour aller déjeuner ensuite, je reçois ses ordres, j'entends ses observations, et je réponds aux questions qu'il m'adresse. » Il recevait aussi l'aide de camp de service et les intendants de la Liste civile et du Domaine privé, pour faire le point avec eux. Avant le déjeuner, il lisait enfin les dépêches diplomatiques récemment arrivées et les journaux. Seule la presse anglaise l'intéressait, le *Times* principalement : « Il ne faisait aucun cas des journaux français pour s'éclairer sur la politique intérieure et je ne lui en ai jamais vu un seul entre les mains, écrit Montalivet. Je n'ai pas le souvenir qu'il m'ait jamais fait une seule question sur l'opinion des journaux, même sur celle du *Journal des débats* [5]. »

A neuf heures et demie les membres de la famille et de la Maison se réunissaient au salon, avant de s'installer à la table du déjeuner, à dix heures. Le déjeuner pris en commun était un rite si bien établi que les lettres mentionnent les occasions où il n'est pas respecté : « Ma sœur, écrit le roi à son épouse le 13 mars 1833, est plus enrhumée qu'hier : elle ne s'est levée qu'à dix heures et a déjeuné chez elle (...) *A dix heures sonnant* je suis monté en haut avec Nemours, et comme littéralement personne n'était arrivé au salon, nous nous sommes mis en regard tête à tête à la grande table dans la galerie de Diane. »

CORRESPONDANCE, CLUB, BOBINETTES

Venait ensuite l'heure de la correspondance. Chacun, dans la famille, écrivait d'abondance.

Marie-Amélie tenait d'ailleurs des registres de correspondance envoyée et reçue. Aux Archives nationales sont conservés ceux des années 1838, 1839, 1840. En 1838, elle écrit 933 lettres, avec deux pointes : 120 en septembre et 127 en décembre ; elle en reçoit 974, avec les mêmes pointes : 117 en septembre et 135 en décembre. Bien entendu, cette correspondance s'étend au-delà du cercle familial : la reine entretient des relations épistolaires avec les familles royales d'Angleterre, de Naples, d'Espagne ou du Brésil. Mais ses filles Louise et Marie, mariées au loin, restent ses correspondantes les plus assidues. Louise est la plus présente puisque la mère et la fille s'écrivent au moins une fois par jour. Marie-Amélie numérote les lettres qu'elle adresse à ses deux filles mais elle ne donne pas le numéro 1 à celle du 1er janvier ; elle repart à zéro chaque fois qu'elles se sont vues. En 1838, par exemple, elle envoie à Louise le 7 juillet la lettre 241 (le 1er janvier, elle en était à la 54). Louise vient à Paris et le 7 août, après son retour à Bruxelles, la correspondance reprend avec le numéro 1. Même chose à l'automne : la lettre 72 est expédiée à Louise le 16 octobre ; Marie-Amélie va rendre visite à sa fille à Bruxelles et le 5 novembre, rentrée à Paris, elle écrit à nouveau une lettre numéro 1 [6].

La volumineuse correspondance familiale nous renseigne sur le goût des Orléans pour les diminutifs et les surnoms. Louis-Philippe est « le Père » tandis que Marie-Amélie est souvent appelée par ses enfants « Chérissime Majesté ». Chartres est « le Beau » – ou, pour les Belges, « le Bion » –; sa mère le traite affectueusement de « Mon doyen chéri », tandis qu'elle nomme Nemours « Mon bon Moumours », « Chérissime blondin », « Mon cher chevalier », et les deux princes ensemble, pendant qu'ils participent au siège d'Anvers, « Mes chers trésors » ou « Mes petits guerriers ».

Le surnom de Nemours est « Tan » (ou encore, mais moins fréquemment, « Sans »), celui de Joinville « Cagnard » ou « Hadji » – c'est-à-dire celui qui a effectué le *hadj*, grand pèlerinage rituel à la Mecque, obligatoire au moins une fois dans sa vie pour un musulman. Joinville reçut ce surnom au retour d'une croisière en Méditerranée en 1836, au cours de laquelle lui avaient été ouvertes les portes de la mosquée d'Omar, à Jérusalem. Mais le roi et la reine appellent plus volontiers Joinville jusqu'à son mariage « le pauvre gros »; après, il sera « Chico », par dérivation du surnom de sa femme « Chica » – la petite – (allusion à son âge, quinze ans, et non à sa taille car c'était une grande brune). Leur fillette sera naturellement « Chiquita » ou « la chiquette » (Victor Hugo se trompe lorsqu'il prétend que « chiquette » vient de « chicarde », surnom donné par Joinville à sa femme après le bal des Pierrots). Louis-Philippe dit encore « Mes chiques » ou « Mes bons Joinves ». Louise est « Love » ou « Babonne » et son mari Léopold « le léopish ». Marie n'a pas de surnom; Clémentine, parfois appelée « Tinotte », est souvent abrégée en « Clem ». Aumale est « Mimi » et Montpensier « Totone » ou plus tard « le Piat » (Victor Hugo dit « Paf »). Les plus jeunes peuvent aussi être désignés d'un terme générique, « les poussins ou poussines », « les Pousses », « la petite graine ».

On écrivait le matin, mais pas exclusivement. On revenait à la correspondance l'après-midi, à l'heure du *club*. Mais avant d'en parler, qu'on nous permette une remarque de vocabulaire : la désignation des heures qui séparent le déjeuner du dîner hésite, dans les écrits des Orléans, entre *matinée* et *soirée*. La reine note le 1er mai 1834 : « A onze heures ont commencé toutes les grandes réceptions qui ont duré toute la *matinée* (...) A six heures le dîner... » Mais le 2 juillet de la même année : « A midi et demi je suis allée à Paris où j'ai consacré la *soirée* à des audiences et à divers travaux (...) Nous sommes rentrés à Neuilly pour le dîner [7]... » En général, cependant, le terme *matinée* prévaut là où l'on dirait aujourd'hui après-midi.

Le *club* était la réunion, entre quatre et cinq heures et demie, autour de Marie-Amélie, dans son « écrivanie », des enfants qui se trouvaient aux Tuileries. La reine était censée écrire à sa petite table, les enfants apportaient des pâtisseries pour goûter, des livres, leurs dessins ou leurs ouvrages [8]. Mais leur plus grand plaisir à tous était de causer, d'affaires publiques et privées. C'est là, en petit comité, qu'on relisait le courrier et qu'on le commentait.

Ainsi une lettre pouvait-elle se révéler inépuisable et remplir de multiples fonctions. Le 3 décembre 1832, Marie-Amélie remercie son fils aîné qui lui a donné des nouvelles du siège d'Anvers auquel il participe avec son frère Nemours : « C'est un trésor pour moi que cette lettre ; j'ai commencé par en faire une première lecture au Père pendant qu'il se levait et s'habillait, deuxième lecture en a été faite au salon, en présence de Tante, de Marie, de Mmes de Montjoie et de Malet et de MM. Atthalin, Berthois, d'Houdetot, Arnaud, Boismilon et Larnac, la troisième va être faite tantôt à la débouquée de la petite table ; en attendant, Fain en copie la plus grande partie que le Père désire montrer aux ministres auxquels tous les détails confidentiels, clubistes, ne sont pas bons à montrer [9]. »

Les lettres adressées aux habitants des Tuileries portaient le nom d'un correspondant précis, mais celui qui écrivait savait qu'elles passaient volontiers de main en main dans le cercle familial. Sauf exception, comme le 18 novembre 1832, où la souveraine remercie Nemours « malgré sa petite méchanceté, digne du club, de rendre impossible la communication de la lettre de laquelle j'ai fait lecture, bien entendu, en sautant les passages croustilleux ». Parfois, après discussion, on répondait aux lettres reçues. Le 21 juillet 1834, le duc d'Orléans rédige pour sa sœur Louise six pages de commentaire politique sur l'Espagne, les affaires intérieures françaises, etc., qu'il titre « Par ordre de la reine en club [10] ». Et l'on pense bien que la rédaction reflétait ce qui s'était dit ce jour-là en petit comité.

Car on parlait beaucoup, au *club*, de politique et de stratégie, comme le suggère une lettre de Marie-Amélie à ses fils pendant le siège d'Anvers : « Il me semble que le pauvre club n'avait pas si tort dans ses combinaisons : 1° On nous jetait la pierre parce que nous croyions que Chassé [gouverneur d'Anvers] se défendrait et la place ne s'est pas rendue à la sommation. 2° Cela ne devait durer que 48 heures pour la forme, et nous en sommes à dix jours de bonne défense ; enfin je suis fâchée que nous ayons raison » (10 décembre 1832). Les discussions du *club* ont certainement contribué à la formation politique des enfants d'Orléans, qui surprenait, surtout chez les filles. Rodolphe Apponyi note, le 10 avril 1835, l'étonnement admiratif d'un envoyé de l'empereur d'Autriche, le prince Schönburg, devant Marie et Clémentine, leur culture, leur connaissance du monde politique et l'indépendance avec laquelle elles s'expriment sur tous les sujets.

Les longues discussions, les échanges, le plaisir de la conversation portaient un nom chez les Orléans : les *bobinettes.* Ce mot déconcertait les gens extérieurs à la famille. Rémusat le transcrit mal : « Le roi qui avait toutes sortes de rapprochements et d'allusions anecdotiques qu'on ne comprenait guère appelait ces conférences du nom peu intelligible de *Babinette* qui voulait dire, je crois, babillage, et l'on dit bientôt couramment : " Il n'y aura pas Conseil demain, parce qu'il y aura babinette chez le ministre de la Guerre [11] ". »

Quand la famille était séparée, les uns et les autres avaient la nostalgie des bobinettes : « Je n'ai pas besoin de te dire, écrit Chartres à Nemours, le 15 novembre 1836, combien tu nous manques pour les bobinettes [12]. » « Le Père, écrit Marie-Amélie à son gendre Léopold, me charge de mille tendresses pour vous, les bobinettes où il pouvait épancher son cœur avec vous et vos bons conseils lui manquent beaucoup [13] » (15 mai 1840). Louise doit venir avec son mari à la fin de juillet 1840 et Chartres lui prédit que, pour Léopold « la matière à bobinette ne manquera pas, je puis te l'assurer [14] » (29 juin 1840). Toute affaire de stratégie familiale provoquait de nombreuses bobinettes, la recherche des alliances pour les princes et princesses en particulier. Louise, si attachée à sa famille, sait de quel prix sont les bobinettes : « Je suis heureuse que l'excellent père soutienne si courageusement tous ces ennuis; si je pouvais seulement de temps à autre me présenter près de lui pour une petite conversation, cela lui ferait du bien, car il aime pouvoir causer à fond avec quelqu'un qui l'*aime bien tendrement* et qui le *comprend* et l'*apprécie* si bien [15] » (17 décembre 1835).

Dîners

A cinq heures et demie, on s'habillait pour le dîner. A six heures, la reine entrait au salon suivie de ses enfants puis, si le roi était là, elle prenait son bras pour passer dans la salle à manger. Mais on commençait parfois sans Louis-Philippe, qui arrivait alors au cours du repas. Il était toujours vêtu simplement : aucune décoration sur son habit brun, pantalon noir, gilet de satin noir ou de piqué blanc, cravate blanche, bas de soie à jours et souliers vernis.

Contrairement aux déjeuners, il était rare que les dîners réunissent seulement la famille. Étaient souvent conviées des personnes auxquelles on voulait marquer une faveur particulière : hommes politiques, diplomates, militaires ou encore professeurs et camarades des princes. En 1830 et 1831, on invitait chaque soir les officiers de la Garde nationale commandant le détachement qui gardait le palais. Parmi eux figurait Alfred de Vigny, qui a longuement raconté son dîner au Palais-Royal le 11 février 1831. Le 29 janvier 1832, le souverain a inauguré un pont suspendu à Bercy : « Le soir, signale Marie-Amélie, nous avons eu à dîner les personnes que le roi avait vues à Bercy. » Le 16 janvier 1834, des élèves du lycée Henri-IV sont venus dîner pour fêter les douze ans du duc d'Aumale.

Un des reproches que la presse d'opposition adressait à Louis-Philippe était de recevoir trop d'Anglais : en tant que duc d'Orléans, on comprenait qu'il ait gardé d'étroites relations avec l'Angleterre où il avait vécu ; mais le roi des Français avait-il le droit de préférer des Anglais à ses compatriotes ? En tout cas, les Orléans soignaient particulièrement les ambassadeurs étrangers dont ils avaient besoin pour acquérir une légitimité en Europe. Rodolphe Apponyi a dîné en juillet 1835 à Neuilly en compagnie de presque tous ses collègues : « Il est impossible d'être plus gracieux qu'on ne l'est à cette Cour ; on entoure les dames du corps diplomatique, surtout lorsqu'on est en famille, de soins et d'attentions qui chez nous paraîtraient exagérés » (6 juillet 1835). La reine se montrait très aimable avec les grandes dames de l'aristocratie européenne qui représentaient leur pays à Paris, comme la comtesse Thérèse Apponyi ou la princesse de Ligne.

Le prince de Ligne fut présenté aux Tuileries en septembre 1838 par l'ambassadeur de Belgique, M. Le Hon, auquel il allait succéder en 1842. Louis-Philippe invita le couple à dîner le lendemain et la princesse remarqua que le roi et la reine se conformaient à la vieille étiquette en servant lui le potage, elle le poisson. Elle se rappelle, dans ses *Souvenirs*, avoir été embarrassée, une fois ambassadrice, lors d'un dîner au château. C'était le 6 janvier 1847, on tirait les Rois. Elle trouva la fève et hésitait pour choisir son roi « entre toutes ces têtes couronnées ». Sa prudence diplomatique la porta vers le petit Philippe de Wurtemberg, orphelin de la princesse Marie que les Orléans élevaient ; le lendemain, il lui envoya une grande corbeille de bonbons « A ma reine »[16].

A mesure que le règne avançait et que les enfants de Louis-Philippe se mariaient, les dîners à la table royale, même familiaux, réunissaient de plus en plus de monde et de plus en plus de « têtes couronnées » : le roi et la reine des Belges séjournaient régulièrement à Paris, Neuilly ou Saint-Cloud, tout comme Clémentine avec son époux, le duc de Saxe-Cobourg ; le duc d'Orléans et Marie étaient morts mais la duchesse d'Orléans restait dans la famille et l'époux de Marie, le duc de Wurtemberg, résidait souvent à Paris, pour voir son fils ; les parents de la duchesse d'Aumale, le prince de Salerne, frère de Marie-Amélie et oncle du roi Ferdinand II de Naples, et sa femme passèrent en 1845-1846 presque une année entière auprès de leur fille ; enfin la reine Christine d'Espagne, nièce de Marie-Amélie et mère de la duchesse de Montpensier, venait, elle aussi, volontiers en visite...

Soirées

Après le dîner, qui se terminait vers sept heures, soit on allait au spectacle en ville, soit il y avait réception au château – bal, concert, spectacle –, soit on restait au salon pour accueillir les visiteurs.

Au spectacle en ville

Sous la Restauration, les Orléans allaient souvent au spectacle et ils continuèrent de le faire au début de la monarchie de Juillet. Les représentations à l'Opéra et aux Italiens commençaient tôt, entre sept heures et demie et huit heures et demie, et duraient longtemps. Mais, comme toute la bonne société, la famille royale n'assistait pas forcément au spectacle entier. En 1831, le 4 mars, ils se sont ennuyés à l'Opéra-Comique; le 7 mars, ils sont aux Italiens pour la première de *Faust*, œuvre de Louise Bertin, fille du patron du *Journal des débats* : « Son opéra, écrit Marie-Amélie, contient de beaux morceaux qui ressemblent à de la musique d'église, mais en général plus savante qu'agréable. Nous sommes partis après deux actes [17] »; le 24 avril, à l'Opéra, ils tombent sous le charme du violon de Paganini.

Mais les années passant, les sorties au spectacle se raréfièrent, à l'instar des promenades et des revues, sans doute pour des raisons de sécurité. Néanmoins, le roi continua à louer des loges dans les différents théâtres. A l'Opéra, Louis-Philippe, dès la Restauration, avait innové : il payait sa place. L'une des causes du déficit était alors les entrées de faveur : « Toute la cour veut aller gratis à l'Opéra », protestait Sosthènes de la Rochefoucauld, le directeur des Beaux-Arts [18]. Devenu roi, Louis-Philippe loua à l'année trois loges au lieu d'une. Non seulement il payait 9 150 francs par semestre pour trois premières loges d'avant-scène, mais il versait une indemnité semestrielle de 1 100 francs pour qu'on ne loue pas les douze stalles d'amphithéâtre qui se trouvaient au bas de ses loges. L'opéra-Comique lui revenait à 3 000 francs par trimestre. Quant à l'abonnement au Théâtre-Italien, il variait d'un trimestre à l'autre : au premier trimestre de 1833, le souverain louait deux loges pour 1 980 francs; au dernier trimestre, il en louait cinq pour 9 750 francs [19].

Le couple royal faisait souvent bénéficier de ses loges ses enfants, leurs précepteurs, des gens de leurs Maisons, des invités ou des relations. Cuvillier-Fleury, pendant une absence du roi et de la reine, conduit Aumale et Montpensier à l'Opéra pour voir danser Marie Taglioni dans *La Sylphide* (9 janvier 1833) et le lundi 3 mars 1834, il assiste à la soirée des Italiens dans la loge de Marie-Amélie. Rodolphe Apponyi va au Théâtre-Italien dans la loge du duc d'Orléans, le 4 mars 1836, avec une bande d'amis du prince héritier. Le 8 juin 1836, la reine envoie à la famille Apponyi sa loge à l'Opéra, pour la première du *Diable boiteux*, un ballet nouveau « où Fanny Elssler fait fureur avec son pas espagnol ».

Les Orléans avaient, bien entendu, des relations privilégiées avec le Théâtre-Français, puisqu'une porte du salon du Palais-Royal donnait directement sur le couloir qui séparait les coulisses du foyer des artistes. Grâce à quoi le théâtre joua un rôle non négligeable dans l'éducation des princes et princesses : pendant la Restauration, aux dires de Joinville, leur père venait souvent les installer dans sa loge puis les reprendre à la fin du spectacle. Une fois sur le trône, Louis-Philippe put se permettre de choisir son programme : « Fais prévenir à la Comédie-Française, écrit-il à la reine, que nous irons, et aussi avertir Mlle Mars, l'*École des vieillards* et puis ce qu'on voudra, car nous ne resterons pas à la seconde pièce » (billet de

1830, non daté, mais postérieur à la révolution [20]).
En 1838, le roi voulut voir Rachel, révélation du Théâtre-Français, interpréter Émilie dans *Cinna*. A la fin du spectacle, il demanda à la féliciter. Elle le remercia en l'appelant « Monsieur ». A quelqu'un qui le lui reprochait, elle répondit que « n'étant accoutumée qu'à parler aux rois de Rome et de Grèce, elle ignorait la formule en usage envers les rois du jour ». Le lendemain, Louis-Philippe lui fit parvenir 1 000 francs en hommage à son talent [21].

Au spectacle chez eux

Au Palais-Royal, sous la Restauration, les Orléans donnaient régulièrement des concerts en faisant venir des artistes consacrés. Après juillet 1830, ils gardèrent cette habitude. Le 12 janvier 1831, Marie-Amélie note dans son Journal : « Le soir nous avons eu un concert tout à fait réussi, avec David et Lablache, il y avait environ 500 invitations »; le 19 : « Le soir nous avons eu une société fort nombreuse avec un beau concert, qui a eu lieu dans la galerie des Batailles : peut-être y entend-on mieux la musique, mais pour le coup d'œil et pour les aises des dames, on y était beaucoup moins bien [22]. »

On conviait volontiers à la cour les chanteurs italiens, comme le précise Hugo le 5 février 1847 : il a entendu *L'Élixir d'amour* de Donizetti chanté par Mme Persiani, Mario et Ronconi. Mais on conviait aussi des virtuoses à la mode : le violoniste Baillot le 23 février 1834, Chopin le 25 février

1838 (qui avait répété son concerto le 14 février chez le baron de Trémont, filleul de Louis-Philippe, auditeur au Conseil d'État, préfet de l'Aveyron et violoniste de talent [23]). En mars 1831, Paganini se produisit pour la première fois à l'Opéra de Paris et obtint un immense succès. Paër l'amena, le 16, au Palais-Royal. Mais il fit mille façons et, d'après Cuvillier-Fleury, joua médiocrement. Avant le second morceau, il imposa un quart d'heure d'attente aux souverains car... il prenait le frais. Pourtant la reine écrit : « Nous sommes tous restés étonnés et enchantés des sons qu'il tire de son violon. » Maria Malibran, malgré sa promesse, ne vint pas chanter à la cour ce jour-là. Le 25 mars, elle fit à nouveau faux bond : « Qu'on dise après cela que la révolution de Juillet n'a pas émancipé les artistes! » ironise Cuvillier-Fleury.

A combien revenait une soirée de concert ? Dans les archives de la Maison du Roi se trouve un mandat de paiement en date du 2 mai 1833, aux artistes qui ont exécuté les concerts des 6 et 25 mars. La mieux payée de tous est Mme Damoreau (née Cinti), la grande interprète de Rossini : 300 francs pour une soirée; les sœurs Grisi, Giulia et Judith, 200 francs chacune. Les autres – Antonio Tamburini, Giulio-Marco Bordogni, Nicolas-Prosper Levasseur, et Lafont (de l'Opéra) – reçoivent 150 francs. En ajoutant les cachets des choristes et le prix des voitures pour venir au palais, on obtient 2 755 francs pour les deux concerts plus 120 francs « d'impression et d'achat de musique [24] ».

Aux Tuileries, les soirées musicales avaient lieu dans la salle des Maréchaux, où l'on accueillait aisément 600 personnes et où l'acoustique était exceptionnelle. On peut croire ce qu'en dit Rodolphe Apponyi puisque l'ambassade d'Autriche figurait parmi les salons les plus mélomanes de Paris. Le 6 février 1841, il écrit qu'il a assisté à un magnifique concert à la cour, où il a surtout apprécié un morceau d'ancienne musique d'église avec chœurs chanté par Pauline Garcia-Viardot, et il se demande d'où vient l'effet particulier des voix. Peut-être de la voûte en pierre de taille ? Chez le baron Delmar, qui organisait dans son hôtel de somptueux concerts, l'effet était moindre. Il avait pourtant fait construire une rotonde avec une coupole très élevée mais elle était en bois recouvert de stuc.

Certaines soirées de spectacle se déroulaient dans la salle de théâtre du château, qui était triste, encore décorée dans le style Empire, « des lyres, des griffons, des cous de cygnes, des palmettes et des grecques, d'or sur fond gris, le tout froid et pâle [25] ». L'ambiance déjà froide des spectacles de la cour – comme aux Italiens, on n'applaudissait pas – devenait glaciale dans cette salle où les sexes étaient séparés, les femmes aux premières, les hommes au parterre. Le fait d'être ainsi « parqués comme au sermon » contribuait, d'après Mérimée, à la mauvaise humeur générale : « On a subi pendant trois mortelles heures, écrit-il à Mme de

Montijo le 1er février 1845, le *Menteur* de Corneille, joué par les plus détestables acteurs qui se puissent imaginer. » C'était la troupe du Théâtre-Français ! Est-ce pour rendre sa gaieté au public que, le 15 avril 1847, après la représentation d'*Athalie* avec Rachel dans le rôle principal, on a programmé des danses espagnoles ? A moins qu'on ait seulement voulu faire plaisir à la jeune duchesse de Montpensier ?

Le roi donnait également des représentations théâtrales exceptionnelles hors des Tuileries. En juin 1844, Pierre Magne fait partie des 1 500 personnes invitées à Versailles. Il ne raconte même pas à son épouse quel spectacle il a vu, ni avec quelles vedettes ; il lui parle des mille bougies qui se reflétaient dans les miroirs, de la profusion des gâteaux et des glaces offerts aux spectateurs, et enfin du souverain. Vêtu « en bourgeois », assis entre sa femme et sa sœur, Louis-Philippe « a lorgné avec un visible plaisir les mollets des danseuses, et même il ne paraissait pas fâché lorsque leurs jupons s'élevaient un peu plus haut [26] ». Peut-être, mais on soupçonne ici que notre député attribue ses propres désirs au roi, qu'aucun autre observateur n'a jamais surpris en flagrant délit de lubricité.

Le salon du roi

Quand la famille royale ne sortait pas et qu'il n'y avait pas de réception au palais, le salon était ouvert après dîner jusqu'à dix heures ou dix heures et demie. La reine inscrivait parfois sur ses tablettes qui était venu, familiers et personnes présentées. Par exemple, en 1832, le 8 janvier : « Le soir, M. de Pfeffel nous a présenté le comte d'Arc, petit-neveu de l'héroïne. Nous avons eu aussi Mme de Vaudémont »; 9 janvier : « Le soir sont venus le prince Paul de Wurtemberg, la princesse de Wagram, les Mortemart »; 2 février : « Le soir, nous avons eu la visite de l'impératrice du Brésil, de doña Maria et de la duchesse de Leuchtenberg ». Les parlementaires venaient nombreux; en 1839, la comtesse de Boigne a trouvé le salon « plein de députés, dont les uns avaient dîné au château et les autres arrivaient *en visite* (car cela s'appelle des *visites* à présent; il y a huit ans, j'aurais écrit *étaient venus faire leur cour* [27]) ».

C'est Marie-Amélie qui tenait le salon ou, en son absence, Madame Adélaïde : « Ma sœur n'était pas bien hier au soir, écrit Louis-Philippe à sa femme le 12 avril 1835, le salon qui n'a jamais été si plein l'avait exterminée. » Deux jours avant, Louise avait accouché d'un fils et on était venu en foule féliciter les Orléans. Pendant la session parlementaire, le salon était particulièrement rempli et l'hôtesse avait fort à faire : « Quant à vous, bonne Majesté, écrit Nemours à sa mère le 24 juin 1846, ne vous exterminez pas trop, vous avez eu j'espère le bouquet de la Chambre des députés. Dieu veuille que votre salon soit moins rude et que vous ne vous couchiez pas trop tard [28]. »

Le salon des Tuileries avait la réputation d'être bourgeoisement ennuyeux. L'organisation de l'espace pouvait créer une impression de pesanteur domestique. En effet, les femmes de la famille (reine, belle-sœur, filles et belles-filles) se plaçaient autour d'une table ronde pourvue de tiroirs sur le pourtour, de manière à ce que chacune dispose d'un tiroir pour ranger son ouvrage. Assises ainsi en rond, elles s'occupaient à des travaux d'aiguille et s'interrompaient pour saluer ceux qui venaient leur présenter leurs hommages.

Certains, comme Pierre Magne, ont décrit le salon en termes de soirée purement familiale, sans la moindre mise en scène : « Représente-toi, écrit-il à sa femme le 29 novembre 1847, autour d'une table ronde la reine, la duchesse de Nemours, la duchesse *(sic)* de Joinville, la sœur du roi, travaillant toutes les quatre avec la plus grande assiduité à tricoter et à broder comme feraient, et certainement mieux que ne feraient, les plus simples bourgeoises... »

Mais nous savons par la comtesse de Boigne qu'il existait néanmoins une étiquette. La souveraine et toutes les princesses étaient assises sur des chaises, seule Madame Adélaïde disposait d'un fauteuil. De part et d'autre de Marie-Amélie, les places n'étaient pas occupées au hasard : la duchesse de Nemours était toujours à droite et la duchesse d'Orléans à gauche. Celle-ci venait tard, après avoir couché ses fils. Quand elle arrivait, suivie de ses dames, tout le monde, y compris Madame Adélaïde, se levait, seule la reine ne bougeait pas. Entre la duchesse d'Orléans et la sœur de Louis-Philippe, une chaise restait vide, réservée au roi, aux princes et aux hommes politiques :

ainsi, lorsqu'ils venaient causer avec la duchesse d'Orléans, s'appuyaient-ils sur le dossier en se penchant vers leur interlocutrice. A la gauche de Madame Adélaïde enfin se trouvaient Mmes de Joinville, d'Aumale et de Montpensier.

Avec toutes ces dames, la conversation portait souvent sur des sujets exclusivement familiaux, que les hommes jugeaient lassants : « Il n'a été question pendant longtemps, écrit l'académicien Viennet le 15 avril 1836 (*sic*), que des gentillesses du petit prince royal de Belgique, lequel vient à peine de naître. MM. Thiers et d'Argout écoutaient bouche close comme moi [29]. » Le 15 août 1844, Marie-Amélie entretient longuement Hugo du dernier bébé de la famille, la fille des Joinville.

La mauvaise réputation du salon royal tenait aussi à ce qu'en disaient les familiers, à commencer par les fils de Louis-Philippe qui prenaient dès qu'ils le pouvaient la poudre d'escampette. Un soir de printemps, Orléans et Nemours vinrent souhaiter le bonsoir à leurs parents. Quelqu'un ayant suggéré qu'ils allaient se promener, le général Atthalin aurait répondu : « Oui, dans les boudoirs et les alcôves [30]. » Les princes multipliaient les aventures féminines mais ils préféraient raconter que, s'ils fuyaient les Tuileries, c'était par ennui plutôt que par goût des dames : « Malgré l'aisance qui régnait dans les rapports de la famille royale, ils s'y ennuyaient à périr et se hâtaient de fuir à la première occasion pour aller se divertir ensemble aux dépens du monde de la cour [31]. » Une anecdote courait en 1846, rapportée par Hugo. La princesse de Joinville avait déclaré un soir à la reine que cela l' « embêtait » de s'asseoir au salon. Devant la mine scandalisée de sa belle-mère, elle ajouta : « C'est Joinville qui dit cela tous les soirs[32]. »

On peut en tout cas se poser la question : le salon royal n'aurait-il pas toujours une réputation d'ennui ?, qu'on attribue cet ennui à l'étiquette trop rigide de la duchesse d'Angoulême qui, sous la Restauration, empêchait toute conversation, ou à la platitude conformiste des princesses de la monarchie de Juillet. Comment expliquer sinon que le salon des Orléans, présenté jusqu'en 1830 comme un lieu vivant et à la mode, ait perdu tout prestige à partir du moment où le duc est devenu roi des Français ?

Il serait faux d'attribuer, comme on l'a souvent fait, à l'étroitesse d'esprit de Marie-Amélie le peu de charme des Tuileries. A côté de sa dévotion prude et de son attention pour ses petits-enfants, la souveraine avait d'autres centres d'intérêt. Elle était en particulier très au courant des affaires politiques françaises et européennes et savait fort bien faire la différence entre une conversation ennuyeuse et son contraire. Le 5 octobre 1831, elle écrit à Nemours : « Le soir, nous avons eu les Brésiliens [l'empereur don Pedro et sa famille] et c'était à qui se pinçait davantage les doigts pour éviter la grande crise de sommeil. » A l'inverse le 20 octobre : « Le soir, le Roi a eu son Conseil; nous n'avons pas eu de visite et nous avons fait une conversation littéraire avec les aides de camp et les précepteurs. » Ou encore, le 13 novembre 1832, elle a apprécié la conversation « instructive et agréable » de Gay-Lussac et d'Emmanuel Las Cases, qui revenait d'un voyage en Allemagne et en Hollande : « Il dit que dans ce pays l'exaltation est dans toutes les classes [33]. »

Si donc la conversation de la reine semblait plate, c'était dû davantage à la répartition des rôles qu'à un défaut d'esprit. Ainsi le roi et ses acolytes faisaient-ils leur numéro politique et historique, Marie-Amélie se cantonnant, elle, dans la sphère privée. Elle ne manquait ni de lucidité ni d'humour à ce sujet : « Je laisse la politique à mon seigneur et maître, écrit-elle à son gendre Léopold le 25 novembre 1840, je prie le bon Dieu, c'est le rôle des femmes [34]. »

Louis-Philippe avait en effet besoin d'un public, car sa conversation tenait plus du monologue que d'un échange véritable. Il avait beaucoup vécu, beaucoup voyagé, connu bien des épreuves; il se souvenait de tout, très précisément, et aimait à raconter, en vrac : « Les souvenirs lui revenaient en foule sans autre lien que celui de l'association des idées [35]. » Comme il parlait couramment l'anglais, l'italien, l'espagnol et un peu l'allemand, il truffait ses récits d'expressions étrangères. Et il faisait de fréquentes allusions au monde disparu de l'Ancien Régime, qui restaient obscures à la plupart de ses interlocuteurs...

Dans l'opposition au début du règne, Hugo

s'était rapproché du souverain dès 1837 (la jeune duchesse d'Orléans était une de ses grandes admiratrices). Leur malheur commun, la mort accidentelle de leurs aînés, le duc d'Orléans en 1842 et Léopoldine en 1843, consolida leurs relations et, à partir de 1844, on vit souvent le poète dans le salon du roi. L'écho de leurs conversations est donné par *Choses vues*.

Le 15 août 1844, après le dîner, Hugo se rend au palais de Saint-Cloud. Il cause avec les uns et les autres, Louis-Philippe n'apparaît pas. Mais à dix heures, au moment où il s'apprête à se retirer, une dame d'honneur de Madame Adélaïde vient le prévenir que le roi désire lui parler. Ils s'assoient sur le canapé rouge du grand salon d'attente et le souverain se met à monologuer, sans s'interrompre, pendant une heure et quart. Il est question des affaires internationales et de sa famille. Tout d'abord de Pritchard, le consul anglais expulsé de Tahiti par les Français parce qu'il a failli leur faire perdre le protectorat sur l'île. De cette cause de brouille avec l'Angleterre, Louis-Philippe passe au chef du gouvernement anglais, Sir Robert Peel : « Un homme qui ne sait pas de langues (...) a nécessairement des lacunes dans les idées. » Le seul grand homme d'État de l'Angleterre était Pitt : « M. Pitt savait le français. Il faut, pour faire de bonne politique, des Anglais qui sachent le français et des Français qui sachent l'anglais. » Puis le roi parle des autres chefs d'État : « Quelle misère de gouverner à travers cette cohue de rois ahuris ! » Et toujours, il revient à l'obsession qu'il avait depuis le début de son règne, « la position d'isolement qu'on veut faire à ma maison parmi les maisons royales de l'Europe [36] ».

Un autre jour, Louis-Philippe cite des histoires ou des mots pittoresques : comment Napoléon apprit que les alliés s'étaient emparés de Paris; ce que Talleyrand lui avait dit de Thiers : « C'est un de ces hommes dont on ne peut se servir qu'à la condition de les satisfaire. Or il ne sera jamais satisfait. Le malheur, pour lui comme pour vous, c'est qu'il ne puisse plus être cardinal [37]. »

La conversation du roi, touffue et sautillante, faite de détails juxtaposés, pouvait aisément être tournée en dérision par ses ennemis. Vigny, le 11 février 1831, est poursuivi par Louis-Philippe après le dîner et obligé de l'écouter : « Il était lancé dans les souvenirs de la République et il parcourut avec une incroyable volubilité un chapelet d'anecdotes où il paraissait tantôt acteur, tantôt spectateur (...) Moi, toujours debout en face de lui, adossé à l'embrasure de la fenêtre contre laquelle il m'avait barricadé par sa pantomime agitée (...) Je cherchais le but de toutes ces historiettes inutiles où l'emportait une sorte d'agitation nerveuse, un fond de malaise, d'inquiétude, de tremblement, se voyant mal assis sur un trône mal construit [38]. » Et le légitimiste de découvrir, dans des manières qui chez son interlocuteur n'étaient pourtant pas nouvelles, les symptômes de la mauvaise conscience de l'usurpateur.

Le souverain était surtout très doué pour

l'imitation. En novembre 1844, il raconte à Hugo son voyage en Angleterre : « Il m'en a parlé une heure et demie, avec force gestes et imitations de l'accent anglais et des pantomimes anglaises [39]. » Ses qualités d'imitateur étaient si spontanées qu'un jour, devant ses enfants ébahis, il alla au-devant de Talleyrand qui entrait dans le salon « en singeant sa boiterie [40] ».

Mais c'est hors de Paris, dans ses châteaux, que Louis-Philippe se montrait le plus brillant. Comme il avait besoin, pour déployer ses talents, de la culture de son interlocuteur, fût-il muet, certains lieux historiques formaient un cadre idéal pour ses récits, qu'ils mettaient en valeur. C'était le cas à Eu où Rémusat, invité en août 1840 en même temps que deux autres ministres, fut séduit : « Il était le maître de maison le plus aimable et le plus animé (...) Les jours que j'ai passés à Eu sont peut-être ceux où j'ai le plus causé avec le roi et le plus goûté son esprit [41]. »

Dès qu'on était loin de Paris, les soirées étaient plus agréables pour toute la famille. On ne cessait pas de recevoir pour autant mais à la sociabilité ordinaire se mêlaient des activités de détente : à Neuilly, on se promenait à pied et même en barque après le dîner, on jouait au billard ; à Eu, les enfants en vacances manifestaient un entrain communicatif : « Le soir, écrit la reine à Nemours, nous jouons à de petits jeux où la vieille même [elle parle d'elle] s'amuse » (18 septembre 1835). On jouait à colin-maillard, à l'anneau, au mufty, on organisait des charades en action : « *Orphée, Fourrage, Philémon,* nous étions tous des figures incroyables; les têtes de la jeunesse des deux sexes sont à la débandade » (20 septembre 1835).

Fin de soirées

Après le départ des derniers visiteurs du salon, les princes et princesses se retiraient dans leurs appartements; le roi causait parfois avec un interlocuteur privilégié mais, la plupart du temps, lisait son journal anglais, puis, entre onze heures et minuit, passait dans son cabinet, suivi par Madame Adélaïde.

C'est à cette heure de la nuit que le trio familial fonctionnait au mieux. Louis-Philippe devait signer chaque jour un grand nombre de papiers; sa sœur les lui tendait un à un et, tandis qu'il accomplissait cette tâche mécanique, ils profitaient du tête-à-tête pour aborder des sujets délicats. Si le roi avait à s'absorber dans un travail (les notices des œuvres historiques qui devaient prendre place à Versailles, en particulier des blasons de la salle des Croisades, ou la rédaction définitive de ses discours), Madame Adélaïde restait assise à ses côtés, silencieuse, un ouvrage de dame à la main. Elle restait à la disposition de son frère, qui avait parfois besoin de « penser tout haut devant elle et avec elle [42] ». On comprend mieux pourquoi, dans les débuts de leur installation aux Tuileries, elle avait échangé son appartement contre un autre moins agréable mais plus proche de celui de son frère [43].

Pendant ce temps-là, la reine parcourait les gazettes anglaises, italiennes et allemandes, marquait les passages qui pouvaient intéresser le roi et les lui indiquait avant de se mettre au lit [44]. Louis-Philippe et ses deux collaboratrices passaient donc une partie de la nuit à travailler. Couchés entre une et deux heures du matin, ils étaient à pied d'œuvre vers sept heures. Il arrivait même que le souverain passe la nuit entière seul sur ses dossiers : il relisait et annotait les cas de condamnation à mort, pour examiner comment il pourrait faire grâce.

Le roi aimait mobiliser sa famille autour de lui. Marie-Amélie lui servait souvent de secrétaire, recopiant des dépêches qu'il devait renvoyer à ses ministres mais dont il voulait garder la trace, rangeant ses archives et rédigeant du courrier : « Le général Sébastiani dit que les lettres sont à merveille et qu'il faudrait te nommer *ambassadrice* ou *ministresse* des Affaires étrangères [45]. » Elle n'était d'ailleurs pas dépaysée dans ce rôle, sa mère lui ayant dès son enfance inculqué la nécessité de classer ses papiers, selon les principes de Marie-Thérèse d'Autriche [46].

Les enfants étaient également mis à contribution : « Voici, écrivait Louis-Philippe à Casimir Perier le 16 avril 1831, un projet de discours que j'ai fait hier au soir. Je l'ai fait copier sur mon brouillon par ma fille aînée [47]. » Louise explique à Nemours son retard à lui donner des nouvelles :

« Je m'étais cependant arrangée pour t'écrire hier matin; paf! voilà qu'il me tombe des nues une copie à faire pour Papa qui, à peu d'intervalles près, m'a pris depuis cinq heures du matin jusqu'à une heure » (23 octobre 1829 [48]). Nemours écourte un courrier à sa mère : « Je suis obligé de terminer ma lettre, chère Majesté, étant obligé de faire un travail de blason pour le roi » (14 juillet 1833). Bref, tout le monde s'activait autour du *Père*.

« Mes chères et bonnes amies »

Les relations que Louis-Philippe entretenait avec ses enfants sont l'extension de celles qu'il entretenait avec sa femme et sa sœur. Ses rapports avec Marie-Amélie et Madame Adélaïde constituaient la racine même de son existence. La correspondance en témoigne.

« J'étais tout seul dans la grande chambre. C'est un désert! J'ai été dans ton cabinet et c'était de même. Ces absences sont terribles et me paraissent bien longues. » Quand le roi écrit ces lignes à la reine, le 18 février 1834, il y a vingt-cinq ans qu'ils sont mariés. Toute séparation, même très brève, donne lieu à de la correspondance, au moins une lettre par jour. Louis-Philippe s'absente, au début de son règne, pour aller dans les provinces ou, par la suite, dans ses châteaux d'Eu ou de Fontainebleau. Marie-Amélie, elle, s'absente régulièrement après le mariage de Louise en 1832 et la naissance l'année suivante de son premier petit-fils : elle quitte de temps à autre les Tuileries, avec l'un ou l'autre de ses enfants, pour séjourner à Bruxelles ou à Laeken.

L'absence, pour le roi, c'est l'espace le plus intime – la chambre conjugale – déserté, que ce soit aux Tuileries ou à Eu, d'où il écrit le 2 juillet 1833 : « Je ne veux point m'aller coucher tout seul dans cette alcôve de famille où tu vas tant me manquer sans te dire un petit bonsoir, et puis combien tu me manques, combien ton départ m'a déchiré le cœur, et combien ton absence me pèse. » La correspondance devient alors le lieu du dialogue conjugal. Les époux prennent la plume dès leur réveil, quitte à continuer plus tard, dans la journée, la lettre commencée, en précisant l'heure à chaque fois. Le 8 juillet 1833, Marie-Amélie écrit à sept heures du matin : « J'aime à commencer ma journée par causer avec toi, mon cher et précieux ami, cela m'adoucit la peine que j'éprouve à mon triste réveil en me trouvant seule et loin de tant d'objets qui me sont chers. » Puis, à trois heures : « A dix heures et demie, j'ai eu le bonheur de recevoir ta bonne chère lettre de samedi, la seule vue de ta grosse écriture me cause une joie d'enfant [49]... »

« Ma chère, bonne et excellente bien-aimée », « Chère bonne amie de mon cœur », commence le roi. Et la reine : « Mon chérissime roi », « Mon cher et bien-aimé trésor », « Cher ami de mon cœur »... Leurs formules finales ne sont pas moins tendres : « Ma vieille bonne amie, le pauvre vieux t'embrasse de tout son cœur » (13 avril 1835); « Nos poulettes et les deux poussins t'embrassent tendrement; la vieille poule en fait autant » (7 juin 1831).

La tribu est toujours associée aux effusions du couple : « Je te prie, ma bonne amie, d'embrasser pour moi tout mon cher tuyau d'orgue d'enfants » (19 mars 1840). Louis-Philippe exprime volontiers son attachement, surtout vis-à-vis de ses filles. Le mariage de Louise et son départ ont été des épreuves pénibles. Louise s'est mariée à Compiègne, le 9 août 1832. Le 20 août, son père écrit d'Eu à Marie-Amélie : « Je l'ai revue enfant dans ton alcôve, et tu sais le reste. J'y ai fait station tout seul. Chère bonne Louise. » Le 4 janvier 1833, en voyage officiel avec ses fils aînés, il fait halte à Compiègne : « J'y ai tant pleuré, le cœur me saigne ici de tous les souvenirs que je retrouve (...) Quelle terrible chose qu'un mariage de prince ou de roi ! (...) Je te prie d'embrasser de ma part tous ceux de nos chers enfants qui sont auprès de toi. Je m'habitue mal à cette éparpillade, et je deviens peu propre à la supporter. »

La relation conjugale de Louis-Philippe s'est établie sur le modèle de la complicité ancienne et première qu'il avait avec sa sœur. Marie-Amélie redouble en quelque sorte Madame Adélaïde. D'ailleurs, il arrive au roi, lorsqu'il est très pressé, de leur envoyer une lettre commune : « Mes chères et bonnes amies, c'est un bonsoir collectif que je veux vous souhaiter... » (6 janvier 1833).

Mais souvent il prend la peine d'écrire à chacune. Ainsi le 19 avril 1841 : « Tu feras lire ceci à ma sœur à qui je vais écrire aussi et à mes fils et filles. »

Le ton des lettres à sa sœur ressemble tellement à celui des lettres à sa femme que les Archives nationales les ont mélangées. Un cahier contenant des copies de lettres du roi est intitulé *Lettres à la reine Marie-Amélie, 1834-1847*. Or, à la lecture, on découvre qu'une série de lettres de 1845 sont en réalité adressées à Madame Adélaïde lorsqu'elle séjournait à Arc-en-Barrois et Randan avec les Joinville. Louis-Philippe s'adresse à sa sœur comme à une compagne : « Ma chère bonne sœur et bien-aimée amie », « Ma chère bonne amie ». Il souffre de son absence comme de celle de son épouse : « Mon premier soin en me mettant à mon bureau dans ce cabinet où ton absence fait un tel vide est de te dire que nous avons fait très bonne route en revenant de Fontainebleau » (28 mai 1845). Il lui écrit chaque jour et, comme il le fait pour Marie-Amélie, l'associe à son quotidien en la tenant au courant de tous les détails de son emploi du temps.

Cette sorte de double conjugalité structure la vie du roi comme elle structure la correspondance. En effet, lorsque Louis-Philippe s'absente pour vingt-quatre ou quarante-huit heures, tous trois s'écrivent. Par exemple, il se rend à Fontainebleau le jeudi 19 mars 1840, d'où il écrit le soir à sa femme. Le lendemain, vendredi 20 mars, il envoie une seconde lettre à Marie-Amélie, à huit heures et demie, dans laquelle il dit avoir reçu deux lettres à six heures et demie, l'une venant d'elle et l'autre de sa sœur... il rentre aux Tuileries le soir même. Quatre lettres échangées en trente-six heures, le cas est monnaie courante.

De quoi parle le roi dans ses lettres aux deux femmes de sa vie ? De politique, bien sûr; il leur rend compte, nous l'avons vu, des conseils avec ses ministres, des séances des Chambres, et aussi du succès qu'il a rencontré en province, des dépêches qu'il a reçues, des troubles dans telle ou telle région. Mais il leur parle aussi du quotidien, avec beaucoup de précision. Et l'on peut imaginer que chaque jour, lorsqu'ils étaient ensemble, Louis-Philippe, de la même manière, commentait par le menu tous les événements. Il s'intéresse au perroquet de Madame Adélaïde comme à la dernière tenue à la mode de ses enfants : « Le perroquet rouge a passé la nuit sur un arbre, et peu s'en est fallu qu'il n'ait été tué par un inspecteur qui le prenait pour un hibou (...) Marie a conseillé à Joinville une coiffure en cheveux qui est absolument celle des puritains du temps de Cromwell. Cela ne vaut rien et je la fais réformer. Nemours en a une autre qui est un peu femmelette » (9 juillet 1833).

Bien qu'il soit extrêmement robuste et endurant, le roi parle souvent de sa santé, de ses rhumes surtout, et de ceux de ses correspondantes. Le 15 mars 1833 : « Moi je tousse aussi mais je suis bien, sauf l'extrême fatigue que j'éprouve presque toujours. » Pour soigner cette fatigue, il absorbe « une once de sel » (16 mars 1833) et pour calmer sa toux, de la gomme ammoniaque avec du petit lait (24 octobre 1834). Il surveille son poids : « Je vois que je grossis et cela me contrarie beaucoup » (9 juillet 1833).

Louis-Philippe a des idées très affirmées, aussi bien sur le soin des bébés que sur les terrains à acheter. Le fils aîné de Louise, que l'on surnomme Babochin, est né le 24 juillet 1833. En février 1834, il est malade et on lui applique des médications de toutes sortes au lieu de le faire manger, simplement. Marie-Amélie part pour Bruxelles. Le roi s'inquiète chaque jour pour son petit-fils : « La plus grande erreur de la vie est de ne pas reconnaître et de ne pas quitter à temps la voie qui mène au mal ; et ici il m'est parfaitement démontré que cette voie est celle de ne pas faire manger l'enfant » (21 février). Son gendre Léopold, avec ses principes anglais sur la façon d'élever les bébés, se trompe, ne veut pas voir la réalité : « Je suis persuadé que la cause est le défaut de nourriture, et le remède la manducation. L'*arrow-root* est sans doute très bon, mais il est possible que ce soit le lait ou le sucre qui le dégoûtent et selon moi il faudrait essayer de lui en donner dans du bouillon » (22 février). Le lendemain, au milieu des plus grands soucis politiques – les émeutes ont éclaté à Lyon –, le roi revient à Babochin et à l'aveuglement de son gendre : « M. Tronchin, un des plus grands médecins qu'il y ait jamais eu, n'a jamais permis aucune médecine ni pour mon frère ni même pour moi, et il disait que des remèdes et des médecines aux enfants, *c'était du poison*! Combien on en tue en Angleterre de grands et de petits par l'abominable abus que cette nation fait de la Pharmacie! » (23 février). L'enfant mourra le 16 mai.

Comme il était certain de son diagnostic à propos de Babochin, Louis-Philippe était sûr de son fait quand il s'agissait d'agrandir une propriété familiale. Et il n'avait alors aucune cesse. En 1845, il désire que Madame Adélaïde achète le petit parc de Châteauvillain pour compléter la terre qu'elle léguera à Joinville : « Il faut mettre cette acquisition en sûreté, pendant qu'elle est faisable, et qu'elle peut cesser de l'être d'un moment à l'autre, puisque M. Petit a soixante-quinze ans. Tu peux la faire aujourd'hui sans dettes, et ma conviction est telle à cet égard que s'il fallait, ce qui n'est pas, que tu eusses recours pour la faire à un emprunt, je n'hésiterais pas à te le conseiller. » Il répète ses arguments, il raisonne, il prouve, sa sœur s'exécute.

On a déjà remarqué, à propos de l'agencement de ses appartements, combien le roi portait d'attention aux détails. C'était vrai dans tous les domaines. Le 12 mars 1833, il décrit à la reine les *Paxitas,* petits cigares de paille de riz qu'on fabrique au Mexique à l'usage des dames. Ils sont introuvables à Paris; peut-elle s'en procurer en Belgique pour Joinville (qui a seize ans)? En octobre 1834, il est question à plusieurs reprises de la récolte des pommes de terre de Neuilly. Louis-

Philippe a le projet d'y emmener ses enfants, qui s'en font une fête : « Totone [Montpensier, dix ans] a acheté un pot de beurre de Bretagne dont il est fort occupé » (19 octobre). Comme le temps lui manque, il envoie Madame Adélaïde à sa place et, le lendemain, il peut expédier à Bruxelles « des patates jaunes et douces de Neuilly que moi-même j'ai trouvées excellentes » (20 octobre), auxquelles il joint du gros raisin de Versailles. Les affaires du pays n'excluent à aucun moment une attention presque passionnée à la vie concrète : il voudrait connaître les arbres qui produisent les châtaignes envoyées par Louise, il demande à sa sœur des nouvelles précises des arbres de Randan et surtout du petit charme qu'il aimait tant...

CHAPITRE VII

L'ÉDUCATION DES PRINCES

En 1830, quand leur père devint roi, deux des cinq princes d'Orléans, Nemours et Joinville, étaient élèves à Henri-IV; Chartres, l'aîné, avait terminé ses études; les deux plus jeunes, Aumale et Montpensier, allaient entrer au collège un peu plus tard. Quant aux trois princesses, elles étaient éduquées à la maison et, pour les deux plus âgées – Louise, dix-huit ans, et Marie, dix-sept –, la famille songeait déjà au mariage. Il serait donc mal venu, pour parler de l'éducation des enfants d'Orléans, de s'en tenir à la monarchie de Juillet en laissant de côté la Restauration. D'autant que les principes éducatifs du clan ne furent en rien modifiés par les nouvelles fonctions de son chef. Simplement, une fois sur le trône, Louis-Philippe disposa de moins de temps pour annoter les cahiers de ses enfants ou pour leur donner des cours d'histoire moderne.

Garçons et filles ne recevaient pas exactement la même éducation puisque les premiers fréquentaient un établissement d'enseignement public. Mais ils partageaient beaucoup d'activités et avaient le sentiment d'appartenir à une tribu : « Les premiers temps de mon éducation, écrit Joinville, furent très doux. Ce qu'elle avait d'aride était largement compensé par l'intimité de tous les instants de la vie de famille. Nous étions trois sœurs et six frères, bientôt réduits à cinq par la mort de mon frère Penthièvre, vivant tous ensemble, mangeant ensemble, souvent associés dans les leçons, toujours dans les récréations et les parties de plaisir. On devine quelle bande joyeuse nous faisions [1]. »

Entre trois et quatre ans, les garçons quittaient leurs vêtements d'enfants, laissaient les bonnes qui s'étaient jusque-là occupées d'eux et « passaient aux hommes [2] ». Aux alentours de six ans, chacun se voyait affecter un précepteur, que leur père choisissait avec soin. Avant cet âge-là, leur mère leur apprenait les rudiments de la lecture.

Précepteurs

Payés 5 000 francs par an sous la Restauration et 8 000 sous la monarchie de Juillet [3], les précepteurs, qu'on appelait dans la famille les « autorités », devenaient pour les princes de véritables compagnons de route : une fois leur mission d'éducation accomplie, ils restaient auprès de leurs élèves en qualité de secrétaires des commandements. Seul un incident grave pouvait amener une rupture dans les relations : ce fut le cas pour le premier précepteur de Chartres, Dupart, ex-professeur au lycée Saint-Louis, entré en fonction auprès du garçonnet âgé de cinq ans en 1815 et renvoyé huit ans plus tard pour « désordre domestique[4] » – quelle faute se cache derrière cet euphémisme ? Boismilon, recommandé par Talleyrand (il était le frère de l'architecte de Valençay), le remplaça en 1823; il resta aux côtés de Chartres jusqu'à sa mort en 1842 puis passa au service de son fils aîné, le comte de Paris.

En 1821, M. Larnac, professeur en Avignon, fut choisi, sur le conseil de l'avocat Nogent Saint-Laurens, comme précepteur de Nemours (sept ans); en 1824, Auguste Trognon, normalien qui avait enseigné à Langres avant d'être nommé suppléant de Guizot à la chaire d'histoire du Collège de France, devint l'éducateur de Joinville (six ans); en 1827, le jeune préfet des études du collège Sainte-Barbe, Alfred-Auguste Cuvillier-Fleury, qui avait été secrétaire particulier du roi Louis, père du futur Napoléon III, se chargea de la direction d'Aumale (cinq ans); en 1832, enfin, Montpensier (huit ans) fut confié aux soins de Louis-Antoine Tenant de Latour, professeur à Henri-IV. Trognon et Cuvillier-Fleury avaient des activités journalistiques : le premier avait été l'un des fondateurs du *Globe* en 1824, le second devint en 1834 rédacteur littéraire au *Journal des débats*. On leur doit à chacun un témoignage intéressant sur la famille d'Orléans, une *Vie de Marie-Amélie, reine des Français* par Trognon et le *Journal* de Cuvillier-Fleury.

Les précepteurs donnaient des leçons aux princes jusqu'à ce qu'ils entrent au collège. Ensuite, ils continuaient à les encadrer de près : ils les accompagnaient à Henri-IV, les attendaient, les faisaient travailler entre les cours, les ramenaient à la maison, surveillaient devoirs et leçons, les entraînaient pour les compositions, en vue des prix et du concours général. Ils avaient en outre pour mission quotidienne d'écrire un rapport sur le travail et la conduite de leurs élèves.

Le cahier de chaque prince était remis, le soir, à Louis-Philippe (ou, en son absence, à Marie-Amélie), qui le signait et souvent l'annotait. Les cahiers qui concernent Chartres, de janvier 1824 à janvier 1827, sont les plus copieux : Chartres étant l'aîné, il était destiné à occuper un rang important (cousin de l'héritier du trône, il devait en principe épouser la sœur de celui-ci, Mademoiselle, fille aînée de la duchesse de Berry) et le duc d'Orléans prenait parfois pour lui la peine de développer ses remarques; quand son mari régnera, c'est Marie-Amélie qui annotera toujours les cahiers d'Aumale et Montpensier.

Au collège Henri-IV

L'inscription de leurs fils dans un collège, qui semblait en 1830 une tradition bien installée chez les Orléans, avait pourtant été l'objet, en 1819, d'une polémique avec le roi. Chartres était alors âgé de neuf ans et ses parents avaient décidé de le faire entrer, comme demi-pensionnaire, à Henri-IV. Des indiscrétions ébruitèrent le projet, les journaux s'en emparèrent et Louis XVIII chargea Decazes d'exprimer sa surprise et son mécontentement au duc d'Orléans. Celui-ci vint aussitôt s'expliquer.

Marie-Amélie raconte l'entrevue le 1er novembre 1819 : « C'est à la récréation que j'ai le plus d'objections, dit Louis XVIII. Il y aura là des *tu* et des *toi*, de la polissonnerie. » Trop de familiarités avec des garçons de son âge conduit à prendre de mauvaises manières et de mauvaises opinions : ainsi, selon le monarque, le prince de Conti, frère du Grand Condé, avait-il, à fréquenter le collège (des Jésuites de Bourges), gagné « de la *populacerie* » et était-il devenu chef de l'opposition. Pour le duc d'Orléans, au contraire, seule l'éducation publique mettait un prince en contact avec la vie, lui permettait de connaître son époque : « Que mon fils soit roi [le duc de Bordeaux n'était pas né] ou qu'il ne soit que le duc d'Orléans est indifférent, car dans l'un et l'autre cas il convient que ses idées s'accordent avec celles de la nation et de ses contemporains [5]. »

Louis XVIII voulut ramener son cousin à la raison en essayant de fléchir sa femme mais la duchesse plaida la même cause que son mari. Elle rassura le souverain en relativisant les risques de promiscuité : « Pour ce qui regarde le réfectoire, c'est l'endroit où il peut se passer le moins d'inconvénients : les enfants étant toujours surveillés et partagés par six, l'instituteur de mon fils sera une des six personnes qui composeront sa division. A l'égard de la récréation, elle n'est que d'une demi-heure par jour, ainsi cinq demi-heures par semaine, c'est-à-dire moins de temps que ce que mon fils emploie, par semaine, à la leçon d'équitation qu'il prend en commun avec toutes les autres personnes qui se trouvent au manège. Et encore elle se passera souvent dans le jardin particulier du proviseur [6]... »

Le 9 novembre 1819, Chartres entra donc en classe de sixième à Henri-IV. Ses débuts furent plutôt difficiles : sur une classe de soixante-cinq élèves, il fut classé trente-cinquième en version latine ; en thème, il était si faible qu'on préféra ne pas le classer [7]. Mais il fit des progrès rapides puisqu'en août 1820 il obtint le deuxième accessit de version et le quatrième de thème [8]. Un an plus tard, il remporta le second prix de version [9].

Le baron Haussmann fut le condisciple de Chartres au collège : « C'était un très bon élève, qui prenait souvent place dans les dix premiers, au banc d'honneur, où se formèrent nos sympathiques relations personnelles [10]. » Il se souvient que Chartres et Nemours (entré en 1824), entre deux classes, quand les autres allaient en étude, avaient droit à des leçons de leurs précepteurs dans une salle réservée. A midi, les princes déjeunaient avec leurs camarades, « mais avec un couvert à part, de vaisselle plate, pour eux et leurs précepteurs ». Boismilon et Larnac étaient assis de part et d'autre du maître d'études, leurs élèves à côté d'eux.

Le régime de ségrégation des princes s'assouplit à l'avènement de Charles X et lorsque Joinville devint collégien à son tour, en 1827, ils étaient autorisés à jouer dans la cour commune. Joinville raconte comment en août 1830, quand Henri-IV rouvrit ses portes après la révolution, ses camarades lui lancèrent des bourrades ironiques : « Tiens, attrape ! Petit-Sa-Majesté [11] ! »

Les princes se rendaient au collège dans un grand char à bancs bleu et jaune avec la livrée d'Orléans, qui revenait les chercher à la sortie. Mais les jours de beau temps, ils pouvaient aussi y aller à cheval : le 12 juin 1824, Boismilon note que Chartres, parce qu'il tousse, « n'est même pas revenu à cheval » du collège [12]. Les trois aînés n'ont jamais logé à Henri-IV. Les deux cadets, en revanche, y sont installés en juillet 1839 : est-ce pour mieux préparer le concours général ? Cuvillier-Fleury rassure la reine : « M. le censeur a mis à leur disposition trois pièces de son appartement, parfaitement saines, commodes et bien aérées. Je les ai fait meubler et LL. AA. RR. y sont aussi bien que possible. Leur nuit a été bonne. Leur santé est excellente. » La sécurité est assurée aussi bien que l'hygiène : « Toutes les précautions sont prises pour mettre le collège à l'abri d'un coup de main. Le proviseur s'est mis en rapport avec le préfet de police et le commandant de la place. Mais le collège est mieux qu'une forteresse, c'est un labyrinthe. J'en ai parcouru hier toutes les sinuosités, et tous les recoins, il serait *impossible* d'y trouver les princes [13]. »

Cours particuliers

A côté des précepteurs, les princes avaient des maîtres particuliers. Guérard, qui enseignait les mathématiques à Chartres en 1824, est toujours là en 1839 pour Aumale et Montpensier, avec un salaire annuel de 4 000 francs. Dans les mandats de paiement de 1839, on trouve aussi Pouillet, professeur de physique et de chimie, appointé 5 000 francs plus 1 000 francs pour son préparateur, et Ary Scheffer, qui avait donné son premier cours de dessin aux aînés des enfants d'Orléans le 27 février 1822, payé 5 000 francs également. Tous les enfants de Louis-Philippe commençaient très tôt à apprendre les langues vivantes – Aumale est mis à l'anglais à six ans, par exemple –, d'une part avec un professeur (Joinville trace un portrait amusant de leur professeur d'allemand, petit vieux original qui avait été dans sa jeunesse précepteur de Metternich), de l'autre avec des valets de chambre étrangers, qui recevaient l'ordre de ne parler que leur langue d'origine avec les princes.

« Le jeudi et le dimanche, jours de congé au collège, écrit Joinville, étaient particulièrement consacrés aux leçons de ce qu'on appelle les arts d'agrément : dessin, musique, physique, équitation, escrime, bâton, danse, etc. [14] » Le sport était très à l'honneur chez les Orléans. Le 3 mars 1822, le duc et la duchesse emmenèrent Chartres, Nemours et Joinville visiter l'école de gymnastique du colonel Amoros qu'ils allaient désormais fréquenter : « Elle est située dans la plaine de Grenelle. Le jeudi et le dimanche, à partir de trois ans, les enfants commencent à s'exercer à toutes sortes de jeux adaptés à leur âge, qui les rendent adroits, agiles et forts. Les exercices se terminent avec des chants en chœur [15]. »

Par ailleurs, les garçons prenaient des leçons d'équitation au Cirque-Olympique. Ce théâtre, situé faubourg puis boulevard du Temple (détruit en 1826 par un incendie et reconstruit), disposait d'une salle de spectacle immense qui permettait le déploiement d'une troupe de plus de cinq cents personnes et qui communiquait avec la piste réservée aux exercices équestres. Les princes allaient le dimanche après-midi, sous la direction de Laurent Franconi (directeur du Cirque jusqu'en 1827, à qui succéda son neveu Adolphe), s'initier « à la science de la voltige et à tous les exercices qu'elle comporte, à califourchon, assis, debout [16] ».

Les leçons de danse que leur donnait Seuriot, un danseur de l'Opéra, étaient comptées comme des récréations et elles alternaient avec des promenades dans Paris – les filles avec leurs gouvernantes, les garçons sous la direction d'un de leurs précepteurs. Et il n'était pas rare, quand la famille résidait à Neuilly, que tous fassent le trajet aller et retour *à pied*, pour s'aguerrir.

Enfin, filles et garçons canotaient sur la Seine et nageaient très bien, à Neuilly ou au Tréport, lorsqu'ils séjournaient à Eu, d'où Nemours écrit, le 1er septembre 1826 : « Nous avons été ce matin au bain à cinq heures et demie; il faisait un peu frais, mais l'eau était très bonne. La mer était très calme et j'ai beaucoup nagé [17]. » En plus, à la belle saison, les princes allaient à la piscine Deligny en sortant du collège.

Tous les enfants de Louis-Philippe avaient pour le dessin, la peinture et la sculpture de vrais dons, même si c'est Marie qui fut l'artiste de la famille. « Je m'adonnai avec passion au dessin », écrit Joinville qui, chaque fois qu'il revient à Paris entre deux périodes de navigation, se remet à travailler quotidiennement avec Marie sous la direction d'Ary Scheffer. Il a illustré ses *Vieux Souvenirs* de très jolies petites aquarelles [18] et à Neuilly, en 1847, les visiteurs pouvaient admirer un gladiateur mourant qu'il avait sculpté dans le marbre [19]. Nemours, à partir de 1830, prit des leçons de dessin et peinture avec Eugène Lami [20]. En Algérie, il peignit des paysages si réussis que l'un d'eux fut exposé une année au Salon, sans nom d'auteur. Il plut au roi, qui l'acheta et n'apprit qu'ensuite l'identité du peintre.

Marie était la plus douée. En 1831, elle travailla sur *Ivanhoé* et le Moyen Age, puis se consacra à Jeanne d'Arc : de ses dessins et modelages sortirent une Jeanne d'Arc à sa première bataille, exposée chez le duc d'Orléans en 1834, et la célèbre Jeanne debout, pensive, serrant son épée sur son cœur, que lui commanda le roi pour l'ouverture du musée de Versailles en 1837 (on peut aujourd'hui la voir devant l'hôtel de ville d'Orléans).

Michelet aux Tuileries

Louis-Philippe accordait une grande importance à l'histoire. Le 15 août 1823, Marie-Amélie note : « A une heure nous sommes partis pour Paris où nous avons vu le recteur de l'Université qui nous a fait un rapport extrêmement satisfaisant sur les études de Chartres et surtout sur sa composition d'histoire qu'il trouve au-dessus de son âge comme compréhension. » L'été suivant, le duc lui-même se mit à donner des leçons d'histoire à son fils aîné puis il y associa ses autres enfants, chaque samedi : « Cette réunion de famille, écrit la comtesse de Boigne, employait la plus grande partie de la matinée. Elle fournissait au travail de la semaine suivante, aussi bien qu'à l'examen des analyses de la séance précédente. J'ai entendu dire que les cahiers de la princesse Louise avaient la préférence mais que les réponses de la princesse Marie aux questions de son père l'emportaient par leur sagacité [21]. »

Sous la monarchie de Juillet, Jules Michelet remplaça Louis-Philippe. Par ordonnance du 1er novembre 1830, il fut nommé professeur d'histoire de la princesse Clémentine, aux appointements de 150 francs par mois. La collaboration de l'historien avec la famille royale n'était du reste pas nouvelle puisque, depuis septembre 1828, il enseignait à la fille de la duchesse de Berry [22]. En 1839, Michelet émargeait comme « professeur d'histoire des jeunes princes », pour 250 francs mensuels [23]. Il est d'ailleurs le seul des professeurs particuliers dont le salaire soit exprimé au mois et non à l'année : est-ce lui qui l'avait voulu ? Avait-il ainsi l'impression d'être plus libre vis-à-vis de la famille royale, puisqu'il pouvait partir d'un mois à l'autre ? En tout cas, en 1843, il est toujours là.

On a une idée des sujets qu'il traitait aux Tuileries grâce à son Journal. Le 6 février 1843, il récapitule : « Le 10 janvier, ma 1re leçon : Sismondi ; le 16 janvier, ma 4e leçon : la bibliothèque Sainte-Geneviève, l'asile ; le 23 janvier, ma 5e leçon : Sainte-Geneviève ; le 30 janvier, ma 2e leçon : le musée des Augustins, Birague ; le 6 février, ma 7e leçon : évêques, barbares, bénédictins, saint Éloi. Reste à enseigner la 3e leçon : la France extérieure, provinciale, la France comme initiation ; la 6e leçon : culture au désert ; et la 8e ». Il donne cette dernière leçon une semaine plus tard ; sans en préciser le thème, il signale qu'il a eu deux auditrices seulement, la duchesse de Nemours et la princesse Clémentine, « sur qui la 8e leçon produit grand effet » (13 février). Tout naturellement, il y avait interpénétration entre ses cours aux Tuileries et ceux du Collège de France : en mars 1843, il parlait dans les deux endroits du Moyen Age et de l'asservissement.

En 1843, Michelet n'est plus un professeur attaché à l'éducation d'un ou de plusieurs enfants ; ses auditeurs sont désormais des adultes, il est devenu une sorte de conférencier culturel pour la famille royale qui le traite en familier. Il se retrouve parfois invité à dîner à la table du roi. Ainsi le

5 février : « Expression affectueuse de la duchesse de Nemours. La princesse Clémentine me donne des nouvelles du duc d'Aumale. »

Pourquoi, fort bien accueilli par la famille de Louis-Philippe, Michelet remet-il sa démission à la duchesse d'Orléans le 23 juillet 1843 ? Cette saison-là, il mène la lutte contre les jésuites avec Edgar Quinet, tous deux donnant au Collège de France des cours virulents. Et il est vraisemblable qu'il a désiré n'être plus appointé par le souverain pour garder les mains libres : « J'avais consulté Boismilon [alors trésorier de la Liste civile] dès le 11 avril pour ne plus être sur les états, ne plus rien recevoir », écrit-il le jour de sa démission. Mais il n'obtiendra d'être rayé des mandats de paiement que le 1er août 1845, après avoir insisté : il en parle trois fois dans son Journal en juin et juillet 1845.

Emploi du temps

Entre le travail scolaire et les activités annexes, les princes avaient un emploi du temps surchargé. Voici ce qu'écrit Chartres en 1828 : « Aujourd'hui vendredi, en me levant à cinq heures, je suis monté à cheval pour aller apprendre à manier le sabre à cheval. Je suis rentré à six heures ; je me suis mis à écrire ce petit billet : sitôt que je l'aurai terminé, je ferai des mathématiques jusqu'à huit heures. De huit à neuf, je commencerai un dessin que j'ai promis à Mme Sobanska ; ensuite je travaillerai un peu à la physique jusqu'au déjeuner. Le déjeuner fini, je cours à Paris pour la leçon de M. Guizot; je reviens en toute hâte pour graver pendant une heure et demie; à quatre heures trois quarts je pars pour une grande natation; puis vient le dîner; puis le salon (...) Le samedi, même train de vie, sauf la natation de moins et les cours de physique et de mathématiques de plus. Le dimanche, leçon d'escrime, promenade à cheval, natation, chimie et mécanique [24]. » Chartres avait alors dix-huit ans. Mais lorsque les princes étaient plus jeunes, l'astreinte n'était pas moindre : à neuf ans, Aumale, d'après un règlement de 1831, devait fournir 53 heures de travail scolaire par semaine, dont une large part était consacrée au latin, au grec et à l'histoire [25].

Si les journées commençaient à cinq heures, elles ne se terminaient pas tôt pour autant. Car le soir, après le dîner, les enfants allaient au salon où leurs parents recevaient. Louis-Philippe tenait beaucoup à l'accomplissement de ce devoir mondain et n'hésitait pas à s'opposer fermement aux précepteurs sur ce point. En 1827, les résultats scolaires de Nemours fléchirent vers le mois de juin (en cinquième, à Henri-IV, il était jusque-là premier d'une classe de 70 élèves). Son précepteur ayant mis ce fléchissement sur le compte des fêtes, dîners et promenades, le duc d'Orléans lui répondit : « Il y a un milieu à toutes choses, et c'est ce milieu entre la renfermerie et la dissipation qui donne aux élèves le goût du travail, et aux instituteurs le moyen de l'exploiter. Je ne crois point au succès par un travail forcé [26]. »

Sous la Restauration, le duc et la duchesse sortaient volontiers avec leurs enfants : spectacles, expositions, promenades, voyages. Prenons l'année 1827 dans le Journal de Marie-Amélie. Le 25 mars, ils vont voir les serres de M. Boursault, qui recèlent de merveilleux camélias, puis le Diorama où est exposé un tableau de la ville d'Edimbourg « aux lueurs de la lune et de l'incendie ». Le 31 mai, ils vont au Raincy, visitent la nouvelle laiterie et se promènent en forêt. Du 20 juin au 2 juillet, ils partent pour Randan, chez Madame Adélaïde. Le 6 juillet, ils découvrent *la* girafe au Jardin des plantes [27]. Le 7 août, ils se rendent au Louvre, pour l'exposition des produits de l'industrie nationale. Le 18, ils partent pour Eu, de là rejoignent la duchesse de Berry à Dieppe, et voyagent ensuite dans l'Ouest – Le Havre, Fécamp, etc. Le 18 septembre, ils assistent à une représentation d'*Othello* à l'Odéon, par des acteurs anglais. Le 18 décembre, ils vont au spectacle du Cirque-Olympique. Ainsi les princes n'étaient-ils jamais désoeuvrés, à l'image de leur père qui se reposait d'une activité par une autre. Louis-Philippe, le 29 avril 1825, rectifie la définition du congé : « On l'assimile à *oisiveté* et c'est une erreur fâcheuse, car on ne doit jamais être *oisif* et au contraire, on doit profiter du jour de *congé* pour faire ce qu'on n'a pas le temps de faire les autres jours [28]. »

A chaque rentrée des classes, le duc d'Orléans réajustait avec les précepteurs l'emploi du temps de ses fils, en fonction des matières à étudier. Le 15 octobre 1825, Chartres demanda à Boismilon une récréation supplémentaire, qui lui fut refusée. Le précepteur fit remarquer à l'adolescent que le tableau arrêté par le duc ne lui accordait même pas le quart d'heure de battement entre l'italien et le dessin dont il bénéficiait l'année précédente. Chartres se mit à pleurer. Commentaire de son père : « Ce calcul de récréations, de demi-congés, etc., est désolant, il est mauvais à tout âge et à celui de Chartres il est décourageant et du plus mauvais exemple pour ses frères et sœurs [29]. » Chartres avait quitté le collège en juillet 1825 et faisait alors sa rhétorique à la maison sous la direction de Boismilon. Il avait repris le travail le 18 août... L'adolescent avait très souvent mal à la tête, ce qui n'est jamais attribué à l'emploi du temps surchargé : selon le duc, la cause en est la constipation !

Nemours, en 1824, avait fait de son côté une dure expérience : en octobre, à dix ans, il était entré en sixième, mais, débordé par les leçons particulières, il n'arrivait pas à terminer ses devoirs et suivait si péniblement qu'il dut redescendre en septième au mois de décembre. Accablés d'activités multiples, les enfants s'épuisaient, d'autant que les vacances n'étaient pas longues : aucun congé pour Noël, seules les journées du 25 décembre et du 1er janvier étaient fériées [30]. Quand, par chance, les collégiens obtiennent « trois et presque quatre jours de congé de suite », à l'occasion du Nouvel An 1825, ces journées sont, pour les princes, tout entières occupées par des « devoirs de bienséance [31] ».

L'obsession qu'avait le duc d'Orléans de ne pas laisser à ses enfants le moindre temps libre lui venait tout droit de sa propre éducation et de son précepteur, la comtesse de Genlis. « Elle nous avait élevés avec férocité, ma sœur et moi », confiait Louis-Philippe à Victor Hugo en 1847, en ajoutant qu'elle avait été le seul amour de sa vie [32]. Quand Félicité de Genlis l'avait pris en main, en 1782, à l'âge de neuf ans, il était mou et paresseux. Elle lui avait imposé un rythme effréné d'existence et l'avait radicalement transformé. Levé à six heures, il travaillait jusqu'à dix heures du soir. Même les promenades et les repas étaient utilisés à des fins éducatives. Le matin, accompagné d'un jardinier allemand, il devait parler sa langue ; au déjeuner, on continuait à parler allemand. L'après-midi, un valet de chambre anglais l'escortait pendant sa marche, à qui il ne parlait qu'anglais, comme au cours du dîner. Le souper se passait en italien et était suivi d'une leçon de langue et littérature italiennes. Mme de Genlis trouva même bientôt, au milieu de toutes les leçons qu'elle dispensait à son élève, une heure par jour pour lui faire étudier l'espagnol. Quatre ans plus tard, l'enfant parlait les quatre langues.

La redoutable préceptrice lui imposa un entraînement physique et pratique intense : elle l'obligea à porter quatre à cinq heures par jour des chaussures doublées de semelles de plomb et, ainsi chaussé, à monter des escaliers une hotte sur le dos; il apprit à jardiner, raboter, scier, etc. Elle ajouta enfin des activités nécessaires à un prince : elle l'emmena deux fois par semaine visiter des manufactures, lui fit donner des leçons de danse et de droit [33].

Cette éducation où on ne le laissait jamais en répit aurait pu abrutir l'enfant. Louis-Philippe y a toujours vu, au contraire, la source de son équilibre et de sa faculté d'adaptation. Et il est évident qu'il a voulu appliquer le même programme à ses enfants, avec l'espoir d'un résultat similaire. L'ombre de Mme de Genlis planait donc sur toutes les pratiques éducatives de la famille d'Orléans, et d'abord sur les cahiers rédigés chaque jour par les précepteurs et visés par les parents : la comtesse de Genlis avait instauré cette habitude en demandant au sous-gouverneur de Louis-Philippe et de son frère de lui présenter un compte rendu quotidien de la conduite de ses élèves.

Fautes d'un fils et remontrances d'un père

A lire les cahiers de Chartres [34], on voit bien que Boismilon avait reçu pour mission de détailler tous les travers de son élève, de manière à le corriger. C'est pourquoi dans son rapport quotidien, il réprimande plutôt qu'il ne félicite. Chartres fait preuve, dit-il, de mauvaise volonté et de grossièreté. Pour la première fois, en juillet 1825, il a gagné le droit d'aller au concours général en grec. L'épreuve ayant lieu le lundi 1er août, Boismilon voulait, le samedi précédent, lui expliquer du grec : « Au moment où nous commencions, j'aperçus sur ses lèvres un demi-sourire et dans son attitude une espèce de mouvement qui indiquait une distraction complète et qui me fit craindre une de ces sales plaisanteries dont je le croyais corrigé ; et en effet, un instant après, la salle fut remplie d'une odeur insupportable... » (30 juillet).

Le précepteur reproche souvent au jeune prince sa saleté et sa « paresse de corps » : le 8 septembre 1826, « pour s'épargner quelques pas, il a choisi en plein jour la garde-robe [lieux d'aisances] de sa chambre, de sorte qu'il nous est devenu impossible d'y tenir cinq minutes après ». Commentaire de Louis-Philippe : « Chartres ne saurait assez faire d'efforts sur lui-même pour s'abstenir de telles cochonneries. Une telle aventure dans une maison anglaise le ferait tympaniser dans toute l'Angleterre ! Gardons-lui en donc le secret, mais qu'il n'y revienne plus. »

Ce qui aggrave la grossièreté de Chartres, c'est sa mauvaise foi : « Il n'a pu me persuader, je l'avoue, écrit Boismilon, qu'il ne savait pas avoir fait une inconvenance lorsque, mangeant tous ensemble des cerises dans le panier au collège, il crachait dans le panier même les noyaux des cerises » (14 juillet 1824).

Jouer au sale gamin mal élevé est le seul moyen, pour l'adolescent qui a entre quatorze et seize ans au moment de la rédaction des cahiers, de protester, même de façon dérisoire, contre ce qui lui est imposé. Les enfantillages, qu'il tente de cacher mais qui sont vite repérés et dénoncés, constituent également une détente : en cachette, il enlève peu à peu de la cire aux bougies, il en fait des boules puis les met à fondre dans la cheminée. Son père trouve ces gamineries d'autant plus fâcheuses que, le jour même, 31 janvier 1826, Chartres a été « installé à la Séance Royale » – c'est-à-dire qu'il assistait pour la première fois à la cérémonie d'ouverture des Chambres. Le décalage entre le rôle officiel qu'il doit jouer et son jeu d'enfant est plutôt pathétique.

Dans ses remarques éducatives, Louis-Philippe adopte volontiers un genre pompeux, citations à l'appui. Le 14 février 1824, il espère une amélioration de la conduite de Chartres à qui la veille il a fait la morale. Pour parachever son discours, il transcrit en anglais les conseils de Polonius à son fils (*Hamlet*, I, 3) et termine ainsi : « Je désire que Chartres copie ces vers, qu'il les traduise et me montre la traduction qu'il aura faite. Je souhaite qu'il pénètre la profondeur de ces admirables préceptes et qu'ils restent gravés dans sa pensée pendant tout le cours de la vie. *This above all, to thine own self be true* est la plus belle et la plus excellente de toutes les maximes et en l'observant, toute mauvaise action devient impossible... » Le duc illustre parfois son propos avec des exemples tirés de sa propre éducation. Le 11 janvier 1827, il s'inquiète de ce que son fils a emprunté pour jouer : « Je me ressouviens qu'étant à peu près de son âge, je jouai chez ma mère et je gagnai. C'était à Spa. Ma mère en fut effrayée et pour m'en dégoûter, elle me mena dans un lieu qu'on appelait *l'enfer* et où on jouait très gros jeu, afin de me faire voir les mines des joueurs J'en fus tellement frappé que depuis je n'ai jamais joué. »

Le discours de Louis-Philippe manifeste le souci permanent de bien former un prince, c'est-à-dire un homme qui est regardé, jugé, qui a des comptes à rendre au public et qui, en conséquence, doit apprendre à se présenter, à paraître. C'est d'abord vrai vis-à-vis de la famille royale et de la cour : « J'aurais désiré, écrit le duc le 24 juin 1826, qu'il eût été un peu plus obligeant et prévenant avec Mme la Dauphine, Chartres n'arrive même pas à se gêner dans ces occasions et se donne par cela une apparence d'impolitesse et de dédain qui lui fera beaucoup de tort. » Le 30 janvier 1824, Louis-Philippe se plaint car son fils, trouvant chez Marie-Amélie le prince de Carignan (le futur roi de Piémont-Sardaigne), n'a pas fait la révérence et ne s'est pas présenté : « Il est impossible que le prince de Carignan n'emporte pas une fâcheuse impression de cette désolante maussaderie. » Il faut que, pendant sa leçon de danse, l'adolescent s'exerce à entrer dans une pièce et à saluer : « C'est d'une grande importance pour les princes car leur gaucherie paraît de la hauteur, le défaut de salut devient une impertinence. »

Un prince doit se soumettre à la discipline

mondaine. Le 7 juin 1826, le duc reproche à Chartres « sa fuite de mes réceptions où il ne fait plus que paraître et disparaître et cela par la même cause que le reste, celle de manquer d'empire sur lui-même et de ne vouloir faire que ce qui l'amuse ou ne lui donne pas de peine ». Il est nécessaire que le jeune homme fasse des efforts de conversation, au salon aussi bien que dans les représentations publiques : « J'ai été content de lui, écrit Louis-Philippe, le 13 mai 1824, dans la course à Saint-Ouen : il a suivi avec obligeance et attention tout ce qui lui a été montré. Je voudrais seulement que sa langue se déliât un peu plus dans ces occasions, qu'il apprît à témoigner de l'intérêt et à remercier des peines qu'on se donne pour lui expliquer et lui faire comprendre le mouvement et l'usage des machines. Le public n'aime pas les princes muets et prend leur silence pour de la hauteur. »

Le 1er janvier 1825, Chartres s'est montré « un peu muet » dans les devoirs de bienséance et son père reprend la leçon : « Je sais bien que ce qu'on dit à chacun est presque toujours insignifiant et cela doit être, mais c'est un jargon qu'il faut apprendre et qui s'apprend comme tout autre science. Celle-là peut paraître frivole, mais elle ne l'est pas, car sans elle, un prince ne peut ni satisfaire ceux qui prennent la peine de se présenter à lui, ni par conséquent soutenir la dignité de son rang dans le monde. » Le duc insiste beaucoup sur la nécessité de travailler pour acquérir une élocution aisée. Le 10 janvier 1827, Chartres a subi un examen de mathématiques en présence de ses parents ; le soir son père juge ainsi son épreuve : « C'est surtout la diction qui manque et ce défaut provient de ce que Chartres ne ressasse pas assez ce qu'il a appris (...) Un prince doit absolument être en état de haranguer et de parler en public. »

Un prince construit aussi son image pour la postérité. A la fin du premier cahier, le 4 juin 1824, Boismilon se plaint des excès de langage de son élève qui a proféré des grossièretés à l'encontre des inspecteurs de l'Université. Louis-Philippe commente avec solennité : « Ceci me fait beaucoup de peine et c'est une bien mauvaise clôture pour ce livre que je vais déposer dans ma bibliothèque d'où il est probable qu'on le retirera quelque jour pour le faire imprimer, car tout perce tôt ou tard et c'est une de ces vérités dont Chartres ne saurait se pénétrer assez tôt et assez fortement : c'est que tout se sait dans le monde et surtout les mauvaises actions. Or rien n'est plus important surtout pour un prince que de n'insulter personne et d'être circonspect dans ses discours. »

Distributions des prix

A partir du moment où leur aîné fréquenta le collège Henri-IV, les Orléans prirent l'habitude d'assister en famille à la distribution des prix. Le 17 août 1820, Marie-Amélie est tellement bouleversée par cette cérémonie qui est une grande première que, dans son Journal, elle en appelle

Chartres par son prénom, ce qui ne lui arrive jamais : « Tous les élèves étaient placés sur des gradins et nous avons voulu que Ferdinand allât s'asseoir avec ceux de sa classe. Nous étions au premier rang en face de l'estrade. Mon cœur a éprouvé la plus douce émotion lorsque j'ai vu couronner mon cher Ferdinand qui a remporté le premier prix en langue française, un deuxième accessit en version et un quatrième en thème. »

Ces manifestations correspondaient bien au style des Orléans, dans la mesure où elles constituaient autant de mises en scène familiales. Dès la seconde année, Chartres vint déposer son deuxième prix de version latine sur les genoux de sa mère « au milieu des applaudissements de tous ses compagnons » (17 août 1821). Marie-Amélie conserva précieusement les couronnes glanées par ses fils lors des distributions des prix et les accrocha dans un petit cabinet à Neuilly.

Au cours de la cérémonie, hommage était rendu aux Orléans, non seulement par les camarades des princes mais aussi par les professeurs. Le 17 août 1827, la duchesse note : « M. Gibbon, professeur de seconde, a fait un très bon discours sur la nécessité et les avantages de l'étude à tous les âges et en toutes circonstances. D'une façon très aimable, il a fait allusion à mon mari mettant à profit ses études au temps de sa mauvaise fortune. »

Le 30 août 1830, le duc d'Orléans était monté sur le trône mais la distribution des prix ne fut pas négligée : la reine y assista avec ses enfants. Si la cérémonie avait été repoussée au 30 août, ce n'est pas, comme on pourrait l'imaginer, à cause de la révolution mais à cause d'une décision administrative contre laquelle Louis-Philippe avait pesté parce qu'elle dérangeait ses plans de vacances. Il écrivait à Rumigny le 25 juillet (veille de la publication des ordonnances) qu'il espérait être à Eu début septembre : « Cela dépendra aussi du temps, car mon objet serait de prolonger les bains de mer, dont les enfants ont un vrai besoin. Nemours surtout qui, par suite d'un nouvel arrangement universitaire de la distribution des prix, remise au 30 août au lieu du 15, va se trouver retenu tout seul à Paris jusqu'au 18, en tête à tête avec Larnac. *Il caso è triste,* mais sans remède. Cela dérange tous les papas et toutes les mamans de Paris, et je ne conçois pas à qui cela peut convenir [35]. »

Les deux princes cadets furent de brillants élèves et, grâce à leurs bons résultats scolaires, le roi Louis-Philippe put, une fois de plus, illustrer son personnage de père de famille comblé. En 1837, Aumale et Montpensier furent tous deux lauréats du concours général. Le roi décida d'assister à la distribution des prix et persista dans son projet malgré les réticences du comte Molé, son premier ministre, qui trouvait difficile d'assurer sa sécurité.

Delphine de Girardin, dans *La Presse* du 19 août, évoque la cérémonie en termes émus :

« La distribution des prix a été une des solennités les plus intéressantes de l'année. C'est un beau jour pour les parents, même quand ces parents sont rois. Une mère a dit un mot charmant en apprenant que son fils avait le premier prix d'histoire : « Dans sa position, a-t-elle dit, c'est le prix que j'aime le mieux. » Cette mère est la reine des Français. M. le duc d'Aumale doit être fier de son succès, car, au dire de tous, il était bien mérité. Demandez plutôt à ses professeurs, et à ses camarades surtout. On nous a conté que M. le duc de Montpensier était en train de pêcher à la ligne à Neuilly, lorsqu'on est venu lui apprendre qu'il avait un prix d'histoire naturelle; sa joie et son émotion ont été si grandes à cette nouvelle, que la ligne est tombée de ses mains, et le poisson qui allait être sa victime s'est sauvé (...).

« C'est une heureuse idée que le roi a eue de donner à ses fils le droit d'éprouver une des plus belles émotions de l'enfance, et pour lui-même c'est un doux plaisir de quitter un jour les ennuis du trône pour venir en père de famille voir *couronner* ses enfants, comme un bon bourgeois. Le seul privilège qu'il se soit réservé est celui d'amener tous les siens à cette cérémonie, faveur refusée aux autres parents; car chaque élève couronné n'a la permission d'amener qu'une seule personne, son père *ou* sa mère : c'est rigoureux, mais il y a tant de monde! Le duc d'Aumale et le duc de Montpensier avaient donc de plus que les autres le bonheur d'avoir pour témoins de leurs succès tous leurs parents, tantes, sœurs et frères; on ne les reconnaissait princes du sang entre tous les élèves qu'à ce surplus de famille interdit à tous les autres [36]. »

Après la remise des prix, Louis-Philippe invita les lauréats à dîner ; parmi eux figurait Baudelaire, qui avait remporté le deuxième prix de vers latins.

CHAPITRE VIII

LES FEMMES DE LA FAMILLE

La sœur du roi et la reine

Madame Adélaïde et Marie-Amélie étaient l'une et l'autre toutes dédiées à Louis-Philippe. Mais l'attachement de celle-là pour son frère avait quelque chose de passionné et d'exclusif : « La reine, écrit la duchesse de Dino, est, sans doute, tout aussi fidèle, tout aussi dévouée mais elle est en partie envahie par la maternité; puis, son esprit n'est pas dans les mêmes directions; elle n'est pas toujours dans ce cabinet, à attendre chaque minute du plaisir royal... » (6 janvier 1848). Madame Adélaïde, au cours des années, apprit la patience mais son premier mouvement la jetait vers Louis-Philippe, de façon fébrile. Le 20 février 1834, elle avait emmené au Théâtre-Italien ses neveux Aumale et Montpensier accompagnés de leurs précepteurs : « A huit heures et demie, raconte Cuvillier-Fleury, Madame a su que le roi était sur le point de revenir de Fontainebleau; on a décampé au plus vite; ce qui a produit un curieux effet dans la salle. On croyait à une révolution dans quelque partie de la France, tout au moins. »

Certains (Talleyrand, par exemple) appelaient la sœur du souverain *Madame*, selon l'usage. Mais elle refusait : « Pourquoi pas les anciens titres de dauphin et des menins ? » plaisantait-elle [1]. Une ordonnance datant des premiers jours de la monarchie de Juillet fit donc de Mlle d'Orléans *Madame Adélaïde.*

Alors que la reine bénéficiait, même dans l'opposition, d'un préjugé favorable – distinguée, pieuse et vraiment royale – sa belle-sœur était au contraire en butte à toutes les critiques, y compris les plus calomnieuses : on l'appelait Madame Messalin, l'accusant d'intrigue et même d'inceste avec Louis-Philippe. On dénonçait sa vulgarité, son mauvais goût, ses piètres manières. La sœur du roi avait, il est vrai, la malchance d'être laide et sans grâce. Comme elle était affligée d'un vilain teint rouge-brun qu'elle tenait de son père, les méchantes langues avaient beau jeu de prétendre qu'elle était alcoolique [2].

Elle faisait surtout des choix vestimentaires déplorables, qui mettaient en joie le journal légitimiste *La Mode*. Ainsi portait-elle en 1831, pour la fête de Marie-Amélie, une affreuse robe qu'elle arborait déjà à l'une des cérémonies du sacre de Charles X, six ans plus tôt, en tissu de Barèges, « à rayures mélangées de gros jaune, de noir, de gros rouge et de carmélite », avec, sur la tête, « une abondance de plumes du plus beau violet »; à l'occasion de la première réception aux

Tuileries, elle exhibait les couleurs de la révolution, « une robe bleu de ciel, un canezou blanc et un chapeau amarante [3] ».

Comme, de plus, elle était plutôt brusque, il était aisé de tracer d'elle des portraits caricaturaux : « Sur une taille courte et forte, écrit Vigny, elle portait raide et le menton rengorgé une tête carrée, un front bas, des yeux ronds et enfoncés (...) Ses lèvres minces et pincées se serraient et se mordaient sans cesse à l'ombre d'un nez grossier, trop rouge et trop épais; des joues à pommettes vermeilles lui donnaient un aspect violent et bachique par lequel on se croyait malgré soi menacé de quelque chose d'inconnu qui devait se faire jour par quelque éclat dans l'intimité »; et il conclut : « On eût dit une gouvernante des enfants de France ou une grosse maîtresse d'institution de jeunes personnes [4]. » Marie-Amélie était physiquement bien mieux servie, avec son long visage pâle aux yeux clairs qui évoquait Marie-Antoinette.

Toutes deux faisaient la *fonction* aux côtés du roi, apparaissant en public dans les cérémonies officielles et recevant les courtisans aux Tuileries, au cours des multiples dîners, concerts, bals, comme des simples soirées dans le salon de famille. Toutes deux accordaient aussi des audiences particulières. Madame Adélaïde recevait entre une et trois heures dans son salon, qui ressemblait à un cabinet de travail – meubles rigides, ni fleurs ni bibelots, seulement une chienne et deux perroquets pour égayer cette pièce où elle lisait ses dossiers. Elle accueillait ses familiers, Talleyrand, Sébastiani, le maréchal Gérard, le général de Castellane, avec lesquels elle parlait de politique, étrangère de préférence [5]. La duchesse de Dino raconte, en février 1836, pendant une crise ministérielle, qu'une plaisanterie court dans Paris : un cabinet entièrement féminin venait d'être constitué avec Madame Adélaïde en président du Conseil [6].

L'épouse et la sœur de Louis-Philippe jouaient un rôle très important dans le domaine philanthropique. Benjamin Appert qui, de 1826 à 1836, fut chargé des secours chez les Orléans, affirme que six cents à huit cents pétitions étaient adressées chaque jour à la famille, tous membres confondus, pour obtenir des subsides. Jusqu'en juillet 1830, le duc lisait toutes les lettres qui lui étaient envoyées, il écrivait sur chacune ses ordres, que M. de Broval, premier secrétaire de son cabinet, et Oudard, son adjoint, devaient mettre à exécution. Devenu roi, il confia au baron Fain la lecture des pétitions qu'il recevait. Fain établissait des rapports qu'il soumettait à la reine : c'était elle qui décidait des réponses à faire et des aides à accorder [7].

La tâche de Marie-Amélie était double puisque, par ailleurs, elle travaillait avec Appert sur les demandes qui la concernaient personnellement. Appert se rendait presque tous les jours aux Tuileries, vers une heure; la reine le faisait asseoir, en tant que « député des malheureux », alors que, suivant une tradition ancienne, elle laissait debout les grands dignitaires (il était d'autant plus sensible à ce privilège que Madame Adélaïde, elle, ne l'invitait pas à s'asseoir [8]). Il présentait à la souveraine ses conclusions sur les cas les plus intéressants et, chaque quinzaine, ses listes de secours ; en janvier, avril, juillet et octobre, époque de paiement des loyers, elles pouvaient monter à 4 000 francs.

Les activités charitables s'inscrivaient dans la vie quotidienne des princesses. Leur travail à l'aiguille autour de la table ronde du salon de famille était souvent destiné aux pauvres : elles confectionnaient des layettes pour des mères déshéritées. Quant aux parties de billard où excellait Marie-Amélie, elles servaient à collecter de l'argent pour les nécessiteux : chaque joueur donnait cinquante centimes et le bénéfice du gagnant était de ne pas les donner [9].

Les dames d'Orléans patronnaient des manifestations philanthropiques régulières ou exceptionnelles : le bal annuel au bénéfice de la colonie de Petit-Bourg, maison d'accueil et d'éducation pour de jeunes orphelines, ou le bazar du Palais-Royal, où elles tinrent des stands pendant quatre jours, en 1843, pour venir en aide aux victimes du tremblement de terre de la Guadeloupe [10]. Après la révolution de Juillet, elles rendirent visite aux blessés, à l'hôpital Beaujon et à l'Hôtel-Dieu [11]. Pendant le choléra de 1832, la sœur du roi distribua pour plus de 500 000 francs de secours et, en novembre 1840, envoya 50 000 francs aux victimes des inondations (la reine, de son côté, donna

25 000 francs). Mais c'est dans son fief, à Randan, qu'elle exerçait la charité avec prédilection : elle fit construire une église, fonda une école d'enseignement mutuel, etc.; elle protégeait les asiles pour l'enfance, adoptait des orphelins dont elle payait les pensions, s'intéressait à l'instruction des indigents [12]. Selon Appert, un sixième de son revenu, qui était de 800 000 francs par an, allait aux bonnes œuvres [13].

Marie-Amélie et Madame Adélaïde restèrent, après 1830, paroissiennes de Saint-Roch, même si deux prêtres (trois à partir de 1846) desservaient les Tuileries. La reine accordait beaucoup d'attention à l'éducation religieuse de ses enfants. La communion solennelle de chacun d'eux est notée dans son Journal comme une date importante. Le 21 mai 1825, elle a accompagné Louise et Marie à Saint-Roch : « Elles avaient des blouses d'organdi et des pèlerines brodées de fil plat. Sur la tête des petits bonnets et des voiles imitant la dentelle, travaillés par moi. C'est l'abbé Guillon [son aumônier] qui a célébré la messe à l'église paroissiale. A leur recueillement, leur modestie, leur tendresse, on eût pris mes filles pour deux petits anges. Louise qui est faite pour le ciel n'a fait que pleurer pendant toute la cérémonie. » La piété de Marie-Amélie s'accrut encore avec la mort de Marie et de Chartres. Elle avait toujours pratiqué le jeûne et suivi les offices et les prêches de carême [14]; après la mort de son fils aîné, en 1842, elle se mit à passer de longues heures en prières et en extase.

Cette ferveur allait de pair avec une pruderie qui se manifestait dans l'éducation de ses enfants. Cuvillier-Fleury qui, le 12 mars 1834, a emmené à l'Opéra Aumale (douze ans) et Montpensier (dix ans), raconte qu'ils n'ont pas eu droit à la scène finale de *Don Juan* : « La reine, sachant qu'on y chante le *Dies irae* et qu'il y a une procession de diables et de femmes voilées, n'a pas voulu que les princes assistassent à ce spectacle peu fait, sans doute, pour les préparer à leur première communion. » Le 26 mars 1837, Marie-Amélie, avant de partir pour Bruxelles avec Joinville (dix-neuf ans), écrit à son gendre : « Je viens aussi, avec toute la confiance d'une mère à un père et en vous demandant de ne pas vous moquer de moi, vous prier de faire enfermer les livres dont je vous inclus la petite note [Brantôme, Rabelais, Boccace et Juvénal], qui sont dans la bibliothèque de Laeken, car Joinville s'y précipite tout de suite et vous connaissez la curiosité des jeunes gens, et quelle leçon ils y trouvent! à ce qu'on dit (car j'espère que vous ne croyez pas que je les ai lus) [15]. »

Il est probable que les effusions religieuses et la pruderie de la reine agaçaient Adélaïde. L'éducation de Mme de Genlis avait rendu le frère et la sœur plutôt voltairiens; néanmoins, ils pratiquaient, la religion garantissant les bonnes mœurs et l'ordre public. Mais ce qui agaçait bien davantage Madame Adélaïde étaient les sympathies légitimistes de Marie-Amélie. Ainsi, le 8 août 1835, au lendemain du *Te deum* célébré pour les victimes de l'attentat de Fieschi, déclare-t-elle à Benjamin

Appert : « La reine ne croit pas, elle, que ce soient les carlistes qui nous créent tant d'embarras, elle compte sur le retour à nous, moi je les déteste et n'espère rien de ces gens-là. Ils ont plus d'horreur pour tout ce qui porte le nom d'Orléans qu'ils n'en avaient pour Napoléon; dites donc à ma sœur ce que vous pensez à cet égard et ce que vous savez, cela peut lui ouvrir les yeux [16] ! »

Au fond d'elle-même, Marie-Amélie restait une Bourbon et, à plusieurs reprises, souffrit beaucoup des événements. Le 15 février 1831, les insurgés saccagèrent Saint-Germain-l'Auxerrois et l'archevêché. Laffitte suggéra au roi de calmer les esprits par un geste symbolique, en retirant de ses armoiries les fleurs de lys. A leur place fut gravé un livre ouvert représentant la Charte. Partout, on gratta les fleurs de lys, sur les voitures et les bâtiments royaux comme dans les appartements : « En sortant sur la terrasse, écrit la souveraine, j'ai eu la peine de voir abattre les lys des fenêtres. C'est peut-être un mouvement d'orgueil qui m'a rendue trop sensible à cette destruction du blason de ma famille, mais il est aussi très pénible de voir céder à toutes les volontés populaires » (16 février).

La tentative de soulèvement de la duchesse de Berry en 1832, sa détention puis la révélation de sa grossesse bouleversèrent Marie-Amélie et donnèrent lieu à des scènes familiales pénibles, comme celle que décrit le prince héritier à Louise le 28 avril 1833 : « Dans ce moment-ci, elle est dans un redoublement de ferveur pour Mme la duchesse de Berri. Je ne sais que faire pour la calmer, elle va jusqu'à parler d'une requête qu'elle veut adresser au conseil des ministres, etc., et autres impossibilités que dans son exaltation chagrine elle prend pour des remèdes à la position de Mme la duchesse de Berri. Enfin hier au soir, pendant qu'elle était dans une de ces crises qui font vraiment peine, et où elle s'accusait d'être la *geôlière* de sa nièce et *de déshonorer son sang,* après avoir de mon côté épuisé tous les moyens de la tranquilliser, je n'ai pu m'empêcher de lui rappeler tous les ménagements dont nous avions usé envers Mme la duchesse de Berri et de lui faire observer que cette personne en faveur de qui mon père avait violé les lois et s'était compromis avait fait couler assez de sang de nos amis pour en faire un ruisseau de Paris à Blaye et que je la priais de garder une larme pour les familles des malheureux patriotes de l'Ouest que les Chouans de la duchesse de Berri avaient égorgés lorsqu'elle est venue leur ordonner la guerre civile [17]. »

Enfin la mort de Charles X fut l'occasion d'un drame pour Marie-Amélie : des pressions politiques la forcèrent en effet à quitter le deuil qu'elle avait pris dès l'annonce de la mort du souverain déchu. On invoqua l'étiquette selon laquelle il fallait une notification officielle pour que la cour prît le deuil. Or il n'était pas question que les Angoulême adressent leur notification au « roi des Français » et Louis-Philippe ne pouvait accepter de redevenir « duc d'Orléans » pour la recevoir [18].

Mais la vérité est sans doute assez proche du témoignage de la comtesse de Boigne. En allant voir Madame Adélaïde, elle rencontra Guizot qui lui annonça la mort de Charles X. Elle transmit la nouvelle à la sœur de Louis-Philippe et lui demanda « si on porterait le deuil comme pour un parent ou pour une tête couronnée [19] ». Après réflexion, Madame Adélaïde répondit : « Comme tête couronnée, sûrement; le deuil au degré de parenté ne serait pas aussi long. » Le soir même, Molé annonça à Mme de Boigne la décision du conseil des ministres, conforme à ce qu'avait dit la sœur du roi. C'est alors que Dupin, président de la Chambre des députés, le maréchal Gérard et le général Jacqueminot vinrent aux Tuileries affirmer « que toute marque de deuil ferait le plus mauvais effet dans la Garde nationale et parmi les députés ». Molé, soutenu par la reine, résista pendant trois jours mais finit par céder. Cette fois, on ne reculait même pas devant une émeute mais devant la peur qu'on avait des soi-disant « volontés populaires ». Marie-Amélie dut d'autant plus souffrir de cette affaire que les Angoulême, quelques années plus tard, se montrèrent plus généreux : sans avoir reçu de notification, ils prirent le deuil pour la princesse Marie, en 1839, et pour le duc d'Orléans, en 1842.

Les trois filles de Louis-Philippe

La situation des princesses différait de celle de leurs frères pour une raison qui tenait davantage à la société en général qu'à la famille d'Orléans en particulier. Car, s'il est vrai que leur éducation était aussi poussée que celle des princes, on songeait en revanche à les marier beaucoup plus tôt. Le 21 décembre 1827, Louise a quinze ans et demi lorsque la Dauphine dit à ses parents : « Vos filles grandissent. Louise est tout à fait une grande personne, il faut vous occuper de son établissement (...) Je sais que le roi est disposé à faire toutes les démarches que vous voudrez pour cela [20]. » Deux jours plus tard, Louis-Philippe eut une conversation avec Charles X, qui déclara souhaitable l'alliance de Louise avec le duc de Calabre. C'était une union à laquelle aspirait Marie-Amélie : le jeune homme était le fils de son frère François, roi de Naples, et l'héritier du trône.

Louise, reine des Belges

En octobre 1829, la duchesse d'Orléans retrouvait à Grenoble sa famille napolitaine et s'entretenait avec le roi et la reine du projet d'union de leurs enfants qui semblait devoir aboutir. Mais les négociations avec Naples tardaient toujours à être suivies d'effet.

Là-dessus, en janvier 1830, le prince Léopold de Saxe-Cobourg, qui avait été pressenti pour régner sur la Grèce, demanda en mariage Louise ou Marie. Léopold était un ami de longue date des Orléans. Ils avaient assisté, en 1816, à son mariage avec Charlotte d'Angleterre, fille unique du futur George IV, et avaient été témoins de sa douleur quand il perdit sa jeune femme en couches l'année suivante. Ils l'avaient souvent accueilli dans les années 1820, au Palais-Royal ou à Neuilly. Ils refusèrent pourtant de lui accorder une de leurs filles, bien que Charles X se fût déclaré « très favorable » à une telle alliance [21]. Pourquoi ce refus, qui semble catégorique d'après le Journal de Marie-Amélie ? Espérait-elle encore le mariage avec le duc de Calabre ? Répugnait-elle à marier l'une de ses filles avec un protestant ? Était-elle choquée par la vie privée agitée de Léopold, qui avait alors une liaison avec une danseuse du nom de Lina Bauer [22] ?

Le 9 août 1832, à Compiègne, c'est pourtant Léopold que Louise épouse. En août 1830, la Belgique s'était soulevée contre les Pays-Bas et, fin décembre, la conférence de Londres avait reconnu l'indépendance belge. En février 1831, le Congrès de Belgique avait choisi comme roi le duc de Nemours mais Louis-Philippe avait refusé l'offre, « déclarant qu'il ne voulait pas, pour favoriser l'intérêt de sa famille, compromettre la paix de la Belgique, de la France et de l'Europe entière [23] ». Le Congrès se tourna alors vers Léopold qui devint roi des Belges le 21 juillet 1831. La France défendit le nouvel État : en août 1831, lorsque le roi des Pays-Bas envahit la Belgique, Casimir Perier donna l'ordre au maréchal Gérard d'entrer en Belgique et l'armée française repoussa les Hollandais; en décembre, la France organisa avec l'Angleterre une expédition pour obliger les Pays-Bas à évacuer la forteresse d'Anvers. Le mariage du roi des Belges avec une fille du roi des Français consacrait donc l'amitié entre les deux États.

Sur le plan personnel, cette union donnait à Louise une belle position : elle allait être reine et, pour les Orléans qui avaient du mal à faire reconnaître leur dynastie en Europe, c'était marquer un point. Mais celle que sa mère appelait « notre angélique Louise [24] » n'était pourtant pas enchantée de ces noces. Ses réticences tenaient moins à la personne de Léopold, bien qu'il eût plus du double de son âge, qu'à la nécessité de quitter ses parents qu'elle adorait. A Compiègne, elle fut d'ailleurs secouée de telles crises de larmes que son père lui rappela qu'elle pouvait encore renoncer. La cérémonie se passa au milieu des sanglots, dont ceux de Louis-Philippe lui-même qui, nous l'avons vu, était bouleversé de sentir s'éloigner pour la première fois un membre de sa tribu.

Cette séparation fut à l'origine de l'énorme correspondance que Louise échangea avec sa mère. Même si ses proches, au premier rang desquels son mari et son frère aîné, considéraient cette « scribomanie » comme quasi pathologique, rien ne put jamais interrompre l'échange quotidien des lettres. Louise était tellement fixée sur Marie-Amélie qu'elle finira par devenir son double : « La reine des Belges ressemble à la reine des Français, à l'âge près », remarque Victor Hugo le 24 février 1847.

Léopold, qui était déjà un ami, devint un conseiller très écouté de la famille royale française et lui apporta une aide non négligeable dans toutes ses tractations matrimoniales. D'autre part, Léopold avait pour nièce Victoria, montée sur le trône d'Angleterre en 1837, et pour neveu le mari qu'il lui avait lui-même choisi, Albert, fils de son frère. Léopold et Louise entretiendront ainsi des relations très affectueuses avec la souveraine anglaise (que Louise, dans ses lettres, désigne toujours sous les initiales V.R.), jouant ainsi un rôle dans l'Entente cordiale entre la France et l'Angleterre.

Les malheurs de Marie

Enceinte de son premier enfant, Louise exprima le souhait que, si elle mourait en couches, Marie prît sa place sur le trône de Belgique [25]. C'est dire combien les deux sœurs étaient proches, bien que physiquement différentes. Louise était blonde aux yeux bleus, Marie avait des yeux noirs, des bandeaux noirs, un long cou et un air romantique [26]. Une année les séparait.

Vigny, qui dînait au Palais-Royal le 11 février 1831, a été séduit par Marie : « Elle était charmante de traits, de grâce et de maintien, un profil grec, d'une finesse athénienne, une taille délicate, élancée, élégante, l'aisance de bon goût, l'abandon de maintien des femmes accoutumées aux hommages, l'attention dans le regard qui décèle une supérieure intelligence exercée au travail des arts et de la pensée [27]. » Elle jetait sur son frère Nemours « ce long et tendre regard abaissé et voilé » qui évoquait les vierges de Raphaël. En plus, elle se révéla vive et cultivée. Louise ayant adressé à Vigny une « louange d'un goût exquis », le poète répliqua : « Madame ne veut donc pas que j'en revienne ? » Et Marie de s'écrier : « Ah ! vous citez Figaro et vous nous appelez comme la reine aime qu'on nous nomme [28]. » La princesse est d'autant plus idéalisée que Vigny, en bon légitimiste, exalte en elle le côté Bourbon en l'opposant à la vulgarité des Orléans.

C'est la comtesse de Boigne qui donne de la personnalité de Marie l'analyse la plus intéressante. La princesse, dit-elle, était atteinte de ce qu'on appelle l'« esprit artiste », qui est en réalité « un certain mécontentement de toute chose terrestre, du monde tel qu'il existe, de la société telle qu'elle est faite [29]... » Elle prenait plaisir aux déclarations provocatrices : le 15 juin 1831, au soir d'une journée d'émeute, elle fit à Cuvillier-Fleury une « profession de foi républicaine » qui scandalisa Mme de Dolomieu. Marie voyait dans sa position de fille du roi la source de toutes ses déceptions. Elle n'était guère affable au salon, prenait comme des corvées bals et réceptions.

Mais Mme de Boigne remarque finement que Marie prolongeait volontiers ses séjours auprès de Louise à la cour de Belgique, où l'étiquette était « étroite et minutieuse » et l'atmosphère pesante. Tout en faisant la part du plaisir qu'elle trouvait à la compagnie de sa sœur, ne peut-on soupçonner qu'elle appréciait la vie de cour plus qu'elle ne le croyait elle-même et que les obligations de cette vie étaient moins causes de sa mauvaise humeur perpétuelle qu'occasions de la manifester ?

La séparation d'avec son aînée avait été une pénible épreuve : « Louise seule s'identifiait à moi », disait-elle. Elle fit montre, dans cette circonstance, d'une détermination farouche qui trompa tout le monde. A Compiègne, lors du mariage de Louise, elle riait et semblait insensible. Or quelques heures après le départ de la jeune mariée, une amie de Marie la trouva en larmes, désespérée. La princesse lui expliqua : « Je savais que jamais Louise ne consentirait à se marier si elle pouvait deviner la centième partie du chagrin que j'éprouve [30]. »

Marie avait toujours aimé dessiner et peindre sous la direction d'Ary Scheffer mais c'est à dix-huit ans, en 1831, qu'elle se mit à s'intéresser aux mœurs et aux costumes du Moyen Age : Jeanne d'Arc devint alors son héroïne de prédilection. A côté des statues de Jeanne dont nous avons déjà parlé, elle dessina des vitraux dont on peut voir un échantillon dans la chapelle de Saint-Saturnin à Fontainebleau. La comtesse de Boigne place au-dessus de toutes ses œuvres une statue de l'ange de Moore portant au ciel une larme du pécheur repentant, qu'elle découvrit dans son atelier.

Parallèlement à ses activités artistiques se déroulait pour Marie la difficile recherche d'un époux. Elle dura cinq ans, au cours desquels plusieurs partis furent successivement envisagés, cinq ans d'espoirs et d'échecs, comme le montre la correspondance de Marie-Amélie, Louise et Léopold. Fin 1832, on songea au grand-duc de Toscane.

Puis, en janvier 1834, une union avec Léopold de Naples, comte de Syracuse, fut quasiment conclue. Léopold était le frère du roi de Naples Ferdinand II dont il avait été question pour Louise du temps qu'il était duc de Calabre, avant la révolution de Juillet. Mais la famille de Naples imposa des conditions financières inacceptables. Le 3 mai 1834, Marie-Amélie reçut les actes envoyés par le roi et son frère pour servir de base au contrat de mariage : « Je suis restée péniblement surprise en constatant que l'on demandait comme condition du contrat que le prince reçoive la part entière de fortune revenant à Marie sur l'héritage paternel [31]. »

On continua à s'écrire mais les choses restèrent vagues jusqu'à la visite à Paris du comte de Syracuse, du 10 au 15 juillet 1835. Il s'était fâché avec son frère et prétendit qu'il n'était pour rien dans les exigences concernant la fortune de Marie : « Il a reconnu lui-même que cette demande était aussi injuste qu'inconvenante et il a répété devant nous que tout ce que nous voudrions donner à Marie lui appartiendrait exclusivement [32]. » Mais il fallait que le roi Ferdinand prît une position claire et Louis-Philippe envoya l'amiral de Rigny pour la lui demander : ce fut l'occasion de la rupture. En octobre 1835, le duc d'Orléans chargea son beau-frère Léopold de trouver pour Marie « quelque cadet de grande lignée en Allemagne [33] ».

L'année suivante ajouta encore un épisode à l'affaire napolitaine. Le roi Ferdinand perdit sa femme en couches et en chercha immédiatement une autre. Malgré les mauvaises relations avec Paris (Naples n'avait même plus d'ambassadeur dans la capitale française), il vint voir en août 1836 les filles de Louis-Philippe, Marie et Clémentine : « Il passa trois semaines à Paris, ayant l'air de les examiner et presque de les courtiser, et, dès le lendemain de son retour à Naples, fit demander officiellement la main de l'archiduchesse Thérèse [34]. » Double humiliation pour les Orléans puisque la jeune archiduchesse autrichienne venait de refuser le prince royal. Le 2 juin 1837, on apprit, pour comble, que le comte de Syracuse épousait Philiberte de Carignan.

Marie ressortait mortifiée de ces trois années d'attente vaine d'autant qu'avec son caractère excessif et l'éducation que lui avait donnée Marie-Amélie, elle s'était forgé une vraie mystique du lien conjugal. Sa mère alors « se mit à battre tous les buissons germaniques – c'est Mme de Boigne qui parle – pour y trouver un mari sortable. » Le roi des Belges proposa le fils de sa sœur Antoinette, le duc Alexandre de Wurtemberg, qui fut finalement accepté.

Léopold était là pour les conseils mais aussi pour les contrats. La règle voulait en effet – et Louis-Philippe y tenait à l'extrême – que les contrats de mariage des princes et princesses, tout comme les traités diplomatiques, fussent établis de souverain à souverain. Si bien que le duc de Wurtemberg, qui était pourtant le chef de sa branche, chargea le roi des Belges de la négociation [35].

Marie épousa Alexandre le 17 octobre 1837 à Trianon. Cette alliance, obtenue après tant d'années, n'était pas prestigieuse. « Ce n'est absolument qu'*un mari* », écrit la duchesse de Dino le 19 septembre 1837. Par ailleurs, Alexandre était bel homme mais manquait d'esprit : le duc d'Orléans, affirme Mme de Boigne, « ne dissimulait guère que le duc Alexandre lui paraissait fort mince comme alliance, et très lourd comme beau-frère [36]. »

Néanmoins Marie se jeta dans le mariage avec emportement. Elle quitta ses parents et la France sans manifester aucun regret et voulut se faire allemande. Elle qui s'impatientait tellement des exigences de la vie de cour à Paris « se soumit merveilleusement à l'étiquette étroite des petites cours allemandes [37] », qu'elle visitait pour être présentée à sa belle-famille. Ses lettres ne tarissaient pas d'éloges sur son mari. Elle concrétisait enfin son rêve de passion exclusive ; elle projetait de visiter avec lui l'Italie, la Grèce, l'Orient.

Puis ce fut le drame. Pendant l'hiver de 1837, à Gotha, elle mit le feu à son oreiller et le pavillon où elle logeait brûla en entier, avec tout ce qu'elle possédait – bijoux, vêtements, albums et travaux d'art. Elle se retrouva par un froid de moins 18° C dans la neige, en robe de chambre et en pantoufles. Elle était enceinte et, lorsqu'elle revint en France, le 19 mars 1838, on la trouva amaigrie et très changée. Elle accoucha d'un fils le 30 juillet 1838 mais continua à dépérir. Les médecins lui ordonnèrent d'aller dans le Midi. Minée par la phtisie, elle mourut à Pise le 2 janvier 1839, en présence de son mari et de son frère Nemours accouru à son chevet. Elle n'avait pas vingt-six ans.

« Marie était trop parfaite pour ce monde, disait la reine; nous ne la comprenions pas; elle planait trop au-dessus de nous [38]. » En réalité, Marie semble avoir souffert d'une sorte de bovarysme avant la lettre. Un exemple développé par la comtesse de Boigne le montre bien. Jeune fille, la princesse rêvait de se marier pour avoir « la liberté de vivre dans la société et la possibilité de *faire des visites* ». Mais faire des visites, pour elle, n'avait rien à voir avec le rite bien connu des dames du monde. *Visites* était au contraire synonyme d'imprévu : « Aller chercher la distraction qu'on veut, à l'heure où elle convient, n'en prendre que ce qui plaît (...), causer de tout avec tout le monde, sans gêne et sans responsabilité [39]... » Aspirations pour le moins romantiques.

Clémentine

Le 20 avril 1843, la dernière fille de Louis-Philippe épousait le duc Auguste de Saxe-Cobourg, frère de sa belle-sœur, la duchesse de Nemours : « Madame Adélaïde, écrit la duchesse de Dino, m'a paru désolée du mariage de la princesse Clémentine, si terne comme position, et plus terne encore par l'extrême nullité du prince. Madame me disait qu'il en était embarrassant, et *bien pire que le duc Alexandre de Wurtemberg* » (12 mai 1843).

Cette union était d'autant plus étonnante que Clémentine était la plus brillante et la plus ambitieuse des trois princesses. Elle avait été élevée à part des deux autres, qui avaient partagé la même sous-gouvernante, Mme de Malet. Après le mariage de Louise, elle ne s'était pas rapprochée de Marie parce que sa sous-gouvernante, Mme Angelet, qui craignait pour elle, tout comme la reine, le caractère exalté de Marie, prit soin de les tenir éloignées l'une de l'autre[40]. Contrairement à Marie, Clémentine était heureuse de sa condition de fille de roi et son ambition était de devenir reine, comme sa sœur Louise.

Alors que les quatre aînés (Chartres, Louise, Nemours, Marie) formaient le groupe des grands et les deux cadets (Aumale et Montpensier) celui des petits, Clémentine occupait avec Joinville la place intermédiaire. Ils constituaient d'ailleurs un couple puisque leur père les appelle, dans une lettre, « M. et Mme de Joinville[41]. » Adolescents, ils se prirent ensemble, sous l'influence de Victor Hugo, d'une passion pour le vieux Paris : « Nous avions cherché dans tous les bouquins, raconte Joinville, les traces de ces légendes et nous employions nos après-midi à aller remarquer l'emplacement et retrouver les vestiges de ce que nous avions lu dans nos livres. Il n'est pas une église, pas un monument que nous ne connussions dans tous ses détails, pas une ruelle, un coin du quartier des Halles, de l'Hôtel de Ville, de l'Arsenal, du Temple, du Panthéon, que nous n'eussions exploré avec un soin et un intérêt passionnés[42]. »

Mais leurs relations n'étaient pas toujours idylliques car Joinville, avec son caractère indépendant, se rebiffait contre l'autoritarisme de sa sœur et s'agaçait qu'on la lui donne toujours, même à l'âge adulte, en exemple. Ainsi en 1845 écrit-il à sa mère : « On me cite l'exemple de Clém, mais Clém est une virago douée d'une parfaite santé. Ce qu'elle fait, elle est maîtresse absolue de le faire grâce à l'imbécillité d'Auguste. Mais je suis maître dans mon ménage et je prétends le rester [43] »

La comtesse de Boigne écrit de Clémentine qu'elle était « véritablement de tous points une princesse accomplie ». Et Guizot, après avoir dîné à côté d'elle à Eu, la déclare « la plus vraiment intelligente des princesses [44] ». Intelligente, cultivée, causant volontiers, elle est toujours une voisine de table vivante et agréable. En août 1836, on la place, à Versailles, à côté de Thiers car elle anime la conversation en lui tenant tête sur le romantisme – elle le défend, il le combat [45].

En 1834, à dix-sept ans, Clémentine plaît aux invités des Orléans, qui espèrent déjà lui trouver un mari : « Je suis charmée, écrit Madame Adélaïde à Talleyrand le 12 juin 1834, que le prince Esterhazy ait été content de l'accueil que nous lui avons fait et de la bonne impression que lui a faite notre Clémentine. Je serais enchantée s'il pouvait donner suite à l'excellente idée que lui a suggérée Mme de Dino [46]. » Le prince Esterhazy ne donna pas suite, semble-t-il. Cette année-là, Louis-Philippe et Marie-Amélie rêvaient à un double mariage autrichien, le duc d'Orléans et l'archiduchesse Thérèse, Clémentine et l'archiduc Albert. Ils durent y renoncer définitivement en juillet 1836, après le voyage à Vienne des ducs d'Orléans et de Nemours. Le 11 août 1836, le roi reçut une dépêche : le duc de Cobourg régnant serait heureux que son fils, à qui allait revenir la principauté, épouse Clémentine. Mais c'était l'époque où le roi de Naples qui cherchait à se remarier était en visite à Paris et Louis-Philippe se demandait si l'ambition de Clémentine ne la pousserait pas à préférer le « Macaroni [47] ». Au total, rien ne se fit.

Les années passèrent, les espoirs tombèrent à l'eau. Clémentine, à Paris, s'occupait en se cultivant. Aumale écrit à son précepteur le 2 juillet 1840 : « Elle désire, en échange des leçons de M. Michelet que je vais entendre chez elle, venir suivre chez moi le cours de M. Rossi [professeur au Collège de France qui leur enseignait le droit [48]]. » Le 3 juin 1841, la princesse assista à la réception de Victor Hugo à l'Académie : « Cela m'a intéressée au plus haut point, écrit-elle à Aumale. Le discours de V.H. est d'un homme de génie, la réponse de Salvandy d'un homme d'esprit (...) J'ai eu la satisfaction, après la séance, de pouvoir parler à V.H ; il a été charmant et cela m'a ravie. Il y avait beaucoup de monde, et du plus joli [49]... » Clémentine s'occupait mais avec le temps lui venait une certaine lassitude, que remarque la duchesse de Dino le 10 septembre

1840 : « La princesse Clémentine se fane et fait beaucoup moins de frais. »

Elle aurait voulu devenir reine mais les souverains disponibles n'étaient pas légion et, en 1842, elle allait avoir vingt-cinq ans lorsque son père entama des négociations avec le père d'Auguste, le duc Ferdinand de Saxe-Cobourg, frère du duc régnant et du roi des Belges. Léopold transmettait le 18 mai 1842 à Louis-Philippe un memorandum rédigé à Vienne le 9 mai par le duc Ferdinand, répondant aux questions posées par le roi des Français. Louis-Philippe résumait ainsi la situation à sa sœur le 21 mai : le revenu dont allait disposer Auguste de Saxe-Cobourg, 700 000 francs, était très convenable ; le lieu de résidence, en revanche, faisait problème : « Cobourg ne me paraît guère praticable, d'après l'expérience de notre pauvre Marie qui n'y avait qu'une petite maison, vaille que vaille et non meublée, ou un appartement où toutes les dépenses étaient à sa charge, et ensuite par la considération que Cobourg est totalement isolé de tous les intérêts de Clémentine... » La solution serait d'obtenir pour Auguste le rang et le titre de *frère de roi* (son père a le titre et le rang d'Altesse Royale), ce qui permettrait au jeune ménage de résider à la cour de Vienne avec un rang convenable : Auguste aurait « le pas après la famille impériale sur toute la noblesse de Vienne et les princes de l'Empire [50]. »

Un an plus tard, il apparaît que Clémentine disposera d'un médiocre revenu : « On ne lui donne que 60 000 francs de rente ; le prince, son mari, n'en aura que 108 [mille francs] », écrit Mme de Dino le 20 mars 1843. Elle habitera Cobourg et voyagera. Ajoutée à la personnalité terne d'Auguste de Saxe-Cobourg, cette position n'a rien d'exaltant. Le roi et Madame Adélaïde s'étonnent d'ailleurs « du plaisir que montre la princesse d'aller après ses premiers voyages à Cobourg, où elle trouvera si peu de ressources sociales, et où la position d'une princesse d'Orléans et d'une princesse catholique pourra avoir ses ennuis et ses embarras, au milieu de toutes ces petites cours d'Allemagne [51] ». Mais Clémentine est « tout simplement enchantée (...) d'acquérir de l'indépendance, d'avoir la clef des champs, et de fuir la table ronde du salon des Tuileries [52]. »

S'émanciper enfin, à vingt-six ans, quitter les Tuileries dont l'atmosphère devait être particulièrement lourde depuis la mort du duc d'Orléans, avec les tiraillements entre sa veuve et le couple royal, voilà qui fut pour Clémentine un soulagement, source de bonheur. Elle écrivait son plaisir d'être reçue avec son mari dans les châteaux d'Ebenthal, près de Vienne, de Schönbrunn, etc. Sa famille en plaisantait : « La marquise de Carabas continue d'aller de triomphe en triomphe en Hongrie [53]. »

CHAPITRE IX

LES PRINCES APRÈS L'ÉCOLE

On connaît le tableau d'Horace Vernet où Louis-Philippe et ses cinq fils sortent à cheval de Versailles. Au premier plan, au centre, le roi, sur un cheval blanc, tient à la main son bicorne à plumet blanc. Les princes l'escortent, un peu en retrait, trois d'un côté et deux de l'autre, montés sur des chevaux à la robe brune ou noire. De gauche à droite : Joinville et son collier de barbe sombre, Montpensier, Orléans au collier de barbe frisée, de couleur blond vénitien, Nemours et Aumale, blonds et fins [1]. Ils sont tous en uniforme d'officiers, avec des épaulettes dorées, la poitrine barrée par le grand cordon rouge de la Légion d'honneur. Les princes portent bicornes, képi et shako. Ils sont à la fois tournés vers leur père et en éventail autour de lui : on pense à ce que dit Rémusat – qu'ils avaient appris à se déployer pour mieux le protéger, dans les revues.

Louis-Philippe était très fier de ses fils. Le 8 janvier 1833, au cours d'un voyage en province en compagnie de ses trois aînés, il écrit de Maubeuge à la reine : « Chartres fait merveille et son succès est pyramidal. Celui des deux autres est également satisfaisant et doit te consoler de toutes les contrariétés possibles. On me dit partout qu'il n'y a point de famille comme la nôtre et, à Cambrai, j'ai recueilli ce mot : « Les autres peuples peuvent nous envier notre famille royale, quand ils font des comparaisons, et ils doivent trouver, comme nous, que la France a gagné *le gros lot* [2] ! » Il affirmait encore, selon Rémusat : « C'est la famille des Guise, ils sont tous distingués [3]. »

Les cinq fils du roi devinrent tous officiers et tous avaient à *faire la fonction*, c'est-à-dire qu'ils avaient des devoirs de représentation officielle. L'expression était couramment employée dans la famille royale. Rémusat prétend qu'il s'agissait d'une expression italienne, reprise par Louis-Philippe [4]. Mais le mot pouvait aussi bien avoir été emprunté à l'anglais *function*, réception, représentation, dîner de gala, ou même à l'espagnol *funcion*, représentation théâtrale.

Rôle militaire

Sous la Restauration, les deux aînés avaient, très jeunes, suivant la tradition d'Ancien Régime, été nommés par le roi à la tête de régiments. Chartres à quatorze ans, en 1824, devint colonel au premier régiment de hussards; Nemours à douze ans, en 1826, fut promu colonel du premier régiment de chasseurs. Tous deux étaient alors élèves à Henri-IV. Mais cela ne les empêchait pas de passer en revue leurs troupes. Ainsi le duc d'Orléans et ses fils passèrent-ils en revue les chasseurs de Nemours le 21 octobre 1827, au carré d'Armenonville dans le bois de Boulogne.

Au reste, les jeunes gens figuraient déjà avec leur père dans les revues de Charles X. Par exemple, le 17 avril 1827, le monarque célébrait l'anniversaire de son entrée à Paris : « Le duc et Chartres, écrit Marie-Amélie, ont accompagné le roi à cheval et nous les avons suivis en calèche avec la dauphine et la duchesse de Berry jusqu'au Champ-de-Mars. » Le 18 octobre 1828, ils assistèrent à une grande manœuvre de la garde et des troupes de ligne : « A midi et demi, le duc, Mademoiselle, moi et Chartres sommes allés à la plaine de Grenelle. Quand le roi est arrivé, les messieurs sont montés à cheval et nous en voiture avec la dauphine et la duchesse de Berry. » Le 15 avril 1830, raconte encore Marie-Amélie, « Nous trois, nos quatre aînés et Joinville sommes allés au Champ-de-Mars. Le roi y est arrivé à une heure et le duc, Chartres et Nemours l'ont suivi à cheval pendant qu'il passait la revue des gardes du corps, de la garde royale et de la garnison de Paris. Quant à nous, nous l'avons suivi en calèche, la dauphine, la duchesse de Berry et ses enfants nous précédant dans une autre calèche [5] ».

En été 1829, Chartres avait fait son premier camp à Lunéville, du 31 août au 8 octobre. En juillet 1830, au moment où éclata la révolution, il se trouvait à Joigny, à la tête de ses hussards. Il rentra à Paris le 4 août : Louis-Philippe et Nemours allèrent à sa rencontre. Il fut nommé officier d'artillerie de la Garde nationale et Nemours interrompit sa scolarité à Henri-IV pour prendre place à ses côtés. Tous deux furent alors toujours au premier rang pour réprimer les troubles.

Lorsqu'on apprit à Paris, en avril 1834, qu'une insurrection avait éclaté à Lyon, le duc d'Orléans soignait une irritation de la gorge à Meudon. Le 11, les insurgés s'étant emparés du télégraphe, la situation parut grave et le conseil des ministres décida de rappeler le prince royal dans la capitale. Le roi chargea la reine, le 12, d'aller chercher leur fils aîné. L'émeute gagna Paris le soir du 13. Orléans et Nemours partirent se mettre à la disposition du maréchal Lobau, commandant de la Garde nationale. Marie-Amélie, ayant appris, le 14 à cinq heures du matin, que ses fils étaient en train d'attaquer les insurgés, fut dévorée d'inquiétude jusqu'à ce qu'elle les vît revenir, à huit heures moins le quart, « avec la nouvelle que tout était terminé, que les barricades avaient été démolies, que les insurgés avaient été dispersés ou fait prisonniers [6] ». Le duc d'Orléans put retourner soigner sa gorge à Meudon. La reine ne fait aucune allusion au massacre du 12 rue Transnonain : croyant qu'on avait tiré d'une fenêtre, les soldats avaient envahi la maison et tué presque tous ses habitants, qui n'avaient rien à voir avec l'émeute.

Orléans et Nemours n'aidaient pas seulement au rétablissement de l'ordre, ils commandaient des camps et dirigeaient chaque été des manœuvres pendant deux à trois mois. A la veille de sa mort, en juillet 1842, l'aîné écrivait encore au second ses projets concernant les manœuvres imminentes : « Je crois avoir organisé passablement le simulacre d'attaque de Vitry (...) Il serait possible que l'état des récoltes nous forçât à commencer dès le 20 août les opérations; tout est bien avancé en Champagne. Je te tiendrai au courant. L'opération ne pourra durer que seize jours. J'en ai le tableau et la répartition, mais tout de ma main, et je le garde *secretissime*, car, si cela s'ébruitait, adieu l'intérêt pour les subalternes. Je voudrais cependant bien en conférer avec toi, et je trouve que le 20, à Lunéville, c'est bien tard! J'ai reconnu un bel endroit pour une action générale de toute la cavalerie et de toute l'artillerie à cheval : c'est entre Sommesons, Vatry et Soudé [7]. »

C'était une grande responsabilité que de diriger un camp. Le commandant n'abandonnait pas ses hommes, même dans le cas d'un événement politique important : le 31 août 1843, Nemours n'était pas à Eu avec le reste de la famille royale pour accueillir la reine Victoria car il aurait été imprudent de laisser oisifs les 10 000 soldats qu'il entraînait [8].

A la fin des camps, le roi venait le plus souvent passer les troupes en revue : à Lunéville en 1838, Fontainebleau en 1839, Compiègne en 1841 et 1847, etc. La fin des manœuvres de Compiègne en septembre 1841 figura parmi les plus belles fêtes militaires de la monarchie de Juillet. Elle constitua une sorte d'apothéose après le retour triomphal à Paris, le 13 septembre, d'Aumale qui ramenait d'Algérie le 17e léger : Orléans et Nemours avaient défilé aux côtés de leur frère au milieu d'une foule immense et un attentat manqué contre Aumale avait encore accrû l'émotion [9]. Louis-Philippe arriva au camp le 24 septembre, accompagné de la reine et du maréchal Soult, président du Conseil et ministre de la Guerre. Il passa la revue le 26 et distribua des drapeaux à seize nouveaux régiments. Eugène Lami peignit la scène. Le 29 septembre eut lieu la manœuvre générale devant le souverain et, le 1er octobre, une nouvelle revue avec remise de décorations. Chaque soir, il y avait grand couvert au château, réception, concert ou représentation par les artistes de l'Opéra-Comique [10].

Joinville fut nommé officier de marine de première classe à seize ans, en 1834, Aumale capitaine d'infanterie à dix-sept ans, en 1839, Montpensier, en 1842, à dix-huit ans, sous-lieutenant d'artillerie. Tous les princes participèrent à des expéditions militaires hors de France : en août 1831, Orléans et Nemours partirent rejoindre l'armée du Nord, chargée d'aider la Belgique contre la Hollande; en novembre et décembre 1832, ils étaient au siège d'Anvers. Mais, surtout, les cinq fils du roi contribuèrent à la conquête de l'Algérie : Orléans fit partie, en 1835, de l'expédition de Mascara; Nemours, en 1836, de la première expédition de Constantine, puis de la seconde, en 1837, au cours de laquelle Joinville le rejoignit. En 1841, il était en Afrique pour la troisième fois. Orléans s'y rendit à nouveau en 1839 (expédition des Portes de Fer) et, l'année suivante, y retourna avec Aumale (expédition de Médéah). Ce dernier mena en 1841 une brillante campagne puis son fameux raid de 1843 lui permit de s'emparer de la smala d'Abd-el-Kader. Il devint gouverneur de l'Algérie en 1847. Montpensier s'embarqua à son tour en février 1844 et fit, au côté d'Aumale, une campagne de deux mois au cours de laquelle, pour son baptême du feu, il fut légèrement blessé à l'œil.

Devoirs de représentation

En tant que princes du sang, les fils de Louis-Philippe étaient appelés à figurer dans le monde politique avant même le changement de dynastie. Sous la Restauration, Chartres et Nemours étaient entrés, dès l'âge de seize ans, à la Chambre des pairs (Chartres prêta serment le 31 janvier 1826 et Nemours le 2 mars 1830), comme leur naissance leur en donnait le droit. La Charte ayant été modifiée en 1830, ce n'est qu'à vingt-cinq ans que Joinville et Aumale vinrent siéger, le premier en 1843, le second en 1847. Le 18 janvier 1847, Hugo signale la présence à la Chambre des pairs de Nemours, Joinville et Aumale, tous trois assis derrière le banc des ministres.

Mais les devoirs des fils du roi étaient avant tout de représentation et ils devaient « faire la fonction » aussi bien en France qu'à l'étranger. Orléans et Nemours, au début du règne, accompagnèrent leur père dans les provinces. Joinville fut associé au groupe en 1832 et 1833. Plus tard, les princes durent accomplir seuls leur tâche, qui consistait à recevoir les autorités, écouter les discours et y répondre, passer en revue la Garde nationale ou l'armée. Louis-Philippe tenait beaucoup à ce qu'ils fassent parade de la gloire militaire gagnée en Algérie, au long des étapes judicieusement organisées de leurs voyages de retour.

En 1837, après la prise de Constantine, Nemours s'apprête à rentrer en France. Sa victoire fait déjà grand bruit à Paris, comme le lui écrit son père : « Chez Franconi, où on représente la prise de Constantine, il y a des applaudissements et des trépignements dans toute la salle quand le duc de Nemours paraît sur la scène [11]. » Le prince devrait profiter de l'occasion pour acquérir auprès des Français une popularité qui lui fait défaut. Louis-Philippe connaît la timidité de son second fils et l'engage à utiliser son prestige militaire pour la surmonter : « Je crois, mon cher ami, et c'est aussi l'opinion des ministres à qui j'en ai parlé, qu'il est nécessaire qu'à ton retour en France tu ne voyages pas avec la même rapidité obscure, et qu'au contraire tu t'arrêtes principalement à Marseille, et à Lyon, et à Toulon, pour y faire fonction complète, c'est-à-dire pour y recevoir les autorités et y passer la revue des troupes (...) Je n'ai pas besoin de te recommander d'être poli et gracieux; mais je te recommande d'être très parlant et de soigner les civils, auxquels on a cherché à persuader que tu ne t'occupais que des militaires » (12 novembre). Marie-Amélie revient à la charge le 22 novembre : « Tu verras avec quel enthousiasme tu seras reçu partout, et le roi me charge bien de te répéter de te prêter avec patience à toutes les fêtes et fonctions qu'on te demandera [12]. » Malgré ces objurgations, Nemours rentra par l'océan.

A l'inverse, Aumale, colonel du 17e léger, traversa triomphalement la France avec son régiment à son retour d'Algérie pendant l'été 1841. De Marseille à Paris, il se plia aux obligations officielles et répondit aux démonstrations d'enthousiasme populaire : « Depuis trois heures du matin jusqu'à midi, écrit-il à son ami Couturié, je faisais mon étape et je réglais les affaires de mon régiment; puis, nouveau maître Jacques, je prenais mon rôle de prince, je subissais les réceptions, les banquets, les bals; je répondais aux discours; je portais des toasts. On n'imagine rien de plus fatigant [13]. »

Les princes jouèrent un rôle non négligeable dans les relations du roi avec l'Angleterre. Ce pays était pour Louis-Philippe une seconde patrie et, quand son fils aîné eut dix-neuf ans, il l'emmena à Londres pour le présenter au roi George IV. Parti le 11 mai 1829 avec son père, Chartres se sépara de lui début juin, continua vers l'Écosse et ne rentra que le 14 août. Il retourna seul en Angleterre en 1833, Nemours s'y rendit en 1835. Avec l'avènement de Victoria puis son mariage avec Albert de Saxe-Cobourg, des liens se tissèrent entre les familles royales anglaise et française. Nous avons souligné la part qu'y prirent le roi des Belges et Louise. De surcroît, Nemours, en 1840, épousa une nièce de Léopold, cousine d'Albert, pour laquelle Victoria éprouvait une vive amitié – elle se fit peindre par Winterhalter, assise près de Victoire, dans un tableau intitulé *Les Deux Cousines* [14]. Les Nemours furent invités chaque année à Windsor et à Buckingham. En juin 1845, Louis-Philippe chargea son second fils d'une mission diplomatique : il s'agissait de persuader la reine de renouveler sa visite de 1843 [15]. Mission réussie puisque Victoria revint à Eu le 8 septembre 1845.

Les princes d'Orléans avaient du charme aux yeux de la reine et des responsables politiques anglais. Le 5 septembre 1843, pendant le premier séjour de Victoria à Eu, Guizot écrit à Mme de Lieven : « Le duc de Montpensier a beaucoup de succès auprès de la reine. Hier, pendant le dîner, il la faisait rire aux éclats. Il est le plus gai et le plus causant, de beaucoup. On voit que tout l'amuse. » Joinville éveillait peut-être plus encore de sympathie que ses frères, dans la mesure où il était plus original. Il accompagnait son père et Guizot à Windsor, en octobre 1844, et le diplomate Bulwer écrivit à la princesse de Lieven : « *H.R.H. is clever, agreable and what we English like, off hand* [sans cérémonie]. *He pleased me much* [16]. » De son côté, Lord Aberdeen, ministre des Affaires étrangères, parlait à Guizot du prince « avec un intérêt presque affectueux », en septembre 1845 : « Sa figure, ses manières nobles et un peu sauvages, son air tour à tour mélancolique comme un sourd, et gai comme un enfant, tout cela lui plaît [17]. »

Au printemps de 1836, Orléans et Nemours furent reçus dans les cours de Berlin et de Vienne. Les deux jeunes gens remportèrent un très grand succès personnel, important pour le prestige du régime en Europe : « Le voyage de ces jeunes gens, écrit la baronne du Montet, me semble être le comble de la politique du père [18]. » Lequel, dans la préparation du voyage, ne négligeait pas les détails et se désolait de voir son fils aîné refuser de couper sa barbe de dandy : « J'espère que la barbe sera réduite, cependant je n'en ai pas tout à fait obtenu la promesse. Rien ne ferait un plus mauvais effet, et cela pourrait faire chavirer tous les projets. Il y a à cela un défaut de tact et de sentiment des convenances qui m'afflige. Je crois que Léopold pourrait lui dire qu'une barbe de bouc sur la face d'un prince royal est contraire à toutes les étiquettes allemandes. Ici, elle n'est ni belle, ni heureuse ; mais là-bas, elle pourrait être fatale [19]. » Chartres était allé chercher à Vienne une épouse qu'il ne trouva pas. La faute n'en fut pas à la barbe mais à l'attentat d'Alibaud, comme on le verra plus loin.

Les princes devaient se rappeler qu'ils étaient d'abord les fils du roi et que leurs agissements, même strictement privés, susciteraient une interprétation politique. Ils engageaient toujours autre chose qu'eux-mêmes. Joinville, individualiste et capable de coups de tête, encourut à plusieurs reprises les reproches de son père. En 1838, rentré du Brésil en passant par les États-Unis et La Havane, il trouva à son arrivée en France la lettre suivante : « Ainsi mon cher ami, je te dirai d'abord que tu as mal fait, après avoir reçu à ton bord la visite de cérémonie du capitaine général, qu'ils ne font que pour les infants, d'avoir débarqué furtivement pour aller courir les rues de La Havane, aller au théâtre, etc.

« Mais ce que tu as fait à Washington était encore bien pis. Vraiment, ne s'arrêter que vingt-quatre heures dans le siège du gouvernement, et refuser le dîner du président, de celui qui représente la souveraineté américaine, mon cher ami, c'était une grosse insulte à toute cette nation ...

« Nous ne sommes que trop solidaires les uns des autres, et de même que tu as l'avantage de ce que je fais de bien, de même nous souffrons tous des campagnes d'étourderie que tu nous fais [20]. »

Mais l'année suivante, Joinville recommença : il quitta son escadre pour aller, avec sa frégate, se promener à Constantinople, ce qui était dangereux pour l'équilibre international, compte tenu de la tension avec l'Angleterre et la Russie. Et de surcroît, alors qu'il avait obtenu la faveur de mouiller devant le Sérail, il ne jugea pas utile de se faire présenter au sultan [21].

S'il savait le rappeler à l'ordre des convenances diplomatiques, le roi savait aussi associer

Joinville à un projet d'envergure. En 1840, le prince fut chargé d'aller avec sa frégate la *Belle Poule* à Sainte-Hélène, pour chercher les cendres de l'Empereur et les ramener en France. C'est ainsi que, le 15 décembre, les quatre cents marins qui avaient accompagné Joinville dans cette expédition et Joinville lui-même, à cheval, portant l'écharpe de Grand-Croix, précédaient le catafalque, gigantesque construction de plusieurs mètres de haut, traîné par seize chevaux; par Neuilly, l'arc de Triomphe et les Champs-Élysées, l'immense cortège arriva enfin aux Invalides.

Au total, Guizot reconnaît la bonne volonté des fils du roi : « Tout sauvages qu'ils sont, écrit-il le 18 juillet 1846 à Mme de Lieven, ces princes-là [Joinville et Aumale] se montrent volontiers quand il y a quelque effet à faire. Ils se regardent bien comme les serviteurs du pays, et obligés de soigner ses intérêts et sa grandeur. »

Vies de garçons

Le roi et la reine étaient partagés, vis-à-vis de leurs fils, entre la fierté et l'agacement devant leurs divertissements préférés : les chevaux et les femmes.

Chartres se conduisait en dandy et, comme tel, affichait une passion pour la chasse et les chevaux. En octobre 1834, il est invité à chasser à courre chez Talleyrand, à Valençay, comme l'annonce Louis-Philippe à Marie-Amélie : « Il paraît au reste que Chartres a donné tous ses chiens. Tant mieux » (17 octobre). Une semaine plus tard, le roi, qui a toujours détesté la chasse, semble irrité par les activités des deux princes aînés : « Chartres est allé avec Nemours et Montalivet tuer des lapins à Saint-Germain. Grand bien leur fasse ! » (24 octobre).

Les deux frères figuraient parmi les quinze membres fondateurs, le 11 novembre 1833, de la Société d'encouragement pour l'amélioration des races de chevaux en France qui donna naissance, l'année suivante, au Jockey Club. Ils disputaient des courses : le 22 avril 1836, ils couraient au Raincy, en costume de jockeys, dans leur propre livrée ; Nemours gagna, Chartres fut jeté à terre. Avec son écuyer, le comte de Cambis, le prince royal avait créé un haras à Meudon et il contribua à l'installation et au succès des courses à Chantilly. Le roi et la reine étaient fâchés, témoigne Rodolphe Apponyi, que l'héritier du royaume ait participé à « ces bêtises de Chantilly » (27 avril 1836). Un fragment d'une lettre de Louis-Philippe à sa femme confirme ce mécontentement : « Je ne veux pas te cacher, et je l'ai dit à Chartres, que ces *steeple-chase* ont fait le plus mauvais effet pour lui tant pour la chose en elle-même que pour la société qui les faisait, qui était, je crois, médiocrement choisie. Enfin, il n'y en aura plus [22]. »

« Avant la révolution, note Cuvillier-Fleury le 29 août 1830, les femmes étaient à peu près l'unique sujet de ces entretiens mystérieux où il

[Chartres] nous admettait à l'honneur de ses confidences, et je le dis aussi, à l'embarras de sa franchise... » Dès cette époque, Chartres traînait tous les cœurs après lui, ceux des dames du monde comme ceux des actrices. Sa première liaison avait été, en 1829, une Polonaise, la comtesse Sobanska qui, si l'on en croit Rodolphe Apponyi, avait obtenu de la duchesse d'Orléans elle-même l'autorisation d'aimer son fils. Comme elle ne voulait pas « se gâter sa position dans la société et à la cour », elle alla voir Marie-Amélie pour lui montrer les lettres que le prince lui avait envoyées et lui demander « si elle n'avait rien à objecter contre cette liaison [23] ». La duchesse lui ayant répondu « qu'elle aimait mieux que le duc de Chartres s'adressât à une femme de la société que de s'amouracher d'une danseuse de l'Opéra », la belle Polonaise put s'abandonner à sa passion. Mais, quelque temps après, elle trouva son amant plus tiède et se découvrit une rivale : Léontine Fay, très jolie actrice du Gymnase, que Chartres partageait avec Alexandre Dumas. Cette liaison était d'ailleurs secret de polichinelle. Le pauvre Joinville était poursuivi à Henri-IV par ses camarades qui lui chantaient un refrain devenu une scie « As-tu vu Léontine ? », allusion directe aux amours de son frère aîné [24].

Jusqu'à son mariage, Chartres profita largement de ses succès féminins, qui parfois pouvaient lui faire oublier ses devoirs. En mars 1833, il est à Bruxelles avec sa mère mais, au lieu de l'attendre pour l'escorter sur le chemin du retour, il revient brusquement à Paris : « C'est ici un bruit de dames qui l'espèrent à un bal costumé », écrit Louis-Philippe le 10 mars (il s'agissait d'un bal chez le général Jacqueminot). Mécontentement du roi obligé d'envoyer à la reine, en escorte de remplacement, Nemours et Joinville. Il va sans dire que le pauvre homme eut bien d'autres occasions de s'irriter et de s'inquiéter. Ainsi, en avril 1835, Nemours s'est installé à Trianon et Chartres veut l'y rejoindre. Louis-Philippe fait part de ses soupçons à Marie-Amélie : « Habitué comme je le suis par les cachotteries ordinaires à ne rien savoir de ce qu'ils méditent et de ce qu'ils font, je crains quelque anguille sous roche à ce projet de Trianon et à ce voisinage de Versailles (...) En attendant, comme d'autres personnes sont moins cachées qu'eux avec moi, je puis te dire que ceci n'est pas une prolongation mais *une rechute,* une *seconde maladie* produite par de *nouvelles gaietés,* et je crains fort qu'il y ait des *gaietés* à Versailles. Je vais prendre des mesures pour le savoir et, si j'en découvre, je ferai rentrer la société très lestement » (13 avril). Trois jours plus tard, il rapporte à la reine une conversation qu'il a eue avec le prince héritier : « Il n'y a pas de temps à perdre, d'après certaines confidences qu'il m'a faites sur l'état d'épuisement où il est. C'est cette maudite femme qui l'épuise, comme elle l'affiche, et il n'a pas le courage de s'en éloigner. Chaque jour peut lui coûter des pintes de vie. »

La maîtresse n'est pas nommée. Peut-être s'agissait-il de la comtesse Harriet d'Orsay, épouse d'Alfred, le fameux dandy aimé à la fois par le père d'Harriet et par sa belle-mère, Lord et Lady Blessington [25]. Délaissée par son mari, la jeune comtesse avait quitté le domicile conjugal en 1831 et obtenu la séparation de biens. Elle se consola avec le prince royal et se fixa définitivement à Paris en 1836. Au moment où il cherchait à se marier, le duc d'Orléans faillit être éclaboussé par le scandale. Marie-Amélie, le 17 septembre 1836, appela à l'aide son gendre Léopold : « J'ai appris par une voie qui mérite confiance que les carlistes, pour empêcher le mariage du Beau, veulent dans un mois lui faire intenter en Angleterre un procès de *crim-con* [*criminal connexion* ou *criminal conversation*, c'est-à-dire adultère]; il paraît qu'ils ont intercepté des malheureuses lettres écrites par la poste à Lady Harriet, qu'elles ont été portées au mari et que celui-ci s'en servira comme motif d'accusation et comme preuve de culpabilité (...) Sauriez-vous quelque moyen d'étouffer cette malheureuse vilaine affaire ? » Était-ce un chantage monté par le comte d'Orsay et Lady Blessington pour se procurer de l'argent ? Le départ de la jeune comtesse les avait privés de sa fortune et ils avaient de grands besoins. En tout cas, Lady Harriet fut très amoureuse du prince, semble-t-il : le bruit courut en novembre 1842 qu'accablée par sa mort – elle n'était pourtant plus sa maîtresse –, elle était tombée dans la dévotion et allait se convertir au catholicisme [26].

En fin de compte, les actrices étaient moins embarrassantes que les femmes du monde : avec elles, on ne risquait pas tant. Les princes eurent tous des liaisons dans le monde du spectacle, ce qui faisait dire à leur mère : « Ce n'est pas bien, mais c'est encore plus moral que de déranger un ménage [27] » – son jugement avait bien évolué depuis la comtesse Sobanska... Joinville eut en 1837 un coup de foudre pour Cornélie Falcon, qui chantait dans *Les Huguenots* de Meyerbeer ; en 1840 une liaison avec une danseuse, Fifine Esguillard (parallèlement, Nemours était l'amant de Titine, danseuse elle aussi et sœur de Fifine) ; et surtout, en 1842, une passion pour Rachel. Passion partagée. Il l'appelle « mon enfant », à la mode romantique ; elle le traite gentiment de « mon vieux chien » et lui écrit de charmantes coquineries : « Puisque tu veux bien remuer ta queue en mon honneur, remue aussi les quatre pattes pour arriver à Paris [28] » (22 mai 1842).

Aumale, dont la princesse de Ligne dit « charmante figure, charmante tournure militaire et charmant esprit ; c'était le plus brillant des princes [29] », était couvert de bonnes fortunes. D'après Nestor Roqueplan, toutes les lorettes de Paris prétendaient être entretenues par lui [30]. Il eut en 1841-1842 une liaison plus marquante que les autres, avec Alice Ozy. Il était alors colonel du 17e léger en garnison à Courbevoie et, quand la jolie comédienne venait assister à la revue, la musique du régiment, sur l'ordre de son colonel, jouait un air arabe en vogue, *Kradoudja ma maîtresse.* Mais Alice Ozy abandonna Aumale pour Perrégaux, le fils du banquier, qui, à son tour, la quitta pour Marie Duplessis, la « dame aux camélias [31] ». Elle accorda ensuite ses faveurs à Théophile Gautier, à Victor Hugo et à son fils Charles, au peintre Chassériau [32]. Quant à Montpensier, il eut pour maîtresse Mme Beausire, de l'Opéra. La veille de son départ pour Madrid, où il allait épouser l'Infante, il passa une dernière nuit avec elle et tous deux pleuraient en se séparant [33].

Les princes, on peut l'imaginer, n'avaient pas forcément envie de renoncer à une vie de célibataire faite d'indépendance et de plaisir pour se charger de responsabilités conjugales et familiales. Leur attachement à la vie de garçon ne faisait pas l'affaire de leurs parents, qui passaient sans cesse en revue la liste des princesses à marier. Joinville raconte : « Le 16 juillet 1838, j'arrivai à Paris après un an d'absence. Le père n'avait rien à faire ; il s'était épris de nous marier tous deux, Nemours et moi, sur-le-champ ; Nemours à la Cobourg et moi à la Francesca ou bien à une des petites infantes de Paulo. Nous avons repoussé l'idée d'un commun accord : 1°) Nous ne serions pas assez riches et il est inutile d'augmenter le nombre des princes parasites. 2°) Nous nous sentions trop jeunes [Nemours a vingt-quatre ans et lui vingt] [34]. » Fureur du roi. Nemours partit pour son camp de Lunéville où il menait joyeuse vie ; pour occuper Joinville, on l'envoya au Mexique.

Il est amusant de penser que Nemours a bien épousé « la Cobourg » deux ans plus tard et

Joinville « la Francesca » cinq ans après. Ce qui prouve que Louis-Philippe était persévérant dans ses projets mais aussi que le choix des partis possibles n'était pas étendu. Qu'un prince se résigne au mariage pouvait prendre du temps. En 1835, déjà, Joinville avait été sollicité : « Aujourd'hui [2 décembre], le roi me dit que la petite reine du Portugal ne demandait plus Nemours pour mari, mais moi. Ce projet ne me sourit pas... Si j'ai des enfants ici, ils seront très pauvres, tandis que là-bas, ça me fait un établissement superbe. Mais la condition de roi est tellement malheureuse que vraiment ça n'a aucun charme pour moi [35]. » Une semaine plus tard, le voilà soulagé : le mariage de doña Maria a été conclu avec Eugène de Leuchtenberg (veuve au bout de deux mois, elle se remaria avec Ferdinand de Saxe-Cobourg, frère de la future duchesse de Nemours). En 1837-1838, Joinville fit un long séjour au Brésil, au cours duquel il séduisit l'empereur, âgé de douze ans, et ses sœurs, guère plus âgées. Il n'était pas dupe : « On a recherché, écrit-il, toutes les occasions de me rapprocher et de me rabouter avec la Francesca, ce sont de drôles de manœuvres [36]. »

Cette Françoise de Bragance, il finit donc par l'épouser le 1er mai 1843, à Rio, après avoir, si l'on ose dire, beaucoup traîné les pieds. A la suite de la mort du prince héritier, en juillet 1842, Joinville accepta le principe d'un mariage avec la sœur de Pedro II. Avec son accord, la France envoya un diplomate pour s'occuper de la négociation du mariage : M. de Langsdorff arriva à Rio le

26 novembre 1842. Il lui fallut attendre le 27 mars 1843 pour voir apparaître la frégate de Joinville. Parti le 7 octobre 1842, le prince s'était attardé à Lisbonne puis au Sénégal et il avait donc mis plus de cinq mois pour aller de Brest à Rio. La princesse et sa famille commençaient à désespérer. Une fois au Brésil, Joinville décida, au lieu de ramener « la Francesca » en France pour l'épouser, comme l'auraient voulu les convenances, de l'épouser sur place. Contrairement à ce qu'on a pu dire, si les Orléans furent surpris par ce mariage, c'est uniquement parce qu'il avait été célébré au Brésil. En fait, on l'espérait depuis longtemps. Les auteurs qui présentent l'union de Joinville comme une aventure romanesque – le marin tombe amoureux et enlève la jeune belle – sont emportés par leur imagination [37].

Du reste, aucun des mariages princiers ne fut romanesque. Ce qui ne signifie pas que les couples furent mal assortis. Simplement, la constitution de chacun demanda une recherche parfois longue du partenaire, de nombreux commentaires épistolaires, des négociations sur la dot et la religion, quand les princes et princesses épousaient des non-catholiques, et, de la part de chacun, une certaine dose de résignation.

Cela se vérifie encore avec le mariage d'Aumale. En 1843, il a vingt et un ans et, le 18 octobre, est nommé, comme il le souhaitait, commandant de la province de Constantine. Mais, pour faire plaisir à sa famille, il va rejoindre son nouveau poste en visitant quelques cours italiennes, où se trouvaient des princesses épousables. A Florence l'attendait une déception : la fille du grand-duc de Toscane, Augusta, qui lui aurait plu, venait d'être fiancée au prince Luitpold de Bavière. A Naples, en novembre, Aumale échappe avec peine aux pressions du roi et du prince de Salerne qui ont, le premier une sœur, le second une fille à caser. Il élimine d'emblée la sœur du roi, plus âgée que lui, laide et sans grande éducation. En revanche, la fille du prince de Salerne ne lui déplaît pas : « Sans être jolie, elle n'a rien de désagréable qu'une excessive petitesse », écrit-il à Louis-Philippe. Mais il émet des réserves sur les parents : « Son père a, comme vous le savez, bien peu de considération et il y a dans tout l'ensemble des habitudes de cette famille de Naples quelque chose d'immoral qui ne me plaît pas [38]. »

A Paris, bien entendu, on voudrait qu'Aumale se décide pour la petite princesse de Salerne : il y a seize ans en effet que Marie-Amélie espère marier l'un de ses enfants dans sa famille, et toujours en vain. Cette fois sera la bonne. Mais ce qui a décidé Aumale est moins le charme de sa future femme que la peur d'être devancé auprès d'elle par le prince de Carignan, dont la fiancée vient de mourir : « et comme il n'y a guère d'autre princesse catholique *mariable* dans le Gotha... », écrit-il à Cuvillier-Fleury le 16 février 1844. Il avoue à son ancien précepteur : « Cette résolution m'a beaucoup coûté » et conclut, résigné : « D'ailleurs il faudrait toujours en arriver là; un peu plus tôt, un peu plus tard, c'est à peu près la même chose. » Il épousa sa cousine Marie-Caroline (on l'appelait Lina) à Naples, le 25 novembre 1844.

CHAPITRE X

LE PRINCE ROYAL

Le 13 juillet 1842, le prince héritier mourut dans un accident de voiture, sur le chemin de Paris à Neuilly. Il allait faire ses adieux à ses parents avant de partir pour Saint-Omer, où il devait inspecter des régiments. A la porte Maillot, ses chevaux s'emballèrent, il sauta de la voiture et resta inanimé sur le pavé. Des témoins de l'accident le portèrent dans la boutique d'un épicier voisin. Il mourut quelques heures plus tard sans avoir repris connaissance.

Louis-Philippe acheta la maison de l'épicier et demanda à Fontaine d'édifier une chapelle mortuaire, dédiée à Notre-Dame de la Compassion et à saint Ferdinand. Cette chapelle, en forme de croix grecque et de style byzantin, qui se trouvait boulevard Pershing, a été déplacée, dans les années 1960, place de la Porte-des-Ternes. Le roi chargea de sa décoration Ingres et Ary Scheffer. Ingres dessina les vitraux : il donna aux saints et saintes représentés les traits des membres de la famille royale [1]. Ary Scheffer conçut la maquette du cénotaphe, qui fut réalisé en marbre blanc par le sculpteur Triqueti. Le duc d'Orléans est représenté en grandeur nature, étendu sur le matelas où il mourut. Sa tête s'appuie sur les genoux d'un ange inspiré d'un *Ange en prière* qu'avait sculpté la princesse Marie [2].

Le prince royal avait trente-deux ans. Sa mort prématurée était une tragédie à la fois pour sa famille et pour la monarchie. Lorsque, quarante ans plus tard, au cours d'un dîner, quelqu'un rappela au duc de Nemours l'accident de 1842, celui-ci pâlit et dit : « Ce jour-là, je compris que le régime était condamné [3]. »

L'aîné des Orléans réunissait dans sa personne la beauté, le talent, l'autorité et le charme. Tous ceux qui l'approchaient lui reconnaissaient du charisme, que son frère Joinville résume ainsi : « C'était un charmeur, charmeur de soldats, charmeur d'artistes, qui trouvaient chez lui encouragement et protection; charmeur aussi de femmes [4]. » Très grand, mince, blond aux yeux bleus, il avait belle prestance. Sa famille l'appelait « le Beau » : le terme était utilisé par les Anglais pour désigner un dandy.

Le jeune prince dans le monde

Le 3 septembre 1828, jour de ses dix-huit ans, avait marqué la fin de son éducation. Son précepteur Boismilon restait auprès de lui comme secrétaire et le général Baudrand fut choisi par son père pour être son aide de camp. Il fit son entrée dans le monde le 2 mars 1829, à l'occasion d'un bal costumé donné à la cour par la duchesse de Berry. Celle-ci était travestie en Marie Stuart et Chartres en François II. Charles X sut gré de sa réserve au jeune homme, qui « refusa constamment de s'asseoir comme roi, à une place distincte, disant qu'il préférait être derrière les femmes et qu'il n'avait aucun goût pour le rôle royal [5] ». En février 1830, les dames du monde donnèrent à Chartres la présidence du comité des patronnesses pour le bal des Indigents à l'Opéra [6]. Le prince était alors la coqueluche du faubourg Saint-Germain.

Quelques mois plus tard, la révolution sonna dans la bonne société le glas de sa popularité, qui devint ainsi inversement proportionnelle à celle qu'il acquit dans la rue, à la tête de son régiment. Cette situation mondaine délicate dura plusieurs années. Le faubourg Saint-Germain était en effet passé en majorité dans l'opposition légitimiste et, au début de la monarchie de Juillet, on marquait son appartenance à cette opposition en refusant de parler au prince royal et même en évitant de le rencontrer. Forme de protestation plutôt puérile, qui donnait lieu, parfois, à des scènes pénibles ou grotesques. Ainsi, le 15 février 1831, à un bal chez les Rothschild, les jeunes légitimistes avaient-ils comploté d'enlever, pendant que le duc danserait, la cocarde tricolore de son chapeau et de lui en coudre une blanche à la place. Mais le duc fut absent ce soir-là, occupé à réprimer les émeutes [7].

L'année suivante, en revanche, toujours chez les Rothschild, eut lieu un incident qui défraya la chronique. Le duc de Rohan, prince de Léon, en s'adressant à une dame, désigna le prince héritier d'un sobriquet lancé par *La Mode*, « le grand poulot » (nom donné par les Normandes à leur premier-né). Les aides de camp du fils aîné du roi entendirent le prince de Léon et voulurent lui en demander raison, ainsi qu'à ses compagnons. Des tractations permirent d'éviter le scandale de plusieurs duels. Mais la reine et Madame Adélaïde furent très affectées par cette affaire. De son côté, le duc d'Orléans en resta « tout aigri, tout boudeur [8] » et, dans le monde, on s'inquiéta à l'idée qu'un tel incident pût se reproduire.

Le prince royal devenait un sujet de discorde dans les familles. Une dame de la société qui acceptait de le recevoir ou de danser avec lui encourait les foudres des carlistes. Pour avoir valsé avec lui à l'ambassade d'Angleterre, en février 1832, la duchesse d'Esclignac fut en butte à des « scènes épouvantables » provoquées par les Noailles et par ses autres parents [9]. Pires encore furent les insultes qu'adressa la duchesse de Rohan à sa cousine la duchesse de Valençay, le 7 mai 1835, lorsque, entrant chez elle, elle croisa le duc d'Orléans qui en sortait : « C'est une horreur, s'écria-t-elle, de voir à quoi on est exposé en venant chez vous [10]. » Le duc de Valençay demanda réparation au duc de Rohan, qui évita le duel en obligeant sa femme à écrire une lettre d'excuses.

La présence du prince héritier, attraction

sous la Restauration, était devenue un repoussoir pour les légitimistes. Les gens du monde étaient obligés d'en tenir compte car inviter le jeune homme à une soirée risquait d'entraîner la défection du faubourg Saint-Germain tout entier. Le comte Apponyi prétend que, pour n'avoir pas à choisir entre les camps, l'ambassade d'Autriche préféra ne donner aucun bal pendant l'hiver 1832-1833. En effet, durant cette saison, pour protester contre l'arrestation de la duchesse de Berry, les carlistes avaient décidé de ne pas danser. Dans ces conditions, si les Apponyi avaient donné des bals, ne seraient venus que les orléanistes et le Juste Milieu. Et *de facto*, l'ambassade d'Autriche aurait ainsi « choisi » son camp, ce qu'elle ne voulait pas.

Le duc d'Orléans souffrait de l'attitude de la bonne société qui boudait la cour et le rejetait. Il souffrait aussi de la vulgarité des invités de son père. En juillet 1832, il se confie à Rodolphe Apponyi, qu'il appelait familièrement « le comte Rody » et qui était le camarade de ses soirées de jeunesse. Il lui parle de leurs relations d'autrefois, « du changement regrettable que le départ de Charles X a opéré dans la société », lui demande des nouvelles des dames qu'ils voyaient chez la duchesse de Berry. La nouvelle société des Tuileries le met « au désespoir » et il compte parvenir, l'hiver suivant, à « déblayer » le palais. La déclaration fait plaisir au comte Rody mais le laisse sceptique, « puisque je ne vois qui mettre sur les banquettes déblayées [11] ».

A l'ambassade d'Autriche, le prince royal

demande à Rodolphe Apponyi de jouer les intermédiaires auprès des dames du faubourg Saint-Germain : la princesse Léonie de Béthune a accepté de valser avec lui, les duchesses de Rauzan et de La Trémoille consentiraient-elles à en faire autant [12] ? Selon Apponyi, la maison la plus commode pour rencontrer le faubourg Saint-Germain était celle du baron Delmar. Or le baron a bien invité le duc en 1834, mais il l'a invité seulement avec ses deux aides de camp, sans personne d'autre du Juste Milieu. Le duc a donc refusé : il aurait couru le risque de ne trouver parmi les carlistes aucun interlocuteur. En février 1835, nouvelle invitation de M. Delmar au duc d'Orléans, qui accepte « à condition d'être reçu agréablement », ce qui signifiait : à condition de renvoyer la société légitimiste ou de recevoir en même temps des orléanistes [13]. Le baron Delmar préféra se brouiller avec la cour et abandonna l'idée d'inviter le prince héritier. Ce dernier épisode est révélateur. Ce qui importe au duc d'Orléans, c'est d'être reçu *avec sa société*, c'est-à-dire avec des jeunes gens favorables au nouveau régime. Son attitude équivaut donc à une manœuvre de pénétration d'un milieu. Il rêvait sans doute d'être le trait d'union entre les légitimistes et la monarchie de Juillet.

Le prince royal ne se contentait pas d'animer les soirées de son père, il recevait de son côté au pavillon Marsan, dans un décor raffiné. Le 14 décembre 1833, la duchesse de Dino rejoint

Talleyrand, invité à dîner chez le jeune prince : « L'appartement du prince royal est trop bien arrangé pour être celui d'un homme. C'est le seul reproche qu'on puisse lui faire, car, du reste, il est plein de belles choses trouvées dans le garde-meuble de la Couronne, où la Révolution avait relégué les beaux meubles de Louis XIV. La Restauration n'avait pas songé à les en tirer [14]. » Chez le duc d'Orléans, les réceptions étaient plus élégantes que dans les salons de son père, les invités mieux triés, l'étiquette davantage respectée. Le 29 décembre 1834, le souper qui suivit le bal, au milieu des fleurs et des statues, fut splendide. Les valets de chambre étaient en habits habillés, l'épée au côté et poudrés à blanc. La reine était ravie mais Madame Adélaïde protesta : « C'est du Louis XV [15]. »

Son mariage allait permettre au prince héritier d'assurer chez lui une sociabilité mondaine prestigieuse. La princesse Hélène était, comme lui, élégante, cultivée et femme de goût. Le pavillon Marsan, pendant cinq années, jusqu'à la mort du duc d'Orléans, représenta le lieu le plus désirable de la cour. En février 1840, alors que les Tuileries donnaient un « vrai bal de charité », le pavillon Marsan donnait un « vrai bal de prince ». On y rencontrait les « parures les plus fraîches, les diamants les plus beaux et les fleurs les plus nouvelles [16] ». Au début de l'année 1842, la fête la plus courue fut le bal costumé du samedi 5 février chez le duc et la duchesse d'Orléans. Lorsqu'on apprit que le duc serait en Louis XIII, plus personne ne voulut figurer dans les quadrilles des personnages d'une autre époque. Il apparaissait comme l'arbitre de la mode : « En dépit du progrès politique et des notables changements survenus dans nos mœurs sociales, écrit un journaliste du *Siècle*, la ville est toujours disposée à imiter la cour. » La fête du prince héritier avait en effet engendré toute une série de bals travestis : « C'est à qui prendra les airs du pavillon Marsan [17]. »

Le prince se cherche

Dès le début du règne, le duc d'Orléans prit au sérieux son rôle : « Autrefois, constate Rodolphe Apponyi le 30 octobre 1830, nos colloques roulaient ordinairement sur les jolies femmes de la société et autres et sur nos petites aventures dans ce genre, que nous nous communiquions. Cette fois-ci, tout au contraire, il commença à me parler de son *métier de prince*. Je me sers de son expression ; ce métier doit en être un et un bien dur encore, à l'en entendre parler. – Tous les jours, me dit-il, je donne trois heures d'audience à tous ceux qui veulent venir chez moi ; ce sont des figures de l'autre monde ordinairement et des demandes du même genre ; les trois glorieuses journées sont une source intarissable de pétitions. » Il avait également conscience de son rôle dans les relations de la France avec l'étranger ; il devait aider à légitimer le nouveau régime. En mai 1833, reçu à Londres, il écrit à sa sœur Louise : « Mon voyage ici va à merveille et je crois que, quand je l'aurai fini, ç'aura été une bonne chose car j'aurai établi un bon précédent pour le reste de mon tour d'Europe et ce n'aura pas été une chose indifférente que de m'être bien fait recevoir dans ce pays-ci [18]. »

Mais dans son impatiente jeunesse, le prince royal des premières années pouvait faire preuve de maladresse et d'inconscience. Par exemple, invité à Valençay, chez Talleyrand, fin octobre 1834, il déclara à des Anglais résidant chez son hôte que le diplomate, en poste à Londres depuis 1830, n'était plus d'aucune utilité au régime. Pour couronner le tout, il n'envoya aucun message de remerciement, ce dont Talleyrand se plaignit à Madame Adélaïde le 16 novembre. Par retour du courrier, celle-ci répondit que son neveu était en train d'écrire à Mme de Dino [19]. Il avait dû se faire vivement rappeler à l'ordre. En décembre 1834, il s'était mis en tête de protester à la Chambre des pairs contre l'*assassinat* du maréchal Ney et de demander la révision du procès. Decazes en ayant été averti prévint Molé, qui en parla à Thiers. Thiers se précipita chez Louis-Philippe qui, furieux, convoqua son fils : « Si vous demandez la révision du procès du maréchal Ney, lui dit-il, que répondrez-vous à tel ou tel pair carliste qui viendra demander la révision du procès de Louis XVI, bien autrement un assassinat [20] ? »

A cette époque, le duc d'Orléans affichait volontiers un libéralisme un peu débridé et, dans son enthousiasme pour le parti du Mouvement, il ne savait pas retenir sa langue : « Ce soir, écrit Cuvillier-Fleury le 29 août 1830, il s'exprima avec une méchanceté fort plaisante sur les fleurs de lys qu'avait conservées son père, et nous introduisant, non dans les secrets sans doute, mais dans les petits détails de forme du Conseil des ministres, il nous fit le portrait de chacun de ses membres avec une verve de causticité bien originale [21]. » Le 7 mars 1831, c'est au Théâtre-Italien, pendant la représentation d'un opéra de Mlle Bertin où il s'ennuie, que le jeune duc fait à voix basse, pour le précepteur, un bilan critique de la politique du gouvernement.

Des scènes opposaient le prince héritier au roi et à Madame Adélaïde. Le 9 mars 1831, sa tante, « qui résiste tant qu'elle peut au mouvement », lui reproche de « gâter la politique par son opposition »; il lui répond du tac au tac : « Après tout, ma chère tante, j'ai quelque droit à me mêler des affaires; j'y suis pour le moins aussi intéressé que vous. » Les scènes éclataient souvent en présence des précepteurs : le 3 avril 1831, avant l'ouverture des portes pour la réception du soir, Louis-Philippe prend violemment à parti son fils devant Boismilon; le 28 janvier 1832, avant le départ pour le bal des Pauvres, le père et le fils s'affrontent sous les yeux de Cuvillier-Fleury et de ses collègues. Le jeune prince aurait voulu que la France intervienne pour soutenir les soulèvements révolutionnaires en Italie du Nord et en Pologne; le roi mettait au contraire toute sa prudente énergie à ne pas laisser la France s'engager dans une intervention armée [22].

Le libéralisme du duc d'Orléans n'était pas seulement inspiré par les circonstances et la récente révolution. Il lui venait d'abord de son père lui-même et avait été renforcé par son propre voyage en Angleterre, de mai à août 1829. Dès son retour, il l'avait manifesté publiquement en assistant au procès du *Journal des débats*, poursuivi pour un article qui commençait par « Pauvre Roi ! Malheureuse France ! » – geste qui lui avait valu une réprimande de Charles X [23]. Le jeune homme subissait également d'autres influences. En racontant l'affaire du projet de révision du procès Ney, en 1834, la duchesse de Dino regrette que le prince soit entraîné par « cette déplorable influence Flahaut [24] ».

Charles de Flahaut, fils naturel de Talleyrand, jadis aide de camp de Napoléon, avait passé une partie de la Restauration en Angleterre et s'y était marié. Il était revenu en 1827 à Paris, où sa femme tint un salon fréquenté par les libéraux : le duc de Chartres était un habitué. Apponyi écrit le 29 décembre 1830 : « Mme de Flahaut se donne un mouvement inconcevable. Son salon est un véritable club de propagande politique. » L'influence du couple Flahaut sur le prince royal a duré pendant les premières années de la monarchie de Juillet. En 1837 encore, le comte de Flahaut devint son premier écuyer. Mais une rivalité constante avec le général Baudrand (en février 1838, chacun des deux intrigue pour être envoyé au couronnement de la reine Victoria) imposera une séparation. Le 8 mars 1838, la duchesse de Dino écrit : « Les Flahaut n'ont plus rien de commun avec le pavillon Marsan, excepté les bonnes grâces du prince royal qu'ils paraissent emporter. » Ils quittent Paris pour Londres.

Immédiatement après la révolution, le duc d'Orléans avait pendant quelques mois fait partie du conseil des ministres. Mais lorsque Casimir Perier arriva au pouvoir, il imposa au roi, entre autres mesures, que son fils aîné n'assiste plus au conseil, puisqu'il se proclamait le soutien du parti du Mouvement. Perier, qui incarnait le parti de la Résistance, voulait logiquement l'écarter des affaires. Cette politique fut maintenue après la mort de Perier et Louis-Philippe ne semble pas avoir envisagé le retour au conseil du prince héritier, bien que Metternich le lui ait vivement recommandé [25]. Néanmoins, il l'associait aux « petits conseils », surtout quand on débattait de questions militaires : « J'ai eu ici petit conseil, écrit le roi le 1er août 1832, le maréchal Soult, le maréchal Gérard, mes deux fils [26]... »

Tenu à l'écart du conseil, et la maturité venant, le duc d'Orléans élabora une conception moins politicienne et plus monarchique de son rôle et de ses devoirs. Il se maria pour assurer l'avenir de la dynastie et se consacra aux affaires militaires.

LE MARIAGE

Le 3 septembre 1834, le prince royal a vingt-quatre ans. Il écrit à sa sœur Louise : « Je commence une année où se terminera, je l'espère, l'affaire la plus importante de ma vie : il en est temps pour moi, je te l'avoue, et sur cela l'on doit me croire sur parole. D'ailleurs, dans l'état actuel des affaires, au milieu de la torpeur générale et avec le manque total d'occasions de se produire, ce n'est que par le mariage que je puis espérer de travailler à me faire une position dans ce pays et à m'y donner l'aplomb dont j'ai besoin [27]. » Concrètement, il est en désaccord avec Talleyrand qui voudrait lui faire épouser une princesse russe et « a coiffé le père de cette idée » : c'est une question de fierté, puisque le tsar avait été fort long à reconnaître le régime de Louis-Philippe.

Son mariage, aux yeux de l'héritier du royaume, était donc une nécessité. L'attentat de Fieschi, le 28 juillet 1835, le conforta dans cette idée. Le 1er septembre 1835, il envoie, encore à Louise, une très longue lettre de « réflexions très confidentielles » sur la situation politique, fruit de ses discussions avec Nemours et Joinville. La police avait découvert une société secrète, Gallia, qui avait pour but d'assassiner le roi, et le prince remarque à cette occasion que, si la vie de son père est menacée, c'est beaucoup parce que « l'idée de la facile et naturelle succession au trône de notre dynastie n'est pas établie dans le pays comme elle devrait l'être [28]. » C'est pourquoi il est urgent qu'il se marie et engendre une descendance.

Accompagné de son frère Nemours, il part pour Berlin et Vienne au printemps 1836, dans l'espoir d'y trouver une alliance. Ce voyage avait fait l'objet de longues négociations diplomatiques entre l'ambassadeur de France à Vienne, le comte de Sainte-Aulaire, et le prince de Metternich, pendant l'année 1834. La fille aînée de l'archiduc Charles, Thérèse, alors âgée de dix-huit ans, était un parti souhaité par Louis-Philippe et Marie-Amélie. Le voyage avait été retardé d'un an par suite du deuil consécutif à la mort de l'empereur François II et, au cours de l'année 1835, avaient été envisagées deux autres possibilités de mariage, avec Sophie, deuxième fille du roi de Wurtemberg (qui devait épouser Guillaume III de Hollande) et avec Marie de Bade, fille de la grande-duchesse Stéphanie, née Beauharnais.

A Vienne, les jeunes gens remportèrent un vif succès personnel. Le duc d'Orléans plut beaucoup à l'archiduc Charles et à sa fille Thérèse. Il serait peut-être arrivé, malgré l'opposition de Metternich, à épouser son archiduchesse autrichienne si, alors qu'il était sur la route du retour, Alibaud, le 25 juin 1836, n'avait tiré sur Louis-Philippe. Ce nouvel attentat rappela à Vienne combien la position de roi était menacée à Paris. L'archiduc Charles ne voulait pas risquer la vie de sa fille; elle-même, fragile et plutôt craintive, s'effrayait : « L'attachement qu'elle ressentirait pour un prince aussi distingué, écrivit l'archiduc au prince royal afin de justifier son refus, et le bonheur même sur lequel elle compterait avec lui, ajouterait à ses anxiétés [29]. »

Ce refus mettait un terme aux espoirs d'union avec une princesse autrichienne quelle qu'elle fût, comme l'écrit Marie-Amélie à son gendre Léopold : « Car il ne faut pas se faire illusion : c'est un parti pris par les membres de la famille qui nous sont hostiles d'empêcher absolument qu'aucune de leurs princesses ne vienne ici. Quoique j'eusse dû m'attendre à ce résultat, il m'a été extrêmement pénible » (4 août 1836). Marie-Amélie, petite-fille de la grande Marie-Thérèse d'Autriche, ne pouvait qu'être déçue de voir son fils rejeté par la famille de sa mère. Surtout qu'au même moment, elle essayait en vain de marier Marie à Naples, dans la famille de son père.

Restaient deux princesses possibles : « Il nous faut décider entre la Kohary et la Mecklembourg », disait Louis-Philippe, le soir du refus autrichien, à son fils et à Thiers, qui « faisaient la bobinette » à Neuilly [30]. « La Kohary », du nom de sa mère, c'est Victoire de Saxe-Cobourg, qui deviendra duchesse de Nemours en 1840. Louis-Philippe penche pour elle parce qu'elle est catholique. De plus, elle est jolie. Mais elle n'a que quatorze ans et, à la différence de « la Mecklembourg », qui est pur sang, elle est « de race croisée » (sa mère appartient à une riche famille de Croatie) – la remarque, ironiquement, est de... Nemours. Le prince royal ne lui est néanmoins pas hostile ; mais il a quand même chargé Bresson, ambassadeur de France à Berlin, d'aller aux eaux pour voir Hélène de Mecklembourg, nièce du roi de Prusse âgée de vingt-deux ans, et savoir si une demande française serait bien accueillie.

Bresson envoya une réponse positive, cependant les Orléans hésitaient encore à entamer les négociations. Le 10 octobre 1836, Chartres écrit à Louise : « Je t'avoue que préférant la princesse Victoire de Cobourg à la princesse Hélène de Mecklembourg, il serait nécessaire pour moi de *savoir quelle chance j'aurais*, en me mettant *sur-le-champ sur les rangs*, d'obtenir *prochainement* la main de ta nièce [31]. Léopold et Louise s'entremirent donc.

Dans le même temps, on avait aussi demandé un rapport sur l'Infante d'Espagne. Et le 15 novembre, deux lettres de Chartres partirent des Tuileries, l'une pour Louise, l'autre pour Nemours, qui était en Algérie. La première est sobre. On peut supposer qu'elle accompagnait le rapport sur l'Infante : « Quand le rapport (...) est arrivé, j'ai reçu un assaut en règle pour me déterminer à épouser sur-le-champ l'Infante : la reine, mes sœurs, mais surtout le Père et ma tante me firent entendre que c'était une grande alliance ; que c'était une réponse admirable au mariage de l'archiduchesse Thérèse ; et enfin ce qui me touchait le plus, que c'était immédiatement possible. » Voici sa conclusion : « L'Infante étant saine et bien portante et catholique et jeune, je la préfère malgré sa laideur à la princesse Hélène mais je lui préférerais ta nièce si je puis l'épouser bientôt, c'est-à-dire vers le printemps prochain [32]. »

La lettre à son frère est beaucoup plus crue : « L'Infante a quatre pieds huit pouces, est rousse; le menton en casse-noisettes; mais saine, bien faite, une belle peau, de belles dents, de la gorge et un joli pied. Au bout de tout cela, elle est *saine*, épousable sur-le-champ, de très grande famille et ce serait une réponse admirable au mariage de Thérèse avec le roi de Naples. Mais je ne puis cependant m'y déterminer avant d'avoir su si je ne pourrais pas bientôt épouser la Koh[ary] – que je préférerais si je pouvais l'épouser dès qu'elle aura quinze ans. Ce qui m'arrête pour le monstre roux, ce n'est pas l'effet que la laideur produira sur moi, ni la difficulté de cohabiter; c'est surtout l'impression qu'elle produira sur le public. Dans la vie théâtrale que nous menons, il faut que nos femmes plaisent et toute la philosophie que je mettrais à vivre avec un laideron ne la ferait pas trouver agréable par les autres. » Plus loin, il envisage le cas où le mariage avec Victoire ne pourrait se faire rapidement; il choisirait alors l'Infante : « Je la préférerais à Hélène, qui n'est ni assez jeune ni assez saine pour moi [33]. »

Et il insiste sur la nécessité de plus en plus pressante de ces noces. En effet, l'opinion publique, les libéraux compris, a pris comme une gifle la préférence que l'archiduchesse Thérèse a accordée au roi de Naples sur le prince héritier français : « La manière dont on s'est associé à ce que l'on a regardé comme un échec que le pays aurait reçu dans ma personne est une des preuves les plus certaines des progrès qu'a faits l'esprit public. » Il lui faut donc profiter au plus vite de ce mouvement de popularité.

Pendant ce temps-là, Bresson écrit régulièrement à Molé à propos du mariage. Le 25 novembre 1836, il revient sur un projet plus ancien et lui apprend qu'il serait possible de négocier avec le roi de Wurtemberg la main de Sophie, sa seconde fille. Le 30 novembre, il s'est renseigné sur un autre parti, Marie d'Altenburg, « ni belle ni laide et en tout très insignifiante ». Le 22 décembre, il rappelle les atouts de la princesse Hélène : « Ne manquons pas d'énumérer les alliances de la maison de Mecklembourg. Elles sont très illustres : deux reines de Prusse, une reine et plusieurs princesses d'Angleterre, la première femme de l'empereur Paul Ier (...) Ne vous alarmez pas de l'extérieur de la princesse : il est agréable, et surtout par la hauteur et l'élégance de sa taille, elle représente très bien (...) Pour son esprit, sa grâce, la noblesse de ses manières, vous serez étonné que tout cela vous arrive en si grande perfection des forêts de pins du nord de l'Allemagne [34]. »

Deux choses ont sans doute contribué à faire pencher la balance en faveur d'Hélène, bien qu'elle fût protestante. D'une part les renseignements rassurants sur sa santé : les consultations médicales semblent avoir changé du tout au tout les dispositions des Orléans à son égard [35]. D'autre part sa réaction à l'attentat du 27 décembre 1836, où Louis-Philippe et ses trois fils échappèrent aux balles de Meunier. Émue par le drame, elle ne se déclara pourtant nullement ébranlée dans son désir de devenir duchesse d'Orléans : « Au contraire elle a plusieurs fois dit que ces événements la confirmaient dans sa résolution parce qu'elle sentait plus clairement en elle la force de pouvoir, dans des jours difficiles, être quelque chose pour la famille [36]. » Cette femme intelligente et ambitieuse devait trouver plus exaltante une existence, même à risques, à la cour de France, que la vie tranquille et confinée qu'elle menait en Allemagne. Elle accepta les deux conditions que le prince royal mit à leur mariage : que leurs enfants soient catholiques et que sa Maison soit entièrement française.

Tout n'était pas réglé pour autant car le frère d'Hélène, hostile à cette alliance et manœuvré par le tsar, devint grand-duc régnant le 3 février 1837. Voulant faire pièce à la Russie, le roi de Prusse, oncle d'Hélène, fit alors pression sur son neveu. Finalement, la demande officielle fut présentée par Bresson le 5 avril 1837 et la cérémonie fixée au 30 mai. Le duc de Broglie fut envoyé en ambassade au-devant de la fiancée, qu'il rencontra le 22 mai ; le 25, la princesse entrait en France ; le 28, le duc d'Orléans allait la recevoir à Châlons ; le 29 enfin, elle se prosternait aux pieds du roi et de la reine sur le perron du château de Fontainebleau où le mariage allait être célébré.

L'héritier du royaume voulait faire de ses noces une étape symbolique de sa carrière de prince destiné un jour à régner. Il écrivait à sa sœur Louise le 2 mars 1837 : « Je songe maintenant à mon mariage et à tout ce que je voudrais y rattacher (...) Je prendrais ma femme sans dot et sans entourage étranger, je me présenterais à la France sur des bases de réconciliation générale, de moralité, de désintéressement dans mon intérieur, et je pense qu'ainsi nous nous placerions, elle et moi, aussi bien que possible, dans cette France qui est bonne au fond, mais qui se corrompt de jour en jour davantage [37]. » Aussi, à l'occasion de son mariage, fut-il accordée une amnistie à tous les détenus pour crimes ou délits politiques (ordonnance du 8 mai 1837); d'autre part, le prince décida d'employer la moitié du million que lui avait voté la Chambre, pour frais d'établissement, en œuvres de bienfaisance.

Il trouva dans la princesse Hélène un partenaire très utile. Elle avait le sentiment, nécessaire pour une future souveraine, d'une mission à accomplir, mais son exaltation restait tout intérieure et allait de pair avec un maintien parfaitement calme. Elle se donnait à sa tâche de représentation avec le plus grand naturel. Il se félicitait de l'avoir pour compagne : « Douée d'un esprit distingué et d'une âme ferme et élevée, écrivait-il au comte de Sainte-Aulaire, le 12 août 1837, la duchesse d'Orléans a compris notre position sans crainte et sans illusion, et s'y est dévouée avec cette franchise et cet élan que les cœurs nobles apportent à l'accomplissement d'une haute mission [38]. »

La duchesse de Dino, qui s'y connaissait en

matière de maintien, fut frappée par la justesse de ton qu'adopta spontanément la princesse Hélène. Dès sa rencontre avec la famille royale sur le perron de Fontainebleau, elle a manifesté « beaucoup d'émotion, aucun embarras, de la bonne grâce, de la noblesse, de l'à-propos » (30 mai 1837). Après les cérémonies et festivités à Fontainebleau, la nouvelle duchesse d'Orléans fit son entrée à Paris le 4 juin et remporta des louanges unanimes : « C'est une vraie trouvaille que cette princesse, écrit encore Mme de Dino, son succès est général. Elle a ravi le Conseil d'État, les pairs, les députés, ajoutant une phrase aimable aux réponses faites par son mari aux différentes harangues; elle a parlé à chaque pair individuellement, jamais de banalités; ils en sont tous enchantés » (7 juin 1837). Les fêtes du mariage se terminèrent par un feu d'artifice au Champ-de-Mars, le 14 juin (endeuillé par une bousculade dans la foule qui provoqua la mort de vingt-quatre personnes). Mais juste avant, le 10 juin, eut lieu l'inauguration du palais de Versailles transformé en musée. A cette occasion, Victor Hugo fut présenté à la princesse Hélène, admiratrice de *Notre-Dame de Paris*; elle trouva, pour le poète aussi, un mot plein de délicatesse : « Le premier édifice que j'ai visité à Paris, c'est votre église [39]. »

Le sens du commandement

Marié depuis trois mois, le duc d'Orléans supplia son père de lui laisser prendre la tête de la deuxième expédition de Constantine : « J'ai exposé au roi, écrivait-il au général Damrémont, le 31 août 1837, qu'il avait refait depuis sept ans l'état de roi; que moi, je devais, pour moi et mes frères, refaire l'état de prince; qu'il n'y avait aujourd'hui qu'une manière de se faire pardonner d'être prince, c'était de faire en tout plus que les autres (...) Je lui ai fait voir que, pour fonder une dynastie, il faut que chacun y contribue, depuis mon frère Aumale, qui apporte pour son écot un prix d'écolier, jusqu'à l'héritier du trône, qui doit, dans les rangs de l'armée, se faire lui-même la première position après celle du roi [40]. »

Cette fois, le prince royal n'obtint pas gain de cause : Nemours aussi réclamait le droit de retourner en Afrique, où il avait dû battre en retraite en 1836, et les ministres jugèrent dangereux de voir les deux princes s'éloigner en même temps. Il partit deux ans plus tard. Guizot écrit le 3 août 1839 : « M. le duc d'Orléans ne va pas en Afrique seulement pour inspecter les troupes. Il y aura des coups de fusil tirés entre lui et Abd-el-Kader. Il aime les coups de fusil. Et plus en Afrique qu'ailleurs. Il y a plus d'aventures [41]. » Le prince héritier aimait l'action et son ambition était en effet de faire le coup de feu pour prouver ses qualités de soldat et justifier sa position éminente dans l'armée, elle-même justification de sa prétention au trône.

Il se voulait donc d'abord chef de l'armée française, bien qu'il n'en eût pas le titre officiel. Il travaillait depuis longtemps à acquérir une vraie culture dans le domaine de l'art militaire : il avait suivi pendant deux ans (1826-1828) les cours de l'École polytechnique [42], avait réuni une bibliothèque exceptionnelle sur le sujet et connaissait tout particulièrement ce qui avait été pensé et expérimenté en Allemagne (la langue allemande lui était si familière qu'il rédigeait en allemand ses notes pour lui seul). Concrètement, il pouvait être très efficace, comme en témoigne Rémusat. En 1840, au moment de la crise franco-anglaise, le duc d'Orléans avait des réunions trois fois par semaine au ministère de la Guerre avec lui et avec Thiers, pour répondre à un problème urgent d'organisation. On rappelait sous les drapeaux 480 000 hommes, qu'il fallait armer, vêtir, nourrir, loger : « J'appuyai sur-le-champ, écrit Rémusat, la formation des dix bataillons de chasseurs qui était son œuvre propre, et dont le plan d'organisation et d'instruction conçu et arrêté par lui dans ses moindres détails lui tenait fort à cœur. De là devait dater une révolution dans le tir de notre armée, et pour tous nos régiments une mobilité même que n'avaient pas alors ceux d'infanterie légère [43]. » Pendant des mois, le prince royal, assisté de Nemours, travailla à ces nouvelles formations, vérifiant le recrutement, nommant les officiers, dessinant uniformes et harnachements. Les régiments nouveaux reçurent leurs drapeaux au cours de la revue du 26 septembre 1841 [44].

Le prince se montrait attentif au moral des troupes. Pour leur donner une haute idée de leur rôle, il avait recours à l'histoire de France. Ainsi a-t-il fait écrire sous sa direction un historique du 23e de ligne en remontant à Louis XIV, « qui est un inconnu pour bien des officiers de l'armée [45] ». Par ailleurs, il veillait à ce que la valeur fût récompensée, regardant « comme important d'avancer les officiers jeunes, pour qu'ils arrivassent aux grades supérieurs avant l'âge de la décrépitude [46] ». Le général de Castellane, inspecteur de l'armée, se désole qu'après la mort du duc d'Orléans, on fasse si peu cas, pour l'avancement, du mérite. L'héritier du royaume n'avait jamais hésité à payer de sa personne dans les moments difficiles. Pendant l'épidémie de choléra de 1832, non seulement il avait accompagné Casimir Perier à l'Hôtel-Dieu, serrant la main des malades et les consolant « avec beaucoup de calme », mais il avait aussi visité des hôpitaux militaires et des casernes : les troupes avaient été sensibles à son courage et à l'intérêt qu'il leur manifestait [47].

Le duc d'Orléans avait l'art du commandement. Le comte de Sainte-Aulaire remarque que son état-major était composé d'éléments très disparates : « La gravité un peu pédante du général Baudrand s'accommodait mal des allures Jeune France du comte de Montguyon, et les saillies soldatesques du général Marbot étaient insupportables au duc de Valençay [48]. » Et il ajoute que non seulement le prince royal réussissait à faire coexister ces hommes si peu faits les uns pour les autres mais qu'en outre il obtenait d'eux, dans la bonne humeur, une attitude « déférente et respectueuse ».

Ce même doigté s'exerçait dans sa propre famille, parmi ses frères, qu'il prévoyait d'associer étroitement, plus tard, à son règne : « Que de fois, écrit Joinville, n'avions-nous pas discuté avec lui toutes les chances de l'avenir au-dedans comme au-dehors, et ne nous avait-il pas distribué à chacun les rôles qu'il nous destinait, rôles que nous sentions marqués au coin du bon sens, de la connaissance profonde des choses, et de cette griffe du chef qui s'impose [49]. » Le prince héritier dit un jour à Rémusat : « Ce ne sera pas trop de nous cinq pour lutter avec les difficultés qui nous attendent. » Et Rémusat décrit ainsi son comportement d'aîné : « Je l'ai entendu relever le mérite un peu terne et la capacité sans éclat de son frère Nemours (...) Il exerçait une paternité douce sur ce frère plus grave que lui, et l'a tiré de plus d'un embarras de jeune homme où le jetaient des liaisons obscures plus assorties à sa timidité qu'à son rang. Il portait le même soin, le même art dans ses relations avec tout le reste de sa famille. Il s'appliquait de longue main à la gouverner [50]. »

En tant que futur chef du clan, le duc d'Orléans n'hésitait pas à faire la leçon à ses frères, même sur les affaires les plus privées. Le 23 avril 1840, il est en Algérie avec Aumale et écrit à Nemours qui se marie le 27 : « Que le passé soit mort pour toi; n'aie plus même le plus indirectement de communications avec A. (...) Si de certaines tentations t'agitent, va droit t'enfermer avec ta femme au lieu de rester seul; au bout de quelque temps tu seras en pleine voie de guérison. »

Sachant ce que ce renoncement risque de coûter à Nemours, il fait habilement appel à son sens de la solidarité familiale pour l'obliger à rester ferme : « D'après ce que je sais, Joinville va se trouver dans quelques embarras : j'avais compté sur lui pour te soutenir dans tes bonnes résolutions, pour te faciliter l'élévation de la barrière insurmontable que tu *dois* élever entre tout ce qui n'est pas ta femme et toi ; puisque lui-même se trouve plus empêtré que je ne le croyais, viens-lui en aide par tes conseils [51]. » Ces bons principes ne l'empêchent pas de rester lucide ; le 29 juin 1840, il écrit à Louise à propos du couple Nemours : « Il s'y dépense peu d'idées, encore moins de paroles et cela me paraît devoir être le bonheur fondé sur la léthargie mutuelle [52]. »

Il ne se souciait pas seulement de la vie amoureuse et conjugale de ses frères, il veillait aussi à leurs bonnes manières. Sur le chemin du retour d'Algérie, il écrit à Nemours : « Aumale a très bien fait la campagne ; mais il s'est fait ridiculement troupier et il a pris la manie des détails et des petitesses et le goût de la grossièreté. Il faut que tu m'aides à refaire son éducation et je tiens beaucoup à ce que le roi le tienne maintenant quelque temps hors de la troupe » (30 mai 1840). Il demande aussi son concours à Louise, qui doit venir à Paris pendant l'été : « Il est ultra-troupier, vraiment culotte de peau ; il faut le polir et lui donner les manières et les allures d'un gentleman. Je te recommande de le prêcher sur cela et de lui donner quelques conseils pratiques » (29 juin

1840). Et il ajoute : « Il peut devenir un jour fort utile à la cause et à la famille [53]. »

Le sens du commandement chez le prince royal tenait à sa capacité d'assurer la cohérence d'un groupe – état-major ou famille. Il était servi par un grand esprit d'à-propos et par la clarté et la simplicité qui caractérisaient ses paroles. Rémusat se rappelle l'avoir reçu à Toulouse, lors de son voyage de l'été 1839, dans le Sud-Ouest : « On l'avait conduit partout, et toute l'affaire était si mal menée qu'on ne lui disait pas seulement où il allait et ce qu'il allait trouver. Une fois, au milieu d'une distribution de prix aux écoles municipales dans la salle du musée, on lui récitait un discours d'apparat si vague et si obscur qu'il fut obligé de me détacher un aide de camp pour me demander où il était et de quoi il s'agissait. Mais pourtant, pris à l'improviste, il se montra prêt à répondre. Non seulement il réussit par son extérieur et ses manières qui étaient à souhait, mais par un art remarquable de parler simplement et habilement ; il ne fit pas une faute et cependant il se prodigua, laissant entrevoir sur tous les sujets un intérêt éclairé et une solidité de connaissances qui n'était jamais en défaut [54]. »

Le comte de Sainte-Aulaire donne une portée plus générale à ces qualités du duc d'Orléans, en le comparant à son père. Louis-Philippe aimait « la discussion pour la discussion », il n'écoutait pas son interlocuteur mais l'attirait dans sa spirale narcissique, le charmant – car il avait du talent –, mais lui laissant en même temps « une impression vague et confuse » qui créait un malaise; son fils aîné, au contraire, « ne cherchait pas dans les affaires l'amusement de son esprit »; il pouvait donc écouter son interlocuteur, résumer clairement ce qui avait été dit puis donner brièvement son avis ou ses ordres [55].

S'il avait vécu, avec sa lucidité, l'héritier du trône aurait-il vu monter les périls et su imposer les réformes nécessaires ? Avec son sens de la coordination, aurait-il réussi à « servir de trait d'union patriotique à toutes les forces vives de la nation », comme le prétend Joinville [56] ? Il est impossible de le savoir mais nombreux étaient ses contemporains à être persuadés qu'il en avait la capacité : « Son règne aurait eu beaucoup de ce qui manque trop à celui-ci : le ressort, l'aiguillon, l'enthousiasme », écrit la duchesse de Dino au lendemain de sa mort, après l'avoir décrit comme un pessimiste raisonné et persévérant, généreux, plus poli que sensible, très attentif aux autres, aimant à s'entourer d'esprits supérieurs [57].

CHAPITRE XI

FIN DE RÈGNE

Le duc d'Orléans laissait deux fils tout jeunes, le comte de Paris, âgé de quatre ans, et le duc de Chartres, âgé de deux ans. Le roi avait soixante-neuf ans. Il fallait donc prendre des mesures au cas où il mourrait avant que l'héritier du trône n'eût atteint sa majorité. Le testament du prince royal était clair : la duchesse devait être chargée de l'éducation de ses enfants tandis que la régence reviendrait au duc de Nemours. Louis-Philippe et son gouvernement présentèrent un projet de loi dans ce sens à la Chambre des députés, qui l'adopta le 20 août 1842.

Le duc de Nemours

Nemours, qui n'avait aucune ambition personnelle et avait jusque-là fort bien secondé son frère aîné, se trouvait tout à coup propulsé au premier rang : « Il n'apercevait que de pénibles devoirs à remplir dans la haute position que la mort venait de lui faire[1]. » Autant le duc d'Orléans avait su se montrer charmeur, autant son cadet paraissait, par timidité sans doute, froid, hautain, maladroit : « M. de Nemours, écrit Victor Hugo, est embarrassé et embarrassant. Quand il vient à vous avec ses favoris blonds, ses yeux bleus, son cordon rouge, son gilet blanc et son air triste, il vous consterne. Il cherche toujours ce qu'il va dire et ne sait jamais ce qu'il dit » (24 février 1847). Nemours ne saura pas se faire aimer : « L'air distingué, élégant, rêveur et patricien du prince est peut-être le principal grief qu'on a contre lui. L'extérieur du duc d'Orléans était noble; celui du duc de Nemours est nobiliaire[2]. » Seul Rodolphe Apponyi appréciait la raideur du futur régent : « Il ne courra jamais après une vaine populacerie, il fera ce qu'il devra faire, par conviction et non pour plaire au public » (25 août 1842).

Nemours va désormais suivre les affaires politiques dans l'ombre de son père, avec conscience et sérieux. Il passe beaucoup de temps au Conseil d'État et siège à la Chambre des pairs. Il se force également à endosser un rôle de représentation : il donne des réceptions au pavillon Marsan et effectue des tournées officielles en province. En 1843, par exemple, de la fin juillet au début septembre, il visite avec sa femme la région de l'Ouest : Alençon, Le Mans, La Flèche, Saumur, Angers, Nantes, Vannes, Rennes, Saint-Malo, Saint-Brieux, Guingamp, Brest, Quimper, Lorient. Partout, la duchesse de Nemours porte des fleurs typiquement bretonnes, des bruyères mauves ou blanches, en bouquets sur ses robes, en guirlandes dans ses cheveux blonds. Le duc se montre très attentif à l'écho que donne la presse de son périple. D'Alençon, il écrit à sa mère qu'il faudrait surveiller les comptes rendus du *Journal des débats* : « On a négligé jusqu'à présent de rapporter ce qui se rattache à la question chevaline, et je crois qu'il faudrait en dire un mot. Car dans ces départements-ci, cette question a une haute importance. Tout le monde y pense, tout le monde s'en occupe, c'est un intérêt vital pour le pays, c'est sa principale industrie. Je voudrais qu'un mot rappelât l'attention que j'ai portée à cette question, afin que cela ne fût pas laissé de côté, et considéré comme une frivolité, ainsi que malheureusement quelques personnes s'obstinent à le penser [3] » (5 août 1843). Une semaine après leur retour de Bretagne, les Nemours reprennent la route, vers le Sud-Est. Ils sont très bien reçus à Lyon. Le 30 septembre, ils sont rentrés à Paris et, un mois plus tard, repartent pour l'Angleterre, invités par la reine Victoria.

Le duc de Nemours accomplissait donc honnêtement la *fonction*. Mais il manquait d'autorité et ne régnait pas sur sa famille comme le faisait Chartres. Son opinion n'avait aucun poids : « Non seulement il n'aurait jamais songé à contredire le roi, mais il n'aurait pas même osé l'interroger, et on ne le consultait sur rien [4]. » Son frère aîné, qui se préparait à régner un jour, savait demeurer vigilant et « n'entendait pas voir gâter les affaires de façon à lui rendre son avènement au trône plus difficile ». Nemours, outre son caractère timide, n'avait pas l'habitude de se placer dans cette perspective et, de plus, ne pouvait être appelé à gouverner que provisoirement, de la mort du roi à la majorité du comte de Paris. Il n'était donc pas investi de la même manière dans la situation politique : « Les fantaisies du roi n'avaient rien à craindre de son contrôle [5]. »

Le vieux roi jaloux de son autorité

Bien que ses fils fussent désormais adultes, Louis-Philippe ne renonçait pas à se conduire en chef de tribu, dirigeant leur vie aussi bien privée que publique. Dans le domaine public, avec ses quatre fils aux postes clés de l'armée (Nemours à la Direction générale, Joinville à la Marine, Aumale à l'Algérie et à l'Infanterie, Montpensier à l'Artillerie), le roi avait la mainmise sur toutes les armes. Sur le plan privé, on a vu combien le choix des alliances était une affaire de stratégie où s'investissait toute la famille. Mais surtout, les enfants de Louis-Philippe étaient privés de toute initiative financière. La fortune restait concentrée entre les mains d'une seule personne : le père. Lui seul décidait de la gestion des biens de chacun. Il se croyait d'ailleurs meilleur gestionnaire que ses enfants et voulait – comme il l'avait fait avec sa sœur pour la fortune de leur père – éteindre les dettes et les charges. Par exemple, pour apurer les comptes de la succession Bourbon-Condé, il poussa Aumale à vendre le Palais-Bourbon à la Chambre des députés qui, jusque-là, le lui louait. Cette opération, menée à bien en 1843, permit à Aumale, une fois réglées les dettes de son parrain, de jouir d'un revenu annuel considérable, de 2 millions de francs [6].

Les princes étaient tenus d'investir leur fortune comme l'entendait leur père, pour servir sa politique. Louis-Philippe estimait-il que les Orléans n'étaient pas suffisamment présents dans l'Ouest, qui restait le fief des légitimistes ? Il poussait ses fils à s'y implanter. Il achetait pour Joinville le château de Carheil. Aumale avait hérité d'un domaine dans l'actuel département de Loire-Atlantique, la baronnie de Châteaubriant. Ces terres ne l'intéressaient guère car il voulait se consacrer à Chantilly. Mais il dut se plier au désir de son père et se porta acquéreur, entre 1845 et 1847, de la partie du château qui appartenait à la ville, de la prison, de l'ancien parc, de l'ancienne garenne, etc. En 1847, il avait décidé de consacrer un million à la réfection du château ; la révolution mit fin à ses projets [7].

A mesure qu'ils vieillissaient, les fils du roi supportaient de plus en plus mal de ne pas jouir de leur indépendance financière. Ceci apparut clairement lors de l'ouverture du testament de Madame Adélaïde, en janvier 1848. L'immense fortune de la défunte devait être distribuée à ses neveux et nièces, avec un avantage marqué pour Joinville et Montpensier – le premier héritait d'Arc-en-Barrois, le second de Randan. Mais

Louis-Philippe avait l'usufruit des biens de sa sœur, il en gardait la direction et touchait leurs revenus, soit 3 millions de francs de rentes [8] : cette clause mécontenta les héritiers au point qu'il dut interrompre la lecture du testament.

De son côté, la duchesse d'Orléans était victime de l'autoritarisme du roi : la grande-duchesse douairière de Mecklembourg, en avril 1843, dit à une dame de confiance « combien elle était peinée de la situation *comprimée* dans laquelle, à *tous égards* [9] » Louis-Philippe tenait sa belle-fille. Pendant la durée de son grand deuil (dix-huit mois : elle ne reparut au salon que le 25 décembre 1843 [10]), il lui reprocha de recevoir trop d'audiences, l'obligeant à fermer sa porte aux personnes qui n'étaient pas de sa famille ou de sa Maison ; il lui reprocha également son intimité avec la duchesse d'Elchingen, femme d'un aide de camp du prince royal défunt [11]. Bien qu'elle fût légalement tutrice de ses fils, le roi agissait comme s'il était leur tuteur : il gérait leur fortune, payait les dépenses, demandant compte de tout, et laissait seulement à sa belle-fille la jouissance des 300 000 francs que lui assurait la loi.

En mai 1843, Louis-Philippe exigea que le comte de Paris, qui atteignait cinq ans, passe entre les mains des hommes, conformément à la tradition. On allait lui donner un précepteur (M. Régnier, professeur de rhétorique à Charlemagne), qui coucherait désormais dans sa chambre. Or, depuis son veuvage, la duchesse dormait près de son fils aîné, dans le lit de la bonne : elle se sentit donc exclue [12]. Le choix du gouverneur de l'enfant fut également l'objet d'un débat. Aussitôt après la mort du duc d'Orléans, le roi avait pensé confier l'éducation de l'héritier du trône à un homme d'envergure, le duc de Broglie [13]. Mais il se mit finalement d'accord avec sa belle-fille sur une personnalité médiocre, le général Baudrand,... tous deux espérant, semble-t-il, gouverner le prince à sa place. A son chevalier d'honneur, le duc de Coigny, qui protestait contre ce choix, la duchesse aurait répondu : « Nous n'aimons pas avoir auprès de nous *des gens qui nous gênent* [14]. » Quant au roi, il dit au général Baudrand venu le remercier pour sa nomination : « Rassurez-vous, mon cher général, car il reste bien entendu que *le Gouverneur de Paris, c'est moi* [15]. »

Louis-Philippe avait toujours eu tendance à étourdir ses interlocuteurs de paroles plutôt qu'à leur prêter une oreille attentive. Mais désormais, il n'écoutait plus personne. Quand il accordait une audience, au lieu de laisser s'exprimer son visiteur, il prenait la parole et ne la lâchait plus. Il perdait rapidement patience, ne supportant plus aucune contradiction. Il était devenu irritable et maladroit. Pierre Magne, en 1844, signalait déjà cette attitude : il avait assisté aux Tuileries à une scène entre le roi et Narcisse de Salvandy, vice-président de la Chambre et ambassadeur à Turin, qui entraîna la démission du diplomate. Louis-Philippe avait reproché à Salvandy de n'avoir pas voté la « flétrissure » des députés qui étaient allés à Londres voir le comte de Chambord : « Le roi avait mal choisi son moment. Cent cinquante personnes ont été témoins de son exaltation et ont entendu une partie de ses paroles. » Et Magne d'ajouter : « On dit qu'en vieillissant il devient bavard et peu circonspect. Ses amis même lui font ce reproche [16]. »

Selon Mme de Boigne, la seule personne que Louis-Philippe entendît encore était Madame Adélaïde, qui restait « le canal par lequel bien des avertissements arrivaient jusqu'au roi [17] ». Elle avait changé de vie après la mort du duc d'Orléans. Pour aider son frère à surmonter cette terrible épreuve, elle avait évacué de son existence tout ce qui n'était pas le roi et sa famille. Elle qui, auparavant, lisait et écrivait beaucoup, n'avait plus qu'une seule occupation, elle attendait : « Elle se tenait dans le salon (...), son chapeau sur sa tête, son châle et ses gants près d'elle, toujours prête à entrer dans le cabinet où le roi pouvait arriver par les derrières, ou à se rendre chez lui au premier signal, soit pour demeurer près de lui dans ses appartements, soit pour sortir en voiture, soit pour l'accompagner dans ses promenades [18]. » Mais elle s'intéressait de moins en moins à la politique et se souciait de plus en plus de préserver la tranquillité de son frère : elle faisait en sorte que rien ne le gêne et n'entendait de ce qu'on lui disait que ce qui allait lui plaire, à lui. Les avertissements qui pouvaient atteindre le souverain par son intermédiaire se raréfiaient.

Pour anéantir les avis dont il ne voulait rien savoir, Louis-Philippe avait depuis longtemps une tactique : « Si on veut me rendre la vie trop dure, disait-il, j'abandonnerai tout. Je me retirerai à Eu avec ma bonne reine ; et on verra comment on fera pour se passer de moi [19]. » Déjà en 1837, le duc d'Orléans écrivait à sa sœur Louise, en pleine crise ministérielle : « Le Roi dit qu'il jettera le manche après la cognée et qu'il ira s'enfermer à Fontainebleau et abdiquera : mais ce serait un crime royal ; c'est monstrueux et il ne sait pas le tort qu'il se fait en en parlant comme il le fait [20]. » A la fin du règne, cette menace réitérée, que Louis-Philippe n'a jamais eu l'intention de mettre à exécution mais qui devait à la fois faire taire le contradicteur et conjurer le destin contraire, avait produit un résultat désastreux : « Le plus fâcheux était que ces boutades ne restaient pas renfermées dans les Tuileries, et qu'il en arrivait quelque écho dans les couloirs du Palais-Bourbon (...) Elles compromettaient le souverain, le rendaient responsable d'une politique peu populaire, et, par l'éventualité même qu'elles faisaient entrevoir, accoutumaient les esprits à rêver d'autre chose que d'une simple crise ministérielle [21]. »

Vis-à-vis du Conseil et des ministres, le roi en venait à former avec Guizot un « couple hermétiquement fermé aux influences extérieures [22] ». Depuis 1840, Guizot était le collaborateur le plus proche de Louis-Philippe, même si, jusqu'en septembre 1847, le vieux maréchal Soult garda le titre de président du Conseil. A l'origine, le roi n'avait pas éprouvé de sympathie pour Guizot, il le trouvait raide et froid; il lui en voulait par ailleurs de n'avoir pas été un orléaniste de la première heure et surtout, en participant à la coalition contre Molé en 1839, d'avoir fait tomber son ministère préféré. Guizot le séduisit peu à peu car, sous des apparences très différentes, les deux hommes avaient de nombreux points communs : une grande puissance de travail, du goût pour les relations sociales, la conversation et la correspondance, une connaissance très fine de l'Angleterre, l'amour de l'ordre et de la paix. Mais ils étaient liés tout autant par leurs défauts, et s'aveuglaient mutuellement. Principalement occupés par les affaires étrangères, ils firent preuve, dans les affaires intérieures, d'un immobilisme qui s'avéra fatal au régime.

Le roi et son ministre s'opposaient, en particulier, à la réforme électorale. La loi du 19 avril 1831 avait abaissé le cens électoral, impôt direct conférant le droit de vote, de 300 à 200 francs par an, ce qui fit passer le nombre d'électeurs de 94 000 à 167 000 en 1831 et, en 1840, sous le seul effet de l'accroissement de la richesse, à 241 000. Le cens d'éligibilité ayant été, quant à lui, abaissé de 1 000 à 500 francs, on comptait 56 000 personnes éligibles [23]. Dans les années 1840, on parlait d'élargir la population appelée à participer à la vie politique. Guizot, tout en déclarant qu'il n'avait pas d'objection de principe contre l'élargissement, repoussa chaque fois qu'il le put la réforme électorale. En effet son analyse n'avait pas évolué : la démocratie restait pour lui une erreur du passé. Il ne tirait pas les conséquences sociales de son action gouvernementale, comme le souligne Gabriel de Broglie : « Les progrès de l'instruction, de la richesse, des idées, amenaient nécessairement un élargissement des droits politiques [24]. »

La réforme électorale n'allait pas sans une réforme parlementaire, qui aurait mis fin à la pratique des représentants fonctionnaires. La loi permettait le cumul d'un mandat parlementaire avec l'exercice d'une fonction publique rémunérée. La pairie fut, sous la monarchie de Juillet comme sous la Restauration, une récompense accordée aux plus hauts fonctionnaires du régime ; en 1848, 230 pairs, soit 74 % de la Chambre, étaient ou avaient été fonctionnaires. Quant aux députés fonctionnaires, au nombre de 188 en 1846, officiers, magistrats, membres des grands corps, ils représentaient 40 % de la Chambre [25]. Ce système était dangereux parce que l'indemnité parlementaire n'existant pas alors, les députés qui recevaient un traitement de l'État devenaient trop dépendants du pouvoir en place. En mars 1847, Rémusat présentait la dix-septième proposition depuis 1830 pour établir des incompatibilités. Elle fut repoussée, tout comme le fut, le 12 février 1848, un amendement présenté par un député conservateur, Sallandrouze, souhaitant que le gouvernement prît l'initiative de réformes « sages, modérées, parlementaires [26] ».

Non seulement le corps électoral était trop restreint mais, de plus, les représentants élus de la population étaient dans la main du pouvoir exécutif, ce qui empêchait le fonctionnement du jeu parlementaire. Des gens proches du pouvoir voyaient fort bien le danger qu'il y avait à bétonner le parlement à l'aide d'hommes trop dévoués au parti majoritaire. A Cuvillier-Fleury qui se présentait aux élections à Guéret, en 1846, Aumale souhaitait bonne chance, en ajoutant toutefois : « Je ne vous cache pas que je vois avec peine croître chaque jour sur les bancs de la Chambre le nombre des personnes qui tiennent de si près au roi ou aux princes. Sans doute, je trouve insensé qu'on veuille, dans une monarchie, faire un brevet d'incapacité politique de la qualité d'attaché à une personne royale. Mais, pour ôter tout prétexte à des attaques de ce genre, pour éviter une responsabilité de plus à la royauté, j'aurais voulu voir moins nombreuse la phalange des *députés Maison du Roi* [27] » (27 mai 1846).

Le mariage espagnol

Si Louis-Philippe et son ministre refusaient d'engager une réforme électorale, ils mettaient en revanche beaucoup d'énergie à marier Montpensier, « l'événement le plus considérable de mon ministère », dit Guizot [28]. Le 10 octobre 1846, le dernier fils du roi des Français épousait à Madrid la sœur de la reine Isabelle d'Espagne, l'Infante

Fernanda, en même temps que la reine épousait son cousin le duc de Cadix. Cette union marquait l'aboutissement de plusieurs années de diplomatie et un véritable tournant dans la politique extérieure de la France : c'en était fini de l'Entente cordiale avec l'Angleterre.

A la mort de Ferdinand VII, en 1833, le parti constitutionnel fit nommer reine sa fille Isabelle, âgée de trois ans, sous la régence de sa mère, la reine Christine. En 1840, Christine et ses filles furent chassées d'Espagne par un soulèvement qui porta au pouvoir le parti libéral et le général Espartero, favorables à l'Angleterre. Elles se réfugièrent en France et ne rentrèrent à Madrid que trois ans plus tard, lorsqu'un nouveau soulèvement eut chassé Espartero.

Christine, quatrième épouse du souverain d'Espagne, était la sœur cadette de la duchesse de Berry et la nièce de Marie-Amélie. Elle aurait voulu marier la reine Isabelle au duc d'Aumale; c'était aussi le souhait de l'opinion espagnole. A son retour à Madrid, elle proclama la majorité d'Isabelle, âgée de treize ans, ce qui posait officiellement la question de son mariage. L'Angleterre avait son candidat, Léopold de Saxe-Cobourg, cousin du mari de la reine Victoria et frère du roi du Portugal, de la duchesse de Nemours et d'Auguste, le mari de Clémentine d'Orléans. Elle s'engagea à y renoncer tandis que la France renonçait à la candidature du duc d'Aumale. Aberdeen et Guizot se mirent d'accord : la reine épouserait un Bourbon-Naples et, quand elle aurait un enfant, on marierait sa sœur au duc de Montpensier. Les deux ministres confirmèrent cette position lors de la seconde visite de la reine Victoria à Eu, le 8 septembre 1845.

Mais le 29 juin 1846, le gouvernement anglais fut renversé, et Aberdeen remplacé par Palmerston, qui reprit l'idée de la candidature Cobourg. La France alors le devança. Bresson, l'ambassadeur français à Madrid, qui avait autrefois négocié le mariage du duc d'Orléans, convainquit la reine Christine d'adopter la solution prônée par Guizot à la fin de 1844 : proclamer simultanément le mariage de la reine avec son cousin François d'Assise, duc de Cadix, et celui de sa sœur avec Montpensier. Guizot persuada du bien-fondé de cette démarche Louis-Philippe, qui se sentait parjure vis-à-vis de la reine Victoria, puisqu'il lui avait promis la non-simultanéité des mariages. Palmerston cria à la trahison, Victoria fut extrêmement froissée et l'Entente cordiale détruite.

On ne peut que rester perplexe devant la disproportion entre l'activité déployée et les avantages obtenus. Cette solution dynastique ne présenta aucun intérêt pour la France en Espagne. Le bruit avait couru que, le duc de Cadix étant peu viril, la reine Isabelle ne pourrait devenir mère et qu'alors l'aîné des rejetons de sa sœur pourrait monter sur le trône d'Espagne. Or la reine eut cinq enfants... Ainsi, n'avait-on pas, pour une illusion, jeté par terre l'amitié avec l'Angleterre, qui avait été pendant trois ans l'axe central de notre politique étrangère ?

Le mariage de Montpensier aggrava les tiraillements au sein de la famille royale. Joinville y était tellement hostile que, en octobre 1846, on envoya Aumale à sa place pour représenter le roi lors du mariage à Madrid. Cette union prestigieuse flattait en revanche le couple royal, même si Louis-Philippe avait quelque peu freiné Guizot par crainte des réactions de Victoria : « Quant à Mme de Montpensier, écrit Victor Hugo en novembre 1846, elle est belle ; c'est la préférée ; on l'aime ; c'est la petite catholique [29]. » Montpensier était le petit dernier, à la santé plus fragile, gâté par sa mère et sa tante et heureux de sa position. En 1842, après avoir suivi les cours de Polytechnique, il fut nommé sous-lieutenant d'artillerie et, en 1844, rejoignit Aumale en Algérie pour une brève campagne. *Faire la fonction* l'amusait : c'est ce qu'il répondit un jour à la duchesse d'Orléans qui s'étonnait de le voir toujours saluer avec grâce [30].

Le jeune prince aimait le luxe. Si, pour ses étrennes, il offre à la princesse de Joinville un orgue de Barbarie, même la boîte est précieuse, « en bois de rose sculpté et d'une grande richesse ». Cuvillier-Fleury, qui décrit le cadeau à Aumale, conclut : « Vous savez que votre jeune frère est, en toute chose, fort magnifique [31]. » A Windsor, où il accompagne son père à l'automne 1844, il apprécie tellement les collections de la reine Victoria que Louis-Philippe est pris d'un doute : ses cadeaux seront-ils dignes du lieu [32] ? Au printemps de 1843, le roi prêta le château de Vincennes à Montpensier, qui se mit à recevoir beaucoup, des personnalités politiques et artistiques en particulier. La saison suivante, Louis-Philippe et Nemours se montrèrent réticents à le laisser recommencer : « On voudrait, écrit Cuvillier-Fleury à Aumale, le réduire au rôle rigoureusement limité d'officier d'artillerie ; et le jeune capitaine voudrait, lui, continuer à jouer son rôle de prince » (16 décembre 1843). Certes, il n'était guère habile, au moment où le roi demandait, une fois de plus, à la Chambre une dotation pour Nemours, que le cadet affiche un train de vie aussi dispendieux. Cependant Montpensier obtint gain de cause puisque, le 2 février 1844, Cuvillier-Fleury annonce à Aumale : « Le duc de Montpensier est établi à Vincennes où il a repris son service et ses habitudes de vivre de l'année dernière. »

Une fois marié à l'Infante, le cadet des Orléans mena plus que jamais l'existence fastueuse qu'il aimait. Non seulement il occupait le château de Vincennes, où il recevait tous les lundis, mais il investit le premier étage des Tuileries où il se contentait, jusque-là, d'un appartement dans les mansardes. L'arrivée au château de la nouvelle duchesse, qui avait à peine quinze ans, posa un problème d'étiquette : elle était princesse royale et le protocole exigeait qu'elle fût logée en conséquence. Il n'était pas question de déplacer les habitants du pavillon Marsan puisque la duchesse d'Orléans était mère de l'héritier du trône et Nemours le régent éventuel. En revanche, les Joinville et les Aumale durent déménager au pavillon de Flore, tandis qu'on préparait pour l'Infante un bel appartement au premier étage du bâtiment central [33].

Des mécontents aux Tuileries

A la fin de 1846, deux clans s'étaient constitués dans la famille royale : d'un côté le roi, la reine, Madame Adélaïde, Nemours et Monpensier ; de l'autre, la duchesse d'Orléans, Joinville et Aumale, qui désapprouvaient la politique du roi et étaient insatisfaits.

La duchesse d'Orléans et Joinville surtout étaient mécontents de leur position. Veuve après seulement cinq ans de mariage, d'un homme qu'elle adorait et grâce auquel elle aurait pu avoir le plus brillant avenir, la duchesse occupait aux Tuileries une situation délicate. Sur le plan sentimental, elle vivait tout entière repliée sur ses souvenirs. Elle avait conservé la chambre du duc telle qu'il l'avait quittée avant de mourir, journal déplié, raisins égrenés sur une assiette, et y pénétrait seule, comme dans un sanctuaire [34]. Un carton déposé aux Archives nationales contient ses papiers intimes. Il est très émouvant d'y découvrir ses multiples carnets de cuir ornés de dorures, aux fermoirs cassés, avec des poches intérieures bourrées de lettres, de mèches de cheveux, de fleurs séchées. Ils sont pleins des souvenirs de son époux : récit du dernier voyage fait en sa compagnie, liste des airs qu'il aimait et chantait parfois, copie du Journal de Clémentine sur ses derniers jours; le 3 septembre 1842, la duchesse essaie d'évoquer ce qu'ils faisaient ensemble les 3 septembre précédents [35].

Mais ses carnets contiennent également des notes de lectures, des citations et des poèmes en allemand et en français, des réflexions. Après la mort de son mari, elle s'est consacrée à l'éducation de leurs enfants, continuant à lire et à travailler : on l'a vue s'intéresser aux cours d'histoire de Michelet; elle était par ailleurs férue de philosophie et de théologie. Tout le monde lui reconnaissait un esprit supérieur. Mais cette « femme rare [36] », ainsi que la qualifiait Victor Hugo, vivait relativement isolée aux Tuileries, seule protestante au milieu de sa belle-famille catholique, seule intellectuelle aussi. Le poète mentionne la froideur de ses relations avec ses belles-sœurs. Elle n'était pas non plus très aimée de Marie-Amélie, qui ne s'était jamais vraiment résignée à ce que le prince héritier eût épousé une protestante et lui préférait de beaucoup « la bonne Victoire ». La duchesse de Nemours comblait en effet sa belle-mère : pieuse, douce, attentionnée et plus occupée, le soir au salon, des aiguillées de fil de la reine que de conversations politiques...

La reine reprochait surtout à la princesse Hélène de rallier l'opposition libérale et celle-ci devait même se défendre de comploter contre Louis-Philippe. Ainsi protestait-elle auprès de son beau-père, d'après la duchesse de Dino : « Je ne serai jamais la *papesse* des protestants, sire, vous pouvez en être assuré » (18 mai 1843). Sans jouer un rôle actif dans le domaine politique, Hélène d'Orléans était sûrement très vigilante quand l'avenir de son fils aîné était en jeu. Intelligente et lucide, elle devait se désoler de la situation bloquée des dernières années du régime et était en cela très proche de Joinville.

Joinville avait sans doute le caractère le plus difficile de la famille, « un peu fantasque, tantôt joyeux jusqu'à la folie, tantôt sombre jusqu'à l'hypocondrie », d'après Hugo [37]. Sa surdité précoce entrait pour beaucoup dans ses réactions imprévisibles et son exaspération latente. Il se livrait à toutes sortes d'excentricités : « M. le prince de Joinville, écrit Hugo en 1847, avait imaginé une *scie* qui exaspérait la reine. C'était un vieil orgue de Barbarie qu'il s'était procuré. Il arrivait chez la reine jouant de cet orgue en chantant des chansons enrouées. Le tout était hideux. La reine commençait par rire. Puis cela durait un quart d'heure, une demi-heure. “Joinville, finis!” La chose continuait. “Joinville, va-t-en!” Le prince, chassé par une porte, rentrait par l'autre avec son orgue, ses chansons et son enrouement. La reine finissait par s'enfuir chez le roi [38]. » On a déjà vu Joinville battant du tambour dans un bal des Tuileries. S'il faisait toujours trop de bruit, n'était-ce pas une compensation à sa surdité ?

Dès son jeune âge, il eut du mal à s'adapter aux études classiques que poursuivaient ses frères.

Mauvais élève, il quitta à treize ans le collège Henri-IV et s'embarqua pour tester sa vocation de marin [39]. Plus tard, il ne fut heureux que sur son bateau, avec son escadre; le reste du temps, aux Tuileries, il avait tendance à s'ennuyer.

La princesse brésilienne qu'il avait fini par épouser ajoutait à son côté original et surprenant. Grande brune longiligne, « Chica » avait le charme d'un oiseau des îles, était toujours enrhumée et regrettait son pays natal [40]. A son arrivée en France, comme son éducation était très incomplète, on lui donna des professeurs : elle avait quatre heures de leçons par jour, français, histoire, géographie, littérature, dessin. A la cour, on la trouvait tellement ignorante qu'on ne la mettait pas à table à côté d'un étranger : elle était toujours encadrée par deux membres de la famille. Le 1er septembre 1843, Guizot raconte à la princesse de Lieven qu'exceptionnellement, à Eu, sur ordre de la reine, il a déjeuné à côté de la jeune femme : elle avait envie qu'il lui parle et, quand il s'interrompait, se tournait vers lui, « un peu impatientée ».

Joinville tranchait sur les habitudes des Tuileries non seulement lors des bals au château, par ses déguisements osés et ses danses échevelées, mais aussi par ses sorties : il emmenait sa femme dans les cafés et les théâtres des boulevards.

Aiguillonné par son caractère indépendant et frondeur, Joinville fut, après la mort du prince royal, celui qui exprima le plus volontiers son désaccord avec la politique de Louis-Philippe. Le

7 novembre 1847, à bord du *Souverain*, à la Spezzia, il rédigea pour son frère Nemours une longue lettre, « le plus sérieux acte d'accusation contre la politique du roi », selon Rémusat [41]. Cette lettre, volée au moment de la mise à sac des Tuileries en février 1848, fut publiée dans la *Revue rétrospective ou Archives secrètes du dernier gouvernement*, après la révolution [42].

Joinville écrivait cette lettre parce qu'il venait d'apprendre le suicide de Bresson, le 2 novembre, à Naples, où ce dernier était ambassadeur. Il cherchait les causes de ce geste qui l'avait, disait-il, « funesté ». Bresson avait toujours fidèlement servi les intérêts de Louis-Philippe, il avait défendu la candidature de Nemours au trône de Belgique (1831) et négocié les mariages d'Orléans (1837) et de Montpensier (1846). Il avait demandé à quitter Madrid après la conclusion du mariage espagnol. Mais il espérait une promotion : il aurait voulu Londres; il n'obtint que Naples : c'était peu pour les services rendus.

Bresson s'était tranché la gorge. Son acte fut mis au compte de la folie. Joinville démentait : « Bresson n'était pas malade (...) Il était ulcéré contre le Père. Il avait tenu à Florence d'étranges propos sur lui : le roi est inflexible, il n'écoute plus aucun avis; il faut que sa volonté l'emporte sur tout, etc. » Le suicide de l'ambassadeur apparaîtra donc comme la conséquence logique de l'attitude du roi, qui se conduit en potentat : « On relèvera ce que je regarde comme notre grand danger, l'action que le Père exerce sur tout, cette action si inflexible que, lorsqu'un homme d'État compromis avec nous ne peut la vaincre, il n'a plus d'autre ressource que le suicide. »

Ce drame donnait à Joinville l'occasion d'exprimer son inquiétude sur la situation bloquée qu'avait créée Louis-Philippe. Il dénonçait la fiction constitutionnelle : « Il n'y a plus de ministres, leur responsabilité est nulle, tout remonte au Roi. le Roi est arrivé à un âge auquel on n'accepte plus les observations : il est habitué à gouverner, il aime à montrer que c'est lui qui gouverne ; son immense expérience, son courage, et toutes ses grandes qualités font qu'il affronte le danger audacieusement ; mais le danger n'en existe pas moins. »

Joinville dressait ensuite un bilan général de la situation française. Et il montrait comment les mariages espagnols avaient faussé toute la politique extérieure, en changeant les alliances naturelles du pays, coincé « entre une amende honorable à Palmerston au sujet de l'Espagne, ou cause commune avec l'Autriche pour faire le gendarme en Suisse, et lutter en Italie contre nos principes et nos alliés naturels ». La France a été amenée à prendre des positions conservatrices et à se renier : « Ces malheureux mariages espagnols ! Nous n'avons pas encore épuisé le réservoir d'amertume qu'ils contiennent. » Ce 7 novembre 1847, le prince concluait : « Il m'est impossible de ne pas regarder dans l'avenir et il m'effraye un peu. »

En janvier 1848, il fut décidé qu'il irait en Algérie rejoindre Aumale, qui en était le gouverneur depuis le 20 septembre 1847. Le prétexte officiel était la santé de la princesse. Des témoins ont prétendu que le roi avait dû éloigner Joinville comme il avait déjà éloigné Aumale, pour se débarrasser de leur opposition [43]. Le duc de Castries affirme que la reine avait demandé le départ de Joinville après l'avoir empêché de faire porter, par personne interposée, une motion de défiance contre Guizot à la tribune de la Chambre [44]. Mais on peut aussi bien avancer que Louis-Philippe envoyait ses deux fils en Algérie pour servir ses intérêts politiques : Aumale prit la succession de Bugeaud, parce qu'il était le mieux placé pour maintenir l'équilibre entre les tenants de la colonisation militaire et ceux de la colonisation spéculative ; quant à Joinville, s'il rejoignit son frère, c'était en vue d'une éventuelle intervention française en Sicile : il aurait alors pris la tête de la flotte basée en Algérie [45].

1847, « SI FAMEUSE PAR LES INFAMIES DES GENS DE LA BONNE COMPAGNIE [46] »

La situation économique s'était détériorée au milieu de 1846. La mauvaise moisson de cet été-là, ajoutée à la maladie de la pomme de terre apparue l'année précédente, provoqua une flambée du prix des denrées alimentaires. Cette crise s'acheva avec l'été 1847, la récolte ayant été meilleure. Mais une crise financière et industrielle s'était installée, conséquence directe du développement économique des années 1842-1846, fondé sur un engouement pour les chemins de fer. La crise du crédit engendra une chute du cours des actions, des faillites, des réductions d'emploi et marqua l'arrêt du développement [47].

Dans ce climat de mécontentement, Guizot prêchait toujours aux plus défavorisés la vertu et l'abnégation [48]. L'opinion aurait plus facilement admis de tels discours si les dirigeants avaient eux-mêmes pratiqué la rigueur et donné l'exemple de la moralité. Or, en 1847, tout au contraire, des scandales éclaboussèrent les classes dirigeantes.

Parmi eux, certains restèrent circonscrits à une petite société (même si la presse y faisait allusion) : un officier d'ordonnance du duc de Nemours fut pris en train de tricher au jeu [49]; un notaire de la rue Saint-Honoré, M. Outrebon, fit une faillite retentissante, ruinant des gens du monde [50]; il apparut qu'Henri de Castellane, fils de la comtesse Cordélia, préférait les garçons et imposait à son épouse, Pauline de Périgord, fille de la duchesse de Dino, la présence de son amant [51].

D'autres scandales, autrement plus graves, connurent un large retentissement : ils mettaient en cause des pairs de France et des hommes d'État. Le général de Cubières et l'avocat Teste, pairs de France et anciens ministres, furent condamnés pour corruption dans la concession des mines de sel de Gouhenans. Le pire était que Teste, lorsqu'il était ministre des Travaux publics, avait déjà été accusé d'indélicatesses par les dirigeants des compagnies de chemins de fer : pour lui permettre d'échapper aux poursuites, on l'avait nommé précipitamment président de Chambre à la Cour de cassation [52]. Le garde des Sceaux, Martin du Nord, était en lutte avec le ministre de l'Intérieur, Duchâtel, qui le menaça de publier un rapport de police le concernant. Terrifié, Martin du Nord se retira à la campagne où il mourut rapidement, de chagrin, d'après la version officielle –, mais il s'était peut-être suicidé [53].

Le comte Mortier, pair de France et diplomate, pris d'un accès de folie, tenta de massacrer ses enfants avec lesquels il s'était enfermé. On réussit à enfoncer la porte et à l'emmener dans une maison de santé [54]. Quant au duc de Choiseul-Praslin, il assassina pour de bon son épouse dans leur hôtel du faubourg Saint-Honoré. Non seulement il était duc et pair de France mais, de surcroît, chevalier d'honneur de la duchesse d'Orléans. Pendant sa garde à vue, il trouva le moyen d'absorber de l'arsenic. Sa mort éteignit l'action de la justice et l'opinion publique s'interrogea beaucoup sur ce « suicide » si opportun : « Ce qui surexcita le sentiment populaire, remarque à juste titre le duc de Castries, c'est que cette triste affaire s'inscrivait exactement dans la ligne romantique : le peuple est bon, les grands sont mauvais. C'était la mise en action de *Marion Delorme*, du *Roi s'amuse*, de *Ruy Blas* et plus encore des feuilletons d'Eugène Sue [55]. »

Ajoutons à ces drames deux affaires qui mettaient en cause Guizot. Émile de Girardin, dans son journal *La Presse*, accusa le ministre d'avoir promis la pairie à son père naturel, le comte Alexandre de Girardin, si *La Presse* soutenait sa politique. Guizot et Duchâtel durent démentir devant les Chambres l'existence de toute négociation. Mais cet étalage des mœurs parlementaires sur la place publique fit très mauvais effet [56]. Tout comme dans l'affaire Petit. Voulant être nommé conseiller à la Cour des comptes, Petit acheta, pour 20 000 francs, une démission, mais Laplagne, le ministre des Finances, refusa de le nommer dans ces conditions. Là-dessus, Mme Petit demanda le divorce. Lors du procès, il fut révélé qu'elle était la maîtresse d'Auguste Bertin de Vaux et que cet actionnaire du *Journal des débats*, fort du soutien de son journal à Guizot, était intervenu en faveur de M. Petit auprès du ministre.

Même si personne ne contestait la « farouche intégrité personnelle [57] » du chef du gouvernement, les « affaires » de l'année 1847 donnèrent le sentiment à l'opinion que le monde politique et les sphères privilégiées de la société étaient gangrenés.

La fin

Pour le carnaval de 1847, Nemours avait organisé un bal où les invités devaient être déguisés en pierrots enfarinés, dans un moment où la cherté des grains provoquait des émeutes.

En juillet 1847, Montpensier donna dans le parc des Minimes, au bois de Vincennes, une des fêtes les plus grandioses du régime. On avait dressé dans le bois une foule de tentes empruntées au Garde-meuble et au Trésor d'armes de France. Certaines étaient historiques : celle de l'empereur du Maroc conquise à la bataille d'Isly, celle d'Abd-el-Kader, prise avec la smala, celle du sultan Sélim, offerte à Napoléon, vrai « coffret de brocart d'or [58] ». L'allée principale du parc était éclairée en verres de couleur, comme l'avenue des Champs-Elysées le 29 juillet. Des deux côtés de cette allée avaient été installées, sur des simulacres de chevaux caparaçonnés, des armures d'acier qui donnaient à la fête un aspect fantastique.

Les invités étaient plus de 4 000 : la reine Christine d'Espagne, belle-mère de Montpensier, des ministres, des généraux, des écrivains (Hugo, Dumas, Gautier, Vigny, Musset), des pairs, des ambassadeurs et deux Arabes à la mode – Youssouf, bey de Constantine, et Bou-Maza qui, en 1845, avait soulevé l'Algérie avant de se rendre au colonel Saint-Arnaud. Vers une heure du matin fut tiré un feu d'artifice qui formait le chiffre du duc et de la duchesse de Montpensier.

Cette fête, qui avait coûté 200 000 francs, s'avéra particulièrement mal venue en cette année « de disette et de détresse [59] ». La foule, massée au faubourg Saint-Antoine pour voir passer les invités, les avait invectivés et avait craché sur leurs voitures. Montpensier, en étalant un tel luxe, se montrait aussi maladroit que son frère Nemours.

Quelques jours plus tard, commençait la campagne des banquets provoquée par le refus d'envisager toute réforme électorale. Les banquets constituaient en effet, depuis la Restauration, l'un des principaux moyens de propagande politique pour l'opposition. Nombreux étaient ceux qui souhaitaient un véritable changement. Guizot, qui en avait pris conscience, eut avec Louis-Philippe une conversation à la fin de 1847. Il insista sur le poids qu'avait dans l'opinion la réforme électorale et suggéra au roi de changer de ministère pour l'entreprendre. Mais Louis-Philippe, qui n'avait aucune envie de se séparer de Guizot, lui fit valoir qu'il serait temps de nommer un autre gouvernement le jour où le sien serait mis en minorité devant les Chambres.

Montalivet prétend que le roi gardait Guizot non par immobilisme mais par passion pour la paix. Car changer de ministère pour engager des réformes signifiait rappeler Thiers qui, en 1840, avait rendu la guerre presque inévitable. Mais sans doute le souverain ne mesurait-il plus l'état de l'opinion à l'intérieur du pays : « Depuis dix ans, le calme de la rue avait détourné sa pensée des conflits intérieurs. Ce n'était plus des faubourgs et des émeutes que venaient les inquiétudes, la tempête arrivait d'horizons plus lointains. Aussi sa vue était-elle fixée sur les affaires extérieures. Pas un jour ne se passait sans qu'il lût le *Times*, pas une dépêche n'était adressée aux agents diplomatiques sans qu'elle n'eût été lue par le roi : sur les affaires intérieures, peu de questions. Avec le temps, il se désintéressait même de plus en plus, concentrant toujours son esprit sur l'Europe. Ainsi se préparait l'aveuglement fatal [60]. »

Le 31 décembre, Madame Adélaïde mourait. Depuis le printemps, elle était si fatiguée qu'elle se faisait porter, même dans ses appartements. Le jour de Noël, la comtesse de Boigne avait voulu évoquer avec elle les dangers qui menaçaient la couronne : la sœur de Louis-Philippe sembla tomber de haut et, la voyant épuisée, Mme de Boigne s'était tue [61].

Le spectre de la révolution était désormais dans tous les esprits. Les débats qui se déroulèrent à la Chambre, du 24 janvier au 12 février 1848, furent marqués par des attaques directes contre le ministère. Certes, le cabinet Guizot n'était mis en minorité dans aucun des votes de la session. Mais les séances sur les scandales et les ultimes discussions sur la réforme produisirent un effet si fâcheux que, en dépit du vote final, dans le milieu parlementaire, le ministère semblait perdu. Léopold, roi des Belges annonça au duc régnant de Saxe-Cobourg : « Mon beau-père sera chassé sous peu comme Charles X. La catastrophe éclatera inévitablement en France et, par suite de cela, en Allemagne [62]. » De son côté, la duchesse de Nemours dit en pleurant au précepteur de ses fils : « Il va nous falloir bientôt quitter la France. » Montpensier, enfin, écrivait le 17 février 1848 à son frère Aumale : « Ici, les affaires vont terriblement mal. Le ministère a poussé les choses à une extrémité telle que nous nous attendons à tout. J'espère encore que les yeux du roi seront dessillés à temps [63]. »

Juste avant de partir pour l'Algérie, Joinville avait adressé à Aumale une lettre des plus pessimistes : « Le père a cherché à me convaincre à ses idées, mais je ne peux changer d'avis là-dessus. Mon opinion était contraire à celle du roi, je m'abstiens de t'en parler (...) Le père a repris son train-train, il est fort occupé de la succession de ma tante et de faire avec elle de nouveaux achats. La reine est plus renfermée et plus inabordable que jamais; Tan plus sombre et plus maladroit dans tous ses actes, avec ce cœur et ces intentions si nobles et si admirables et excellentes que tu connais [64] » (24 janvier 1848).

Le grand banquet qui devait clore la campagne avait été annoncé pour le 22 février 1848. Mais les chefs de l'opposition dynastique, après des négociations avec le gouvernement, renoncèrent à leur projet de banquet final, par crainte de provoquer des troubles graves. Le mardi 22 février au matin, Louis-Philippe se félicitait du calme qui régnait dans la rue. Mais il se réjouissait trop tôt car, malgré les contre-ordres de dernière heure, des manifestants affluèrent place de la Concorde, élevèrent quelques barricades (la plus importante à l'angle des rues de Rivoli et Saint-Florentin), arrachèrent des pavés, brûlèrent des chaises aux Champs-Élysées. Néanmoins, le roi se coucha confiant.

Il était encore confiant le mercredi matin 23 février, d'après le témoignage d'Horace Vernet, rapporté par la comtesse de Boigne Louis-Philippe avait en effet ce matin-là convoqué Vernet, qui le trouva en train de travailler avec l'architecte de Versailles. Le peintre devait se rendre à Blois pour faire le portrait d'Abd-el-Kader et le souverain désirait le charger d'un message personnel pour l'émir : il regrettait de n'avoir pu encore tenir la promesse faite par le duc d'Aumale – de ne pas le garder prisonnier en France mais de lui permettre d'aller à Alexandrie ou à Saint-Jean d'Acre – mais il s'y emploierait le plus rapidement possible [65] (l'émir ne sera libéré qu'en 1852).

Vers neuf heures, l'émeute reprit du côté de la rue Montmartre et de la rue du Temple. Le gouvernement convoqua la Garde nationale pour assurer l'ordre : elle fit défection. Depuis 1840, Guizot la sous-estimait. Le roi ne la passait plus en revue. En 1842, on lui avait affecté un commandant en chef médiocre, le général Jacqueminot, dont le principal mérite était d'être le beau-père de Duchâtel, ministre de l'Intérieur. Ses officiers supérieurs étaient blessés que Guizot refuse de leur donner le droit de vote au titre des capacités. C'est pourquoi presque toutes les légions avertirent le préfet Gabriel Delessert qu'elles voulaient la réforme et étaient décidées à se ranger du côté de la population contre la troupe : « Je vais promener mes hommes à travers la ville, dit à Maxime du Camp un agent de change commandant de la Garde, afin de donner l'exemple à la bourgeoisie ; je suis tout prêt, si l'on veut, à aller arrêter Guizot pour le conduire à Vincennes[66]. » Cette défection de la Garde démobilisait l'armée. Un capitaine que rencontre Maxime du Camp ce matin-là lui confie qu'il redoute, plus que les émeutiers, la Garde nationale « qui, si cela continue, va " s'amuser " à nous tirer dans le dos ».

A la nouvelle que la Garde nationale l'abandonnait, Louis-Philippe fut totalement désarçonné. C'était le fondement même du régime qui craquait puisque, depuis 1830, la Garde l'avait toujours défendu. Il prit alors la pire décision, parce qu'elle venait trop tard : celle de renvoyer Guizot. La reine et Montpensier, sous le coup de l'affolement, l'y poussèrent. Cette solution bâclée n'avait plus aucune chance de réussir. Le roi cédait à la pression de la rue et mécontentait sa majorité à la Chambre. Il fit appel à Molé pour former un ministère.

Mais le mercredi soir un drame rendit la révolution inévitable. Boulevard des Capucines, devant le ministère des Affaires étrangères, la troupe ouvrit le feu sur des manifestants qui venaient du faubourg Saint-Antoine ; il y eut seize morts et une cinquantaine de blessés. Aussitôt des cadavres furent entassés sur un chariot et promenés dans Paris aux cris de « On égorge le peuple[67] ». Cette nuit-là, le roi se décida à confier au maréchal Bugeaud le commandement de l'armée et, Molé ayant déclaré forfait, demanda à Thiers de constituer un cabinet ; il acceptait enfin la réforme électorale.

Le jeudi 24 février fut le dernier jour du règne de Louis-Philippe. Une des quatre colonnes chargées par Bugeaud d'abattre les barricades fut mise en déroute. Son chef, le général Bedeau, au lieu d'avancer, parlementa avec les insurgés. Le roi, de son côté, tergiversait. Il recula devant la perspective d'une victoire sanglante que lui offrait Bugeaud et se laissa convaincre qu'il suffirait, pour apaiser la foule, d'annoncer la formation d'un ministère de gauche Thiers-Barrot. Pendant ce temps, beaucoup des soldats de Bedeau fraternisaient avec les émeutiers; lorsque ce qui restait de la colonne se heurta aux manifestants, une boucherie eut lieu place de la Concorde.

Vers onze heures et demie, les Tuileries n'étaient plus protégées que par un seul poste fortifié, le Château d'Eau (aujourd'hui disparu, il s'élevait place du Palais-Royal). Le souverain fit alors une ultime tentative pour raviver la fidélité des légions de la Garde nationale massées place du Carrousel en les passant en revue. Mais lorsqu'il se vit accueilli aux cris de « Vive la réforme! », il rebroussa chemin vers le château, découragé.

Ni Louis-Philippe ni ses deux fils ne montrèrent la moindre velléité de résistance, d'après Rémusat qui se trouvait auprès d'eux avec Thiers ce matin-là : « Personne n'avait une idée et ne songeait à en avoir [68]. » Tous s'abandonnaient au destin qui les entraînait. Le duc de Nemours montrait « un courage passif, un courage de Bourbon honnête, un courage à la Louis XVI ». Montpensier, plus démonstratif, ne fut pas plus efficace. Rémusat trouve malgré tout une excuse au plus jeune fils du monarque, dont on a beaucoup dit qu'il avait pressé son père d'abandonner la partie : « Il croyait ce que nous croyions tous, que l'insurrection était à la porte, et il n'imaginait pas qu'elle pût être arrêtée si l'on ne jetait la couronne à ses pieds [69]. »

Tous les gens présents aux Tuileries étaient inquiets et restaient impuissants. Beaucoup prononçaient à voix basse le mot d'abdication, sans oser en parler au souverain. C'est Émile de Girardin venu avertir Louis-Philippe de l'urgence qu'il y avait à prendre un parti qui, à sa question « Que faut-il faire ? », répondit clairement : « Abdiquer, sire, et en conférant la régence à Mme la duchesse d'Orléans, car M. le duc de Nemours ne serait point accepté [70]. » La reine fut la seule à protester : « Il vaut mieux mourir ici. » Au milieu du désordre de son cabinet, où se pressaient non seulement ses proches mais aussi des journalistes, des militaires, des gardes nationaux, le roi s'assit à son bureau et rédigea son abdication en faveur de son petit-fils mais sans nommer régente la duchesse d'Orléans, pour ne pas violer la loi.

Le maréchal Gérard porta alors aux insurgés l'acte d'abdication, qui lui fut arraché des mains. On prévint Louis-Philippe qu'il fallait fuir : la foule allait envahir le palais. Il troqua son uniforme contre une redingote et un chapeau rond puis, au bras de Marie-Amélie, traversa le jardin des Tuileries pour gagner la place de la Concorde.

Ils étaient accompagnés du duc de Montpensier (la duchesse, enceinte, fut confiée aux soins de Jules de Lasteyrie), de la princesse Clémentine, son époux et leurs enfants, de la duchesse de Nemours et ses enfants, du duc Alexandre de Wurtemberg, veuf de la princesse Marie, et son fils. Le duc de Nemours restait pour porter secours à la duchesse d'Orléans, à qui le roi avait ordonné de ne pas abandonner la place : « Vous vous devez à vos enfants et à la France [71]. »

Les révolutionnaires s'étant emparés des berlines royales, le duc de Nemours fit sortir deux broughams et un cabriolet de la Maison du Roi, qui se trouvaient dans la cour du château. La famille royale (sauf les Wurtemberg qui, de leur côté, gagnèrent l'Allemagne) s'y entassa avec des gens de sa suite et, escortée par un régiment de cuirassiers, réussit à se frayer un chemin au milieu de la foule. Ils allèrent jusqu'à Saint-Cloud, où Louis-Philippe s'aperçut qu'il était presque sans argent, ayant oublié de prendre les quelques rouleaux d'or et de billets qu'il gardait dans son secrétaire aux Tuileries. Là, ils se séparèrent. Le souverain déchu et sa femme se rendirent à Dreux puis à Honfleur, d'où ils embarquèrent pour l'Angleterre. Le samedi 4 mars, ils arrivèrent au château de Claremont, qui appartenait à la couronne anglaise mais dont le roi des Belges avait la jouissance depuis son premier mariage avec la princesse Charlotte : c'est là qu'ils allaient s'installer en exil, avec l'accord de la reine Victoria.

Tandis que Louis-Philippe fuyait, la duchesse d'Orléans, escortée par Dupin, se rendait à pied au Palais-Bourbon avec ses deux enfants, pour se faire reconnaître comme régente. La présence du duc de Nemours à ses côtés légitimait sa démarche. Mais malgré le soutien d'Émile de Girardin, de Victor Hugo et de quelques autres, elle ne put pas s'imposer entre les légitimistes, réjouis par la chute des Orléans, et les républicains qui s'étaient déjà concertés pour constituer un gouvernement provisoire. Seul parmi ceux-ci, Odilon Barrot défendit la légalité et la régence. Lamartine se prononça contre et, les émeutiers ayant envahi le Palais-Bourbon en hurlant « Vive la République », on donna aussitôt la liste des membres du gouvernement provisoire.

Ce même après-midi du jeudi 24 février, après le départ du roi, les Tuileries furent mises à sac. Maxime du Camp se trouvait là avec Flaubert. Au début, les choses se passèrent dans le calme. Des hommes, voyant une table servie, s'assirent pour déjeuner de lait, de café et de petits pains : « C'est notre banquet de la réforme [72] » plaisanta l'un. Un autre s'était assis sur le trône et déclara à ceux qui le saluaient bien bas « Messieurs, c'est toujours avec un nouveau plaisir que je me trouve au milieu de vous », phrase d'introduction aux discours du trône de Louis-Philippe qui fit s'esclaffer tout le monde [73]. Les personnes qui avaient pénétré dans les appartements étaient alors plus curieuses qu'haineuses.

Mais soudain déboula du Palais-Royal une horde d'émeutiers qui se précipita pour tout casser. Du Camp et son compagnon se glissèrent avec peine hors du château et se rendirent au Palais-Royal où la destruction était déjà à l'œuvre : on jetait dans cinq grands feux meubles, glaces, porcelaines, argenterie, tableaux.

Aux Tuileries, « une certaine méthode » présida dans les premières heures à la dévastation, comme le fait remarquer Daniel Stern [74]. La destruction fut proportionnelle à l'impopularité : le portrait du maréchal Bugeaud fut percé de coups de baïonnette, celui du maréchal Soult criblé de balles, celui de Louis-Philippe lacéré, et son buste en bronze mutilé ; le portrait du duc de Nemours fut maltraité mais on ne toucha pas à ceux de la reine, de Madame Adélaïde ni du prince de Joinville. On respecta les tapisseries de Marie-Amélie, ses laines et soies à broder et le prie-Dieu où elle avait enfermé les linceuls de la princesse Marie et du duc d'Orléans. Les appartements de la duchesse d'Orléans furent parfaitement préservés, ainsi que celui du duc, fermé depuis sa mort.

Plus tard, jusqu'à une heure avancée de la nuit, se déroulèrent au château des scènes d'orgie : on s'enivra, on cassa, on se déguisa avec les vêtements des princesses, les rideaux, les tentures. A trois heures du matin, on descendit le trône et on l'emmena, en cortège, à la Bastille, au pied de la colonne de Juillet, où on en fit un feu de joie.

CONCLUSION

Lorsqu'il arrive au pouvoir, en 1830, Louis-Philippe suscite une image inédite du monarque : en habit brun et chapeau rond, son parapluie sous le bras, il se promène sur le Boulevard, seul ou en compagnie de sa femme et de ses enfants; ses cinq fils ont été, sont ou seront élèves au collège Henri-IV; bon époux, bon frère, bon père, le nouveau souverain affiche un style de vie simple et familial, dans lequel se reconnaît la bourgeoisie moyenne, classe dirigeante issue des Trois Glorieuses.

Cette image du roi n'était pas une création récente de Louis-Philippe, destinée à le rendre populaire. Depuis son retour et son installation au Palais-Royal, le duc d'Orléans vivait ainsi, vêtu simplement, se promenant à pied et appréciant les plaisirs de la famille. Affaire de tempérament, sans doute, mais aussi de conviction. En se mêlant aux gens dans la rue, il supprimait le quant-à-soi aristocratique; en faisant éduquer ses fils dans un établissement public, il affirmait la nécessité pour un prince de ne pas se couper de ceux qui allaient constituer les cadres du pays. Une fois sur le trône, Louis-Philippe ne changea rien à ses habitudes et s'en tint à ses principes de base. Il ne chercha pas à marquer sa position nouvelle en arborant dans la vie quotidienne les signes distinctifs de la souveraineté. La supériorité véritable, pour lui, ne se lisait pas dans des marques extérieures de distinction mais dans l'exercice de ses capacités. Il ne se mit donc pas, en 1830, à imiter les bourgeois, comme le disaient les opposants légitimistes ; il se trouve que ses valeurs rencontrèrent celles de la bourgeoisie qui l'avait porté au pouvoir et que cette rencontre lui valut un début de règne heureux.

L'image inédite du souverain au milieu de ses concitoyens, ressemblant à n'importe quel bourgeois, d'abord positive parce qu'elle coïncidait avec le moment historique, prit avec le temps une connotation péjorative. Peu à peu, en effet, la personne du monarque fut assimilée aux classes qui soutenaient son régime et le « roi citoyen » devint le « roi bourgeois ». Au bout du compte, on confondit Louis-Philippe avec M. Prudhomme, figure du bourgeois honnie par le discours antibourgeois issu de deux sortes de récriminations contre la monarchie de Juillet, celles des aristocrates et celles de la bohème. L'assimilation du roi au bourgeois fut facilitée par un trait de caractère de Louis-Philippe : sa tendance à se perdre dans les détails, qu'on déclara peu digne d'un souverain et caractéristique de la mesquinerie bourgeoise.

Le style plus familier du monarque et de son entourage ne signifie cependant pas l'abandon de la tradition monarchique. Déjà au Palais-Royal le duc d'Orléans développait une sociabilité mondaine prestigieuse, dans la tradition princière. En 1830, il assuma pleinement la royauté dont la révolution le faisait héritier. Le soi-disant « roi bourgeois » aura toujours été plus roi que bourgeois. Et les insurgés de 1848 indiquaient bien, en allant brûler le trône à la Bastille, que c'était à la monarchie, incarnée par Louis-Philippe pendant dix-huit ans de sursis, qu'ils en avaient.

Le souverain avait de la royauté une conception non pas mystique, comme son prédécesseur, mais désacralisée et laïcisée. « Conception » ne signifie pas qu'il ait eu une théorie de la monarchie, au contraire : il était avant tout un pragmatique, sachant s'adapter aux occasions et en tirer parti. S'il n'a pas organisé une mise en scène sacralisante du pouvoir royal, il n'a pas pour autant négligé la mise en scène. Trois éléments y contribuaient : la dépense somptuaire, les alliances des princes et princesses, l'étiquette. Le luxe déployé aux Tuileries coûtait cher, la Liste civile du roi avait été réduite et Louis-Philippe, en dépit de sa grande fortune personnelle, pris entre les travaux qu'il ne cessait de poursuivre dans ses châteaux, ses achats d'œuvres d'art, sa nombreuse famille à établir, avait du mal à faire face à ses dépenses. D'où ses demandes réitérées d'argent, à l'occasion du mariage de ses enfants, qui furent si mal acceptées par le public.

L'évolution de l'opinion à propos de la famille royale est flagrante. Au début du règne, les nombreux enfants de Louis-Philippe, beaux, cultivés, sympathiques, étaient un facteur de popularité. Les rapports familiers qui régnaient au sein de la tribu plaisaient, par opposition avec les souverains précédents. Mais à mesure que le temps passait, se posait la question des alliances des princes et princesses et de leurs dotations. Le public ne vit bientôt plus dans le clan royal qu'une charge, qu'un prétexte pour soutirer de l'argent à la nation. Ainsi Louis-Philippe fut-il traité de ladre alors qu'il était dépensier – et la postérité faisant de l'avarice une caractéristique bourgeoise y verra un trait supplémentaire de son comportement bourgeois.

Louis-Philippe fit fonctionner le système monarchique selon la tradition, en étendant la faveur royale à une élite. Le faubourg Saint-Germain faisait la fine bouche parce que des commerçants et des fonctionnaires dansaient aux soirées du château : ils étaient là comme représentants de la Garde nationale à qui l'on envoyait, à l'occasion des fêtes, douze billets par légion. Certes, le roi avait élargi le cercle de la proximité royale. Mais le système de la cour subsistait, avec ses présentations, ses réceptions et son faste. Louis-Philippe avait tendance à considérer que le personnel politique, le gouvernement et les députés eux-mêmes faisaient partie de sa cour. Il passait d'ailleurs beaucoup de temps en audiences, à recevoir « tactacs » et « babalouches ». Son élitisme coïncidait avec la théorie des capacités élaborée par les Doctrinaires et par Guizot. L'entente du souverain et de son ministre sur ce point explique en partie comment, ensemble, ils n'ont cessé de remettre à plus tard la décision d'élargir le corps électoral.

Louis-Philippe supprima certaines charges et allégea l'étiquette mais ces aménagements n'attentèrent pas à la cour dans son principe, ils provoquèrent seulement parfois quelques légers dysfonctionnements, comme le montre l'anecdote rapportée par le général de Castellane. Sa fille Pauline devait, le 20 juin 1844, épouser le premier secrétaire de l'ambassade de Prusse à Paris : « Mme de Castellane, aussitôt après avoir reçu mon consentement à ce mariage, écrit-il le 7 juin 1844, a été chez la Reine, où le Roi était venu, et leur a demandé leur agrément au mariage de notre fille Pauline avec le comte de Hatzfeld. C'est un ancien usage auquel ils ne sont pas accoutumés aujourd'hui ; aussi Leurs Majestés y ont été très sensibles. » Le 13 avril suivant, la jeune comtesse accoucha d'un garçon : « La famille royale, suivant l'ancien usage pour les gens considérables, a envoyé un gentilhomme dans une voiture de la cour, en mon absence, chez Mme de Castellane, pour nous faire compliment. Le Roi conserve autant qu'il le peut les usages de l'ancienne cour ; seulement, comme il n'y a pas de Maison, le prétendu gentilhomme est tout bonnement un valet de chambre en habit habillé ; on n'en doit pas moins lui faire ouvrir les deux battants et le reconduire jusqu'à l'escalier, comme venant de la part de Sa Majesté » (18 avril 1845).

Cette ultime anecdote illustre bien l'emprise des vieilles traditions monarchiques sur l'esprit de la famille royale et de son entourage. Un valet a remplacé, comme messager du roi, un des dignitaires de la cour. Néanmoins, on traite le domestique comme le grand du royaume qu'il aurait dû être si, au début du règne, on n'avait pas supprimé le service d'honneur du roi, par concession au mouvement de revendication démocratique qui avait porté Louis-Philippe au pouvoir. Et l'on voit ici en pointillé ce qui, en clair, perdit le régime : une incapacité à prendre suffisamment au sérieux les concessions faites à la montée progressive du désir de démocratie dans la population, un refus de les développer de façon à transformer la royauté et à la préserver, un enfermement aveugle et obstiné dans la structure-fantôme de la vieille monarchie.

NOTES ET RÉFÉRENCES BIBLIOGRAPHIQUES

INTRODUCTION

1. Guillaume de Bertier de Sauvigny, *La Révolution de 1830 en France*, Armand Colin, 1970, p. 230.

2. Pour la chronologie heure par heure de la révolution, voir G. de Bertier de Sauvigny, *Au soir de la Monarchie, la Restauration*, Flammarion, 1955, p. 448 à 457.

3. David H. Pinkney, *La Révolution de 1830 en France*, P.U.F., 1988, p. 232.

4. Louis-Philippe, *Mémoires, 1773-1793*, Plon, 1973, 2 tomes.

5. Marguerite Castillon du Perron, *Louis-Philippe et la Révolution française*, Librairie académique Perrin, 1963, 2 tomes.

6. Alfred Colling, *Louis-Philippe, homme d'argent*, André Bonne, 1977, p. 68.

7. Prince de Joinville, *Vieux Souvenirs, 1818-1848*, Mercure de France, coll. « Le temps retrouvé », 1986, p. 32.

8. *Le Palais-Royal*, catalogue de l'exposition au musée Carnavalet, 9 mai-4 septembre 1988, p. 226-227.

9. La sœur du duc d'Orléans n'a monté sa Maison qu'en 1824. L'*Almanach royal* publié chaque année donne la composition des Maisons.

10. Anne Martin-Fugier, *La Vie élégante ou la formation du Tout-Paris, 1815-1848*, Fayard, 1990, p. 59-61.

11. *Journal de Marie-Amélie, reine des Français*, Librairie académique Perrin, 1981, 28 octobre 1818.

12. Comtesse de Boigne, *Mémoires*, Mercure de France, coll. « Le temps retrouvé », 1986, 2 tomes; I, p. 452.

13. *Journal de Marie-Amélie, op. cit.*, 16 décembre 1819.

14. *Mémoires et correspondance du comte de Villèle*, Librairie académique Didier, Perrin et Cie, 1888-1890, 5 vol.; V, p. 112-113.

15. *Journal de Marie-Amélie, op. cit.*, 21 septembre 1824.

16. Lettre à Villèle du 17 décembre 1824, Villèle, *op. cit.*, V, p. 145-147.

17. *Journal de Marie-Amélie, op. cit.*, note p. 375.
18. Boigne, *op. cit.*, II, p. 184.
19. Stendhal, *Esquisses de la société parisienne, de la politique et de la littérature, 1826-1829*, Le Sycomore, 1983, p. 251.
20. A. Jardin et A.J. Tudesq, *La France des notables, 1815-1848*, Seuil, 1973, I, p. 118-119.
21. Boigne, *op. cit.*, II, p. 213 et 219.
22. *Ibid.*, p. 223.
23. David H. Pinkney, *op. cit.*, p. 179 et 185.
24. François Guizot, *Mémoires pour servir à l'histoire de mon temps*, Michel Lévy frères, 1858-1867, 8 volumes; II, p. 13. Voir aussi Odilon Barrot, *Mémoires posthumes*, Charpentier et Cie, 1875-1876, 4 vol.; I, p. 119.
25. A. Jardin et A.J. Tudesq, *op. cit.*, p. 212.
26. Philippe Vigier, *Nouvelle Histoire de Paris, Paris pendant la monarchie de Juillet, 1830-1848*, Bibliothèque historique de la Ville de Paris/Hachette, 1991, chap. II.
27. Victor Hugo, *Les Misérables* in *Romans*, t. II, Seuil, 1963, p. 324.
28. *Mémoires de Mme Dosne, l'égérie de M. Thiers*, Plon, 1928, 2 vol.; I, p. 95.
29. Duchesse de Dino (puis de Talleyrand en 1837), *Chronique de 1831 à 1862*, Plon, 1908, 4 vol.; 8 mai 1834.
30. Joinville, *op. cit.*, p. 277.
31. Pierre-François-Léonard Fontaine, *Journal, 1799-1853*, École nationale supérieure des Beaux-Arts de Paris, 1987, 2 vol.; 28 octobre 1833.
32. *Lettres de François Guizot et de la princesse de Lieven*, Mercure de France, 1963-1964, 3 vol.; lettre de Guizot 6 septembre 1843.
33. Charles de Rémusat, *Mémoires de ma vie*, Plon, 1958-1967, 5 vol.; III, p. 494.
34. *Ibid.*, p. 495.
35. *Les Misérables, op. cit.*, p. 325.

I. DU PALAIS-ROYAL AUX TUILERIES

1. Joinville, *op. cit.*, p. 49.
2. Jean Vatout, *Souvenirs historiques des résidences royales de France*, Firmin-Didot frères et Cie, t. II, *Le Palais-Royal*, 1838, p. 312.
3. Alfred de Vigny, *Mémoires inédits*, Gallimard, 1958, p. 100.
4. Joinville, *op. cit.*, p. 50.
5. *Vingt-cinq ans à Paris (1826-1850). Journal du comte Rodolphe Apponyi*, publié par Ernest Daudet, 4 volumes, Plon, 1913-1926; 2 mars 1831. Le duc de Chartres, fils aîné de Louis-Philippe, devint duc d'Orléans à la place de son père quand celui-ci

fut proclamé roi mais, dans la famille, on continua à l'appeler Chartres. Selon une ancienne tradition aristocratique, les garçons n'étaient pas désignés par leurs prénoms mais par leurs titres : Chartres, Nemours, Aumale et Montpensier étaient quatre duchés et Joinville une principauté faisant partie de l'apanage des Orléans.

6. Saint-Cloud appartint aux Orléans de 1658 à 1785, date à laquelle le père de Louis-Philippe le vendit à Marie-Antoinette. La reine y séjourna souvent avec Louis XVI, jusqu'en octobre 1790. Napoléon, Louis XVIII et Charles X résidaient à Saint-Cloud pendant la belle saison. Voir Jacques Hillairet et Georges Poisson, *Évocation du grand Paris, la banlieue sud*, Éditions de Minuit, 1956, p. 640 et suivantes.

7. Archives Nationales, 300 AP IV 202.

8. Dino, *op. cit.*, 29 septembre 1831.

9. Cité par Suzanne d'Huart, *Journal de Marie-Amélie*, *op. cit.*, p. 418.

10. Rémusat, *op. cit.*, II, p. 479.

11. *Mémoires de M. Gisquet, ancien préfet de police, écrits par lui-même*, 6 tomes en 3 vol., Bruxelles, Société belge de librairie, 1841 ; II, p. 36.

12. G. Lenôtre, *Les Tuileries, Fastes et Maléfices d'un palais disparu*, Firmin-Didot, 1933, p. 241.

13. Boigne, *op. cit.*, I, p. 262.

14. Pierre-Nicolas Sainte Fare Garnot, Emmanuel Jacquin, *Le Château des Tuileries*, Herscher, 1988, p. 121.

15. Fontaine, *op. cit.*, 29 octobre 1832.

16. Jacques Hillairet, *Le Palais des Tuileries*, Éditions de Minuit, 1965, p. 80.

17. Colling, *op. cit.*, p. 107.

18. Sainte Fare Garnot, *op. cit.*, p. 124-125.

19. Fontaine, *op. cit.*, 23 août 1832.

20. *Ibid.*

II. LE ROI DANS L'ESPACE PUBLIC

1. Mrs. Trollope, *Paris et les Parisiens en 1835*, H. Fournier, 1836, 3 vol. ; II, p. 275.

2. *Journal de Marie-Amélie*, *op. cit.*, 9 mars 1828 et 18 mars 1830.

3. Archives nationales, 300 AP IV 135.

4. Joinville, *op. cit.*, p. 70-71.

5. Stéphane Massy, *La Commémoration du dixième anniversaire de la révolution de Juillet*, mémoire de maîtrise sous la direction d'Alain Corbin, Université de Paris-I, octobre 1988. En ce qui concerne l'analyse des fêtes, voir Alain Corbin, « L'impossible présence du roi. Fêtes politiques et mises en scène du pouvoir sous la monarchie de Juillet », dans *Les Usages politiques de la fête*, col-

loque, Université de Paris-I, novembre 1990, à paraître aux éditions Créaphis.

6. Joseph Durieux, *Le Ministre Pierre Magne, 1806-1879, d'après ses lettres et ses souvenirs*, Librairie ancienne Honoré Champion, 1929, 2 vol.; I, p. 75.

7. *Ibid.*, p. 72.

8. Victor Hugo, *Choses vues*, 1830-1848, Folio, 1972, 2 volumes; II, p. 201.

9. Résumat, *op. cit.*, II, p. 508.

10. René Rémond, *La Vie politique en France, 1789-1870*, Université de Paris-Institut d'études politiques, 1958-1959, fascicule 2, p. 330.

11. Duc de Castries, *Louis-Philippe*, Tallandier, 1972, p. 493-494.

12. Archives nationales, 300 AP IV 202, 20 novembre 1832.

13. Apponyi, *op. cit.*, 21 novembre 1832, 27 juin 1836 et 17 octobre 1840.

14. Joinville, *op. cit.*, p. 83.

15. Rémusat, *op. cit.*, III, p. 486.

16. *Ibid.*, p. 375.

17. Benjamin Appert, *Dix Ans à la cour du roi Louis-Philippe et souvenirs du temps de l'Empire et de la Restauration*, Renouard, 1846, 3 vol.; III, p. 302.

18. Isabelle Franceschetti, *Le Sang royal : les tentatives de régicide contre Louis-Philippe, 1832-1846*, Mémoire de maîtrise sous la direction d'Alain Corbin, Université de Paris-I, 1990, p. 46-47.

19. Duchesse de Maillé, *Mémoires, 1832-1851*, Librairie académique Perrin, 1989, p. 154-155.

20. Jean Tulard, *La Préfecture de police sous la Monarchie de Juillet*, Paris, Imprimerie municipale, Hôtel de Ville, 1964, p. 82.

21. Louis Girard, *La Garde nationale, 1814-1871*, Plon, 1964, p. 250.

22. Archives nationales, F7 6783, cité par Franceschetti, *op. cit.*, p. 47.

23. Gisquet, *op. cit.*, V, p. 169.

24. Maillé, *op. cit.*, p. 181.

25. Cité par Tulard, *op. cit.*, p. 83.

26. Boigne, *op. cit.*, II, p. 340.

27. Archives nationales, 300 AP IV 136, lettre à Marie-Amélie, 26 février 1844.

28. Rémusat, *op. cit.*, III, p. 393-394.

29. Gisquet, *op. cit.*, V, p. 172.

30. *Ibid.*, p. 170.

III. COURTISANS ET DOMESTIQUES

1. Boigne, *op. cit.*, II, p. 359.

2. *Souvenirs du général comte de Rumigny, aide de camp du roi Louis-Philippe, 1789-1860*, Émile Paul, 1921.

3. Alexandre Dumas, *Mes Mémoires*, Plon, 1985, p. 432.
4. Joinville, *op. cit.*, p. 38.
5. Comte Anatole de Montesquiou, *Souvenirs sur la Révolution, l'Empire, la Restauration et le règne de Louis-Philippe*, Plon, 1961, p. 442-443.
6. Fontaine, *op. cit.*, 6 janvier 1831.
7. Appert, *op. cit.*, II, p. 164 et suivantes.
8. Montesquiou, *op. cit.*, p. 436. Cette excessive familiarité du général Atthalin était-elle à l'origine du bruit qui courait de son mariage secret avec Madame Adélaïde ?
9. Comte de Montalivet, *Le Roi Louis-Philippe. Liste civile*, Michel Lévy frères, 1851, p. 152. Pour comparer avec les deux cours de la Restauration, voir Martin-Fugier, *op. cit*, chap. I.
10. Archives nationales, 04 2763 et 04 2764, Mandats de paiement, Maison de la reine, 1830-1839 et 1840-1847.
11. *Ibid.*, 04 63, Dépenses personnelles du roi, 1832-1848.
12. *Ibid.*, 04 2762, Mandats de paiement, Maison de la reine, Service, 1832-1847.
13. *Ibid.*, 04 2773 et 2774, Mandats de paiement, princesse Clémentine, 1831-1838 et 1839-1847. Les princesses n'ont jamais eu que des « sous-gouvernantes », Marie-Amélie tenant à rester la « gouvernante » en titre de ses filles : Appert, *op. cit.*, II, p. 54.
14. Archives nationales, 04 51, Maison du roi, service de la Bouche, 1836-1838.
15. *Ibid.*, 04 55, Service du roi et des princes, 1836-1838.
16. *Journal de Marie-Amélie, op. cit.*, note p. 284.
17. Appert, *op. cit.*, III, p. 300.
18. Archives nationales, 300 AP III 165, Maison du prince royal.
19. *Ibid.*

IV. GOUVERNER ET RÉGNER

1. Louis-Philippe conservait l'orthographe d'Ancien Régime.
2. Mme Dosne, *op. cit.*, I, p. 25.
3. Raymond Hayem, *Le Conseil des ministres sous Louis-Philippe*, Librairie sociale et économique, 1939, p. 135-136.
4. Gabriel de Broglie, *Guizot*, Librairie académique Perrin, 1990, p. 273.
5. Hugo, *Choses vues, op. cit.*, I, p. 302.
6. *Ibid.*, p. 301.
7. Castries, *op. cit.*, p. 320-321.
8. D'après le *Larousse du XIXe siècle*, on appelait « boîte à Perrette » la boîte aux aumônes des temples protestants ; était-ce une allusion aux solliciteurs qui envahissaient le palais ? « Baba » était le nom que donnaient aux Turcs, en signe de respect, les Arabes qui leur versaient tribut.

9. Archives nationales, 300 AP IV 155, lettre de Marie-Amélie à Léopold, 17 juin 1833.
10. Durieux, *op. cit.*, I, p. 85.
11. *Ibid.*, p. 113.
12. *Ibid.*, p. 132.
13. *Ibid.*, p. 161.
14. *Ibid.*, p. 165.
15. *Journal intime de Cuvillier-Fleury, 1802-1887,* Plon, 1900-1903, 2 vol. (I, 1828-1831; II, 1832-1851).
16. Rémusat, *op. cit.*, III, p. 362.
17. Joinville, *op. cit.*, p. 191.
18. *Ibid.*, p. 193.
19. Archives nationales, 300 AP IV I00, 9 février 1833. Ne figure pas dans *Journal de Marie-Amélie, op. cit.*
20. Cuvillier-Fleury, *op. cit.*, 19 février 1833.
21. *La Mode,* 1836, 5e livraison, p. 105.
22. Apponyi, *op. cit.*, 25 janvier 1841.
23. Archives nationales, 300 AP I 950.
24. C'était une tradition de recevoir certains jours les dames seules, d'autres les hommes seuls, d'autres enfin les deux sexes à la fois. Tradition suivie par les princes du sang, non seulement à la cour mais au Palais-Royal, sous la Restauration. Voir, par exemple le *Moniteur* des 1er janvier 1818 et 29 décembre 1829.
25. Archives nationales, 300 AP IV 153, dossier C 24.
26. *Ibid.*, dossier F 45.
27. Cuvillier-Fleury, *op. cit.*
28. Docteur Véron, *Mémoires d'un bourgeois de Paris,* Gabriel de Gonet, 1853, 6 volumes; IV, p. 62.
29. Théodore Aynard, *Souvenirs historiques et quelques autres des personnes et des choses que j'ai vues de 1812 à 1890*, Lyon, Mougin-Rusand, 1895, p. 68.
30. *Le Miroir des Dames,* 29 janvier 1842.
31. *Journal du maréchal de Castellane, 1804-1862,* Plon, 1895-1897, 5 vol.; III (1831-1847), 2 octobre 1831.
32. Aynard, *op. cit.*, p. 68.
33. Maillé, *op. cit.*, p. 106.
34. Ernest Legouvé, *Soixante ans de souvenirs*, Hetzel, 1886-1887, 2 vol.; II, p. 171-172.
35. Apponyi, *op. cit.*, 24 novembre 1830.
36. *Ibid.*, 25 janvier 1831.
37. Archives nationales, 300 AP III 102.
38. Hugo, *Choses vues*, *op. cit.*, I, p. 360.

V. L'ARGENT DU ROI

1. *Choses vues*, *op. cit.*, septembre 1830, I, p. 111.
2. Pour tout ce développement, voir Montalivet, *op. cit.* Voir

aussi la lettre écrite par le duc Decazes le 19 septembre 1831, *Souvenirs du baron de Barante, 1782-1866*, Calmann-Lévy, 1890, IV, p. 339-340. Voir enfin Alphonse Gautier, *Études sur la liste civile en France*, Plon et Cie, 1882. chap. V.

3. Colling, *op. cit.*, p. 142.
4. Durieux, *op. cit.*, I, p. 78.
5. *Ibid.*, p. 89.
6. Colling, *op. cit.*, p. 157-158.
7. Résumat, *op. cit.*, III, p. 293.
8. *Ibid.*
9. Hugo, *Choses vues*, *op. cit.*, I, p. 302.
10. Prosper Mérimée, *Correspondance générale*, t. V, 1847-1849, Le Divan, 1946.
11. Boigne, *op. cit.*, II, p. 331-332.
12. Archives nationales, 300 AP IV 136.
13. *Ibid*, 300 AP IV 202.
14. Rémusat, *op. cit.*, III, p. 494-495.
15. Pour cette citation et toutes les suivantes, voir Archives nationales, 300 AP IV 136.
16. Montalivet, *op. cit.*, p. 110. Voir aussi la réponse de Louis-Philippe à Guizot qui lui conseillait de réduire ses dépenses en bâtiments dans Denys Cochin, *Louis-Philippe*, Hachette, 1918, p. 207.
17. Boigne, *op. cit.*, II, p. 348. Voir aussi Jules Janin, *Le Prince royal*, Ernest Bourdin, 1842, p. 75.
18. Hélène Himelfarb « Versailles, fonctions et légendes », *Lieux de mémoire, II, La Nation***, Gallimard, 1986, p. 235-292.
19. Fontaine, *op. cit.*, 24 décembre 1841.
20. *Ibid.*
21. Montalivet, *op. cit.*, p. 82.
22. *Ibid.*, p. 80-81.
23. Archives nationales, 300 AP IV 100. Transcrit avec inexactitude dans *Journal de Marie-Amélie*, *op. cit.*
24. Thomas W. Gaehtgens, « Le Musée historique de Versailles », *Lieux de mémoire, II, La Nation****, *op. cit.*, p. 156.
25. Montalivet, *op. cit.*, p. 75.
26. *Ibid.*, p. 246-247.
27. *Lettres parisiennes du vicomte de Launay par Madame de Girardin*, Mercure de France, coll. « Le Temps retrouvé », 1986, 2 vol.; I, p. 163-164.
28. Hugo, *Choses vues*, *op. cit.*, I, p. 153.
29. Colling, *op. cit.*, p. 165-166.
30. Montalivet, *op. cit.*, p. 130 et 168.

VI. L'INTIMITÉ ROYALE

1. Jules Bertaut, *Le Roi bourgeois*, Grasset, 1936, p. 141.
2. Lenôtre, *op. cit.*, p. 211.

3. Voir aussi Cuvillier-Fleury, *op. cit.*, 27 juillet 1843 : A Bizy, le roi a assisté tous les jours à la messe de l'évêque d'Évreux.

4. Comte de Montalivet, *Fragments et Souvenirs*, Calmann-Lévy, 1899-1900, 2 vol.; II, p. 4.

5. *Ibid.*, p. 5.

6. Archives nationales, 300 AP III 75.

7. *Ibid.*, 300 AP IV 100, 1er mai et 2 juillet 1834. Ne figurent pas dans *Journal de Marie-Amélie*, *op. cit.*

8. *Vie de Marie-Amélie, reine des Français, par Auguste Trognon*, Michel Lévy, 1871, p. 219.

9. Archives nationales, 300 AP IV 202.

10. *Ibid.*, 300 AP IV 153.

11. Rémusat, *op. cit.*, III, p. 455-456.

12. Archives nationales, 300 AP III 102.

13. *Ibid.*, 300 AP IV 156.

14. *Ibid.*, 300 AP IV 153.

15. *Ibid.*, 300 AP IV 154.

16. *Souvenirs de la princesse de Ligne née princesse Lubomirska, 1815-1850*, Bruxelles et Paris, G. Van Oest et Cie, 1923, p. 108.

17. Archives nationales, 300 AP IV 100, 7 mars 1831. Ne figure pas dans *Journal de Marie-Amélie*, *op. cit.*

18. *Mémoires de M. de La Rochefoucauld, duc de Doudeauville*, Michel Lévy frères, 1861-1864, 15 vol.; IX, p. 592.

19. Archives nationales, 04 1447, Mandats de paiement de la Maison du Roi, 1833.

20. *Ibid.*, 300 AP IV 135.

21. Baron de Lamothe-Langon, *La Jeune Rachel et la Vieille Comédie-Française*, Auguste Le Gallois, 1838, p. 212-213.

22. Archives nationales, 300 AP IV 100, 12 et 19 janvier 1831. Ne figurent pas dans *Journal de Marie-Amélie*, *op. cit.*

23. *Correspondance de Frédéric Chopin*, Richard-Masse, 1981, 3 vol.; II, note p. 233. La Bibliothèque historique de la Ville de Paris possède un volume constitué des *Programmes des concerts et spectacles* donnés aux Tuileries, à Saint-Cloud et à Neuilly de 1840 à 1847; ce volume aurait appartenu au compositeur Auber, directeur de la Musique du Roi.

24. Archives nationales, 04 1447.

25. Hugo, *Choses vues*, *op. cit.*, II, p. 45.

26. Durieux, *op. cit.*, I, p. 143.

27. Boigne, *op. cit.*, II, p. 379. Voir aussi *Journal de Victor de Balabine, secrétaire de l'ambassade de Russie*, I, 1842-1847, Emile-Paul frères, 1914, p. 92-93 (récit de sa première « visite » aux Tuileries le 3 décembre 1842).

28. Archives nationales, 300 AP IV 144.

29. *Journal de Viennet, pair de France, témoin de trois règnes, 1817-1848*, Amiot et Dumont, 1955. Sans doute faut-il lire, à la place de 1836, 1835, puisque le petit Léopold est né le 9 avril 1835; son frère Philippe naîtra le 27 mars 1837.

30. *Ibid.*
31. Rémusat, *op. cit.*, III, p. 99.
32. Hugo, *Choses vues*, *op. cit.*, I, p. 474.
33. Archives nationales, 300 AP IV 202.
34. *Ibid.*, 300 AP IV 156.
35. Rémusat, *op. cit.*, III, p. 495.
36. Hugo, *Choses vues*, *op. cit.*, I, p. 289-293.
37. *Ibid.*, p. 282.
38. Vigny, *op. cit.*, p. 113 et 115.
39. Hugo, *Choses vues*, *op. cit.*, I, p. 303.
40. Joinville, *op. cit.*, p. 31.
41. Rémusat, *op. cit.*, III, p. 409.
42. Montalivet, *Fragments et Souvenirs*, *op. cit.*, II, p. 29.
43. Fontaine, *op. cit.*, 20 novembre 1831.
44. Boigne, *op. cit.*, II, p. 431.
45. Archives nationales, 300 AP IV 135, billet sans date, classé en octobre 1830.
46. *Louis-Philippe, l'homme et le roi, 1773-1850*, catalogue de l'exposition aux Archives nationales, hôtel de Rohan, octobre 1974-février 1975, p. 18.
47. Hayem, *op. cit.*, p. 177.
48. Archives nationales, 300 AP IV 154.
49. *Ibid.*, lettre de Marie-Amélie à Louis-Philippe égarée au milieu de ses lettres à Léopold, 300 AP IV 155. Les lettres de Marie-Amélie à Louis-Philippe se trouvent sous la cote 300 AP IV 52, celles que lui écrit Louis-Philippe sous la cote 300 AP IV 135 et 136.

VII. L'ÉDUCATION DES PRINCES

1. Joinville, *op. cit.*, p. 23.
2. *Journal de Marie-Amélie*, *op. cit.*, 10 avril 1824, 9 avril 1825 et 10 novembre 1827.
3. Archives nationales, 300 AP I 950, Dépenses personnelles de maison 1828; 04 2779, Mandats de paiement. Maisons des princes et princesses, 1839-1847.
4. *Journal de Marie-Amélie*, *op. cit.*, avril 1823, p. 304.
5. *Ibid.*, 1er novembre 1819.
6. Lettre du 4 novembre 1819 citée par René Bazin, *Le Duc de Nemours*, Émile-Paul, 1907, p. 16.
7. *Journal de Marie-Amélie*, *op. cit.*, note p. 270.
8. *Ibid.*, 17 août 1820.
9. *Ibid.*, 17 août 1821.
10. Bazin, *op. cit.*, p. 25.
11. Joinville, *op. cit.*, p. 49.
12. Archives nationales, 300 AP III 165.
13. *Ibid.*, 300 AP IV 137, 9 juillet 1839.

14. Joinville, *op. cit.*, p. 24.
15. *Journal de Marie-Amélie*, *op. cit.*, 3 mars 1822.
16. Joinville, *op. cit.*, p. 27.
17. Archives nationales, 300 AP IV 137.
18. Ces aquarelles sont reproduites dans le livre de l'amiral Jacques Guillon, *François d'Orléans, prince de Joinville*, Éditions France-Empire, 1990.
19. *Souvenirs anecdotiques de la famille royale d'Orléans par Mme Eugénie Pérignon*, plaquette sans mention d'éditeur, 1847, p. 10.
20. *Un âge d'or des arts décoratifs, 1814-1848*, catalogue de l'exposition du Grand-Palais, 10 octobre-30 décembre 1991, p. 232.
21. Boigne, *op. cit.*, II, p. 375.
22. *Journal de Michelet*, t. I, 1828-1848, Gallimard, 1959, lettre du 26 mars 1830 et note. Voir aussi Éric Fauquet, *Michelet ou la gloire du professeur d'histoire*, Cerf, 1990, p. 124.
23. Archives nationales, 04 2773 et 2779.
24. Duc d'Orléans, *Lettres 1825-1842*, Calmann-Lévy, 1889; A Mme Graham, 27 juin 1828.
25. Raymond Cazelles, *Le Duc d'Aumale*, Tallandier, 1984, p. 33.
26. Bazin, *op. cit.*, p. 33.
27. Sur la girafe, il faut absolument lire Gabriel Dardaud, *Une girafe pour le roi*, Dumerchez-Naoum, 1985.
28. Archives nationales, 300 AP III 165.
29. *Ibid.*
30. *Histoire de la vie privée*, t. 4, Seuil, 1987, p. 226.
31. Archives nationales, 300 AP III 165.
32. Hugo, *Choses vues*, *op. cit.*, II, p. 197-198.
33. Sur tout ceci, voir Castillon du Perron, *op. cit.*
34. Archives nationales, 300 AP III 165.
35. Lettre citée par le marquis de Flers, *Le Roi Louis-Philippe, vie anecdotique, 1773-1850*, Dentu, 1891, p. 286. Elle se trouve aussi, avec quelques variantes, dans Rumigny, *op. cit.*, p. 246.
36. Girardin, *op. cit.*, I, p. 220-221.

VIII. LES FEMMES DE LA FAMILLE

1. Raoul Arnaud, *L'Égérie de Louis-Philippe, Adélaïde d'Orléans, 1777-1847*, Librairie académique Perrin, 1908, p. 307.
2. *Ibid.*, p. 295.
3. *Ibid.*, p. 290.
4. Vigny, *op. cit.*, p. 106. Voir Madame Adélaïde peinte en 1838 par Léon Cogniet, page 78 de *Léon Cogniet, 1794-1880*, catalogue de l'exposition du musée des Beaux-Arts d'Orléans, 14 juin-10 septembre 1990, et Marie-Amélie, peinte en 1842 par Winterhalter, page 91 de *Franz Xaver Winterhalter et les cours*

d'Europe de 1830 à 1870, catalogue de l'exposition du Petit-Palais, 12 février-7 mai 1988.

5. Arnaud, *op. cit.*, p. 314-317; Castellane, *op. cit.*, 31 décembre 1847.

6. Lettre à Barante, 11 février 1836, citée par Georges Lacour-Gayet, *Talleyrand*, 3 vol., Payot, 1979; II, p. 465.

7. Appert, *op. cit.*, I, p. 316.

8. *Ibid.*, p. 287.

9. Pérignon, *op. cit.*, p. 13-14.

10. Martin-Fugier, *op. cit.*, p. 159-160.

11. Appert, *op. cit.*, II, p. 45-46.

12. Arnaud, *op. cit.*, p. 303-304.

13. Appert, *op. cit.*, II, p. 296.

14. Archives nationales, 300 AP IV 100, 25 mars au 3 avril 1831; 10 au 31 mars 1834. Ne figurent pas dans *Journal de Marie-Amélie, op. cit.*

15. *Ibid.*, 300 AP IV 155.

16. Appert, *op. cit.*, III, p. 314-315.

17. Archives nationales, 300 AP IV 153, dossier G n° 104.

18. *Ibid.*, 300 AP III 102, lettres de Chartres à Nemours, 15 et 22 novembre 1836; Dino, *op. cit.*, 20 et 28 novembre 1836.

19. Boigne, *op. cit.*, II, p. 409.

20. *Journal de Marie-Amélie, op. cit.*, p. 366.

21. *Ibid.*, 1er février 1830.

22. Mia Kerckvoorde, *Louise d'Orléans, première reine des Belges*, Duculot, 1989, p. 35-36.

23. *Journal de Marie-Amélie, op. cit.*, 17 février 1831.

24. *Ibid.*, 30 mai 1832.

25. *Ibid.*, p. 437.

26. Voir les portraits de Louise, par Winterhalter sur la couverture de Mia Kerckvoorde, *op. cit.*, et par Claude-Marie Dubufe, *Claude-Marie, Édouard et Guillaume Dubufe, Portraits d'un siècle d'élégance parisienne*, Délégation à l'action artistique de la Ville de Paris, 1988, p. 87. Le portrait de Marie par Ary Scheffer est reproduit p. 259 du catalogue *Un âge d'or des arts décoratifs, 1814-1848, op. cit.*

27. Vigny, *op. cit.*, p. 103.

28. *Ibid.*, p. 120.

29. Boigne, *op. cit.*, II, p. 374.

30. *Ibid.*, p. 377.

31. *Journal de Marie-Amélie, op. cit.*

32. *Ibid.*, 12 juillet 1835. Il faut lire « injuste » au lieu de « juste » (p. 472).

33. Dino, *op. cit.*, 23 octobre 1835.

34. Boigne, *op. cit.*, II, p. 383.

35. Archives nationales, 300 AP IV 155, lettre de Marie-Amélie à Léopold, 28 juillet 1837; Sur la négociation, voir la lettre de la princesse de Lieven à Guizot, *op. cit.*, 24 septembre 1837.

36. Boigne, *op. cit.*, II, p. 386; voir aussi Dino, *op. cit.*, 7 octobre 1837.

37. Boigne, *op. cit.*, II, p. 386.

38. *Ibid.*, p. 380.

39. *Ibid*, p. 388; et Guizot, *Mémoires..., op. cit.*, IV, p. 243.

40. Boigne, *op. cit.*, II, p. 381.

41. Archives nationales, 300 AP IV 135; à Marie-Amélie, 12 mars 1833.

42. Joinville, *op. cit.*, p. 68.

43. *Journal de Marie-Amélie, op. cit.*, p. 528.

44. Lettre à la princesse de Lieven, *op. cit.*, 10 septembre 1845.

45. Mme Dosne, *op. cit.*, I, p. 162.

46. *Lettres du roi Louis-Philippe, de Madame Adélaïde et du prince de Talleyrand*, Calmman-Lévy, 1890.

47. Mme Dosne, *op. cit.*, I, p. 157. Le terme « Macaroni » est à la page 95. Pour se faire une idée de Clémentine en 1838, voir son portrait par Winterhalter à la page 184 de *Franz Xaver Winterhalter et les cours d'Europe de 1830 à 1870, op. cit.*

48. *Correspondance du duc d'Aumale et de Cuvillier-Fleury*, I, 1840-1848, Plon-Nourrit et Cie, 1910.

49. *Ibid.*, lettre de Clémentine à Aumale, 4 juin 1841, citée en note.

50. Archives nationales, 300 AP IV 136, lettre à Madame Adélaïde, 21 mai 1842.

51. Dino, *op. cit.*, 12 mai 1843.

52. *Ibid.*, 20 mars 1843.

53. *Journal de Marie-Amélie, op. cit.*, p. 523.

IX. LES PRINCES APRÈS L'ÉCOLE

1. Le duc d'Orléans a été représenté à titre posthume sur ce tableau commandé à Horace Vernet par Louis-Philippe, en 1846, et exposé au Salon de 1847. Voir Michael Marrinan, *Painting Politics for Louis-Philippe, Art and Ideology in Orleanist France, 1830-1848*, Yale University Press, New Haven et Londres, 1988, p. 17-18. Le tableau se trouve au château de Versailles mais il y en a une copie au château de Chantilly.

2. Archives nationales, 300 AP IV 135.

3. Rémusat, *op. cit.*, III, p. 501.

4. *Ibid.*, p. 413.

5. Les citations de ce paragraphe viennent du *Journal de Marie-Amélie, op. cit.*

6. *Ibid.*

7. Bazin, *op. cit.*, p. 216.

8. Lettre de Guizot à la princesse de Lieven, *op. cit.*, 31 août 1843.

9. A la hauteur de la rue de Charonne, François Quénisset tira

un coup de pistolet sur Aumale mais le manqua : Cazelles, *op. cit.*, p. 73-74.

10. Bazin, *op. cit.*, p. 211-213.
11. *Ibid.*, p. 166.
12. *Ibid.*, p. 168.
13. Cazelles, *op. cit.*, p. 70.
14. *Franz Xaver Winterhalter et les cours d'Europe de 1830 à 1870, op. cit.*, p. 122.
15. Archives nationales, 300 AP IV 144, lettres de Nemours à Marie-Amélie, 6-13 juin 1845.
16. Cité par la princesse de Lieven, lettre à Guizot, *op. cit.*, 11 octobre 1844.
17. *Ibid.*, Guizot à Lieven, 10 septembre 1845.
18. Bazin, *op. cit.*, p. 105.
19. Archives nationales, 300 AP IV 136, lettre (incomplète et sans date précise) de Louis-Philippe à Marie-Amélie.
20. Guillon, *op. cit.*, p. 67.
21. Archives nationales, 300 AP IV 152, lettre incomplète de Louis-Philippe à Joinville, 25 octobre 1839.
22. *Ibid.*, 300 AP IV 136, lettre citée à la note 19, datant sans doute du printemps 1836.
23. Apponyi, *op. cit.*, 23 janvier 1830.
24. Joinville, *op. cit.*, p. 49.
25. Martin-Fugier, *op. cit.*, p. 360-366.
26. Dino, *op. cit.*, 3 novembre 1842.
27. *Journal de Marie-Amélie, op. cit.*, p. 524.
28. Guillon, *op. cit.*, p. 110.
29. Ligne, *op. cit.*, p. 76.
30. Henri de Villemessant, *Mémoires d'un journaliste*, deuxième série : *Les Hommes de mon temps*, Dentu, 1872, p. 166.
31. Hubert Juin, *Victor Hugo*, t. II, 1844-1870, Flammarion, 1984, p. 79-86.
32. Hugo, *Choses vues, op. cit.*, II, p. 241-246.
33. *Ibid.*, p. 210-211.
34. Guillon, *op. cit.*, p. 68.
35. *Ibid.*, p. 50.
36. *Ibid.*, p. 64.
37. Par exemple Bertaut, *op. cit.*, p. 191.
38. Cazelles, *op. cit.*, p. 99.

X. LE PRINCE ROYAL

1. *Les portraits d'Ingres, peintures des musées nationaux*, catalogue de l'exposition du Musée du Louvre, 30 mai-30 septembre 1985, p. 111-123.
2. *Ary Scheffer, 1795-1858*, catalogue de l'exposition de l'Institut néerlandais, 16 octobre-30 novembre 1980, p. 132-134.

3. Bazin, *op. cit.*, p. 220.
4. Joinville, *op. cit.*, p. 201.
5. Duchesse de Maillé, *Souvenirs des deux Restaurations*, Librairie académique Perrin, 1984, p. 267.
6. Martin-Fugier, *op. cit.*, p. 12-13.
7. Apponyi, *op. cit.*, 15 février 1831.
8. *Ibid.*, 29 février 1832.
9. *Ibid.*
10. *Ibid.*, 7 mai 1835.
11. *Ibid.*, 25 juillet 1832.
12. *Ibid.*, 28 janvier 1834.
13. *Ibid.*, 3 février 1835.
14. Dino, *op. cit.*, 15 décembre 1833. Le 28 octobre 1833, la comtesse de Boigne écrivait à Prosper de Barante : « M. le duc d'Orléans donnera aussi une ou deux fois à danser chez lui. Son appartement est, dit-on, le chef-d'œuvre du genre *rococo* » (Barante, *op. cit.*, V, p. 88).
15. Dino, *op. cit.*, 31 décembre 1834.
16. Girardin, *op. cit.*, I, p. 606.
17. *Le Siècle*, 15 mars 1842.
18. Archives nationales, 300 AP IV 153, dossier G ; n° 105, 10 mai 1833.
19. *Lettres du roi Louis-Philippe, de Madame Adélaïde et du prince de Talleyrand, op. cit.*, 16 et 18 novembre 1834.
20. Dino, *op. cit.*, 19 décembre 1834.
21. Les fleurs de lys furent supprimées en février 1831. Voir page 208.
22. Tout ce paragraphe se réfère à Cuvillier-Fleury, *op. cit.*
23. *Journal de Marie-Amélie, op. cit.*, 29 août 1829.
24. Dino, *op. cit.*, 19 décembre 1834.
25. Hayem, *op. cit.*, p. 22.
26. Archives nationales, 300 AP IV 135, lettre à Marie-Amélie.
27. *Ibid.*, 300 AP IV 153, dossier H n° 136.
28. *Ibid.*, dossier I n° 149.
29. Mme Dosne, *op. cit.*, I, p. 94.
30. *Ibid.*, p. 97.
31. Archives nationales, 300 AP IV 153, dossier J n° 158.
32. *Ibid.*, dossier J n° 160.
33. *Ibid.*, 300 AP III 102. L'Infante est Isabelle, fille de François de Paule. Née en 1821, elle est la cousine de la jeune reine Isabelle d'Espagne et deviendra sa belle-sœur en 1846, quand la reine épousera son frère François, duc de Cadix. Celle que Chartres traite de « monstre roux » sera séduite et enlevée par le comte Ignace Gurowski, grand amour d'Astolphe de Custine, et l'épousera en 1841.
34. Archives nationales, 300 AP III 52.
35. *Ibid.*, 300 AP III 102, lettre sans date de Chartres à Nemours, sans doute fin novembre 1836.

36. *Ibid.*, 300 AP III 52, lettre d'une dame de la princesse Hélène, 9 janvier 1837, jointe par Bresson à sa dépêche du 12 janvier 1837.
37. Duc d'Orléans, *Lettres 1825-1842, op. cit.*
38. *Ibid.*
39. Girardin, *op. cit.*, I, p. 159.
40. Duc d'Orléans, *Lettres 1825-1842, op. cit.*
41. Lettre à la princesse de Lieven, *op. cit.*
42. Jules Janin, *op. cit.*, p. 15.
43. Rémusat, *op. cit.*, III, p. 458.
44. Voir plus haut, page 232.
45. Castellane, *op. cit.*, 22 mars 1842.
46. *Ibid.*, 29 décembre 1844.
47. *Ibid.*, 16 avril 1832.
48. Comte de Sainte-Aulaire, *Souvenirs (Vienne, 1832-1841)*, Calmann-Lévy, 1927, p. 166-167.
49. Joinville, *op. cit.*, p. 198.
50. Rémusat, *op. cit.*, III, p. 503-504.
51. Archives nationales, 300 AP III 102.
52. *Ibid.*, 300 AP IV 153, dossier N n° 203.
53. *Ibid.*
54. Rémusat, *op. cit.*, III, p. 269.
55. Sainte-Aulaire, *op. cit.*, p. 133.
56. Joinville, *op. cit.*, p. 199.
57. Dino, *op. cit.*, 22 juillet 1842.

XI. FIN DE RÈGNE

1. Boigne, *op. cit.*, II, p. 419.
2. Henri Heine, 19 juillet 1842, cité par Bazin, *op. cit*, p. 225.
3. Archives nationales, 300 AP IV 143.
4. Boigne, *op. cit.*, II, p. 428.
5. *Ibid.*, p. 429.
6. Cazelles, *op. cit.*, p. 119-120.
7. *Ibid.*, p. 122-123.
8. Castries, *op. cit.*, p. 554.
9. Dino, *op. cit.*, 22 avril 1843.
10. Lettre de Cuvillier-Fleury à Aumale, 26 décembre 1843, *Correspondance..., op. cit.*
11. Dino, *op. cit.*, 27 mars 1843; Barrot, *op. cit.*, I, p. 447.
12. Dino, *op. cit.*, 10 mai 1843.
13. Bazin, *op. cit.*, p. 226-227.
14. Dino, *op. cit.*, 29 avril 1843.
15. *Ibid.*, 14 avril 1843. D'après Cuvillier-Fleury, en 1843, la question du collège pour le prince royal fut ajournée (*Journal*, 7 et 8 avril).
16. Durieux, *op. cit.*, I, p. 121.

17. Boigne, *op. cit.*, II, p. 463.
18. *Ibid.*, p. 434.
19. *Ibid.*, p. 463.
20. Archives nationales, 300 AP IV 153.
21. Paul Thureau-Dangin, *Histoire de la monarchie de Juillet*, Plon, Nourrit et Cie, 7 vol., 1884-1892; t. VII, p. 17.
22. Broglie, *op. cit.*, p. 281.
23. *Ibid.*, p. 344.
24. *Ibid.*, p. 355.
25. Jardin et Tudesq, *op. cit.*, p. 171.
26. *Ibid.*, p. 247.
27. *Correspondance du duc d'Aumale et de Cuvillier-Fleury, op. cit.*
28. Cité par Broglie, *op. cit.*, p. 320.
29. Hugo, *Choses vues, op. cit.*, I, p. 459.
30. *Ibid.*, II, p. 207. Voir aussi une lettre de Cuvillier-Fleury à Aumale, 12 mai 1844 : à la dernière réception des Tuileries, Nemours et Joinville sont restés muets derrière le roi alors que Montpensier « a fonctionné avec son entrain ordinaire » *(Correspondance, op. cit.).*
31. Cuvillier-Fleury à Aumale, 26 décembre 1843 au 2 janvier 1844, *Correspondance, op. cit.*
32. Archives nationales, 300 AP IV 136, lettre à Marie-Amélie, 8 octobre 1844.
33. Boigne, *op. cit.*, II, p. 444. Voir le portrait de la duchesse de Montpensier, vers 1847, *Franz Xaver Winterhalter et les cours d'Europe de 1830 à 1870, op. cit.*, p. 34.
34. Bertaut, *op. cit.*, p. 183.
35. Archives nationales, 300 AP III 194.
36. Hugo, *Choses vues, op. cit.*, I, p. 458 (novembre 1846).
37. *Ibid.*, II, p. 207.
38. *Ibid.*, p. 208-209.
39. Auguste Trognon a écrit, le 10 octobre 1830, dix pages de réflexions sur l'éducation de Joinville : Archives nationales, 300 AP IV 137.
40. Un portrait de la princesse de Joinville en 1844 se trouve dans *Franz Xaver Winterhalter..., op. cit.*, p. 96. Le roi et la reine lui trouvaient une grande ressemblance avec la défunte princesse Marie.
41. Rémusat, *op. cit.*, IV, p. 156.
42. *Revue rétrospective ou Archives secrètes du dernier gouvernement, 1830-1848,* n° 31, Paulin, 1848, p. 481-482.
43. Boigne, *op. cit.*, II, p. 463; Rémusat, *op. cit.*, IV, p. 158-159.
44. Castries, *op. cit.*, p. 550. Il ne cite pas ses sources.
45. Cazelles, *op. cit.*, p. 145-146.
46. Lettre de Mérimée à Mme de Montijo, 31 décembre 1847, *Correspondance générale, op. cit.*, t. V. La crise morale de 1847 fait l'objet d'une longue analyse de André-Jean Tudesq, *Les Grands*

Notables en France (1840-1849), Étude historique d'une psychologie sociale, 2 vol., P.U.F., 1964; II, p. 914-925.

47. Vigier, *op. cit.*, p. 541-544.
48. Broglie, *op. cit.*, p. 340.
49. Lettre de Mérimée à Mme de Montijo, 21 mai 1847.
50. *Ibid.*, 31 décembre 1847; *Le Siècle*, 9 janvier 1848.
51. Lettre de Mérimée à Mme de Montijo, 25 décembre 1847.
52. Hugo tient une chronique du procès devant la Cour des pairs dans *Choses vues, op. cit.*, 8 au 17 juillet 1847. Mais il parle du scandale dès qu'il éclate, le 5 mai.
53. Castries, *op. cit.*, p. 528-529.
54. Boigne, *op. cit.*, II, p. 452-457.
55. Castries, *op. cit.*, p. 536. Sur l'affaire Praslin, Hugo, *Choses vues, op. cit.*, 18 au 30 août 1847; Lettres de Mérimée à Mme de Montijo, 19 août, 27 août, 18 septembre 1847; Correspondance Guizot-Lieven, août 1847 (Archives nationales). Pierre Maurice-Garçon fait le point sur l'affaire dans *Le Meurtre de la duchesse de Praslin*, Mame, 1969.
56. Broglie, *op. cit.*, p. 342 et Delphine de Girardin, *op. cit.*, II, p. 569, note 228.
57. Broglie, *op. cit.*, p. 341. Sur l'affaire Petit, voir Rémusat, *op. cit.*, IV, p. 178-182.
58. Hugo, *Choses vues, op. cit.*, II, p. 101.
59. *Ibid.*, p. 105. Sur cette fête, voir aussi Rémusat, *op. cit.*, IV, p. 133-134, et le feuilleton de Théophile Gautier dans *La Presse*, du lundi 12 juillet 1847.
60. Montalivet, *Fragments et Souvenirs, op. cit.*, II, p. 42.
61. Boigne, *op. cit.*, II, p. 459.
62. Castries, *op. cit.*, p. 560.
63. *Ibid.*, p. 566.
64. Guillon, *op. cit.*, p. 189.
65. Boigne, *op. cit.*, II, p. 467.
66. Maxime du Camp, *Souvenirs de l'année 1848*, Paris-Genève, Slatkine, coll. « Ressources », 1979, p. 48-49.
67. Philippe Vigier, *La Vie quotidienne en province et à Paris pendant les journées de 1848*, Hachette, 1982, p. 68.
68. Rémusat, *op. cit.*, IV, p. 222.
69. *Ibid.*, p. 229.
70. Daniel Stern, *Histoire de la révolution de 1848*, Balland, 1985, p. 147-148.
71. Récit manuscrit de son abdication par le roi Louis-Philippe, cité par Bazin, *op. cit.*, p. 343.
72. Du Camp, *op. cit.*, p. 94.
73. *Ibid.*, p. 95.
74. Daniel Stern, *op. cit.*, p. 173.

TABLE DES MATIÈRES

TABLE DES MATIÈRES

Cet ouvrage a été réalisé par la
SOCIÉTÉ NOUVELLE FIRMIN-DIDOT
Mesnil-sur-l'Estrée
pour le compte des Éditions Hachette
en septembre 1992

Imprimé en France
Dépôt légal : 1067, septembre 1992
N° d'édition : 92121/23151 – N° d'impression : 21976
23.42.4742.90
ISBN : 2-01-018071-2
ISSN : 0768-0074